I0875054

Die Verzollung im Post-, Eisenbahn- und Schiffsverkehr

Ein Handbuch für Kontore und kaufmännische Schulen

von

Otto Mantzke

Berlin 1909

Druck und Verlag von Georg Reimer

Vorwort.

Die schutzzöllnerische Tendenz der deutschen Handelspolitik bringt den Kaufmann, der am internationalen Warenaustausch beteiligt oder interessiert ist, täglich mit zolltechnischen Fragen in Berührung. Die hohe Bedeutung der Zölle für das ganze Wirtschaftsleben nötigt auch die kaufmännischen Schulen, die wichtigsten zolltechnischen Maßnahmen zur Behandlung zu bringen. Nun ist über allgemeine Fragen, die das Zollwesen betreffen, über die volkswirtschaftliche Bedeutung, die Geschichte und die Arten der Zölle, über die Grundsätze der Zollpolitik eine außerordentlich reichhaltige Literatur vorhanden, auf dem Gebiete der Zolltechnik dagegen versagt sie vollständig! Der Kaufmann, der Lehrer der kaufmännischen Schule, der sich über zolltechnische Fragen informieren will oder muß, ist bislang auf das Studium des Vereinszollgesetzes oder auf die zahlreichen Regulative und Zollordnungen, die auch nicht einmal gesammelt zu finden sind, angewiesen. Sich daraus ein klares Bild zu machen, ist außerordentlich mühevoll und schwierig. Nach einem Buche, das auf Grund von Erfahrungen in der kaufmännischen Praxis die so verschiedenartigen, oft sehr komplizierten Fragen der Zolltechnik klar und erschöpfend behandelt, sucht man bis jetzt vergebens.

Die Lücke, die die Literatur hier aufweist, soll das vorliegende Buch ausfüllen. Es verdankt seine Entstehung einer Arbeit des Verfassers im handelswissenschaftlichen Seminar der Handelshochschule Berlin. Bei dieser Gelegenheit wurde der Mangel jeglicher Literatur auf dem Gebiete der Zolltechnik allseitig bedauert, und so entschloß ich mich, der Anregung des Herrn Professor Leitner folgend, zur Veröffentlichung der Arbeit, nachdem sie mehrfach ergänzt und erheblich erweitert worden ist.

Das Buch setzt sich das Ziel, dem Kaufmann, sowie dem Lehrer an kaufmännischen Schulen in allen zolltechnischen Dingen ein zuverlässiger Berater und Führer zu sein. Wenn auch der Schwerpunkt der Arbeit in dem praktischen (III.) Teile liegt, so glaubte ich doch auf einen theoretischen Abschnitt, der in das Wesen der zahlreichen zolltechnischen Begriffe einführt, und auf ein Kapitel, das mit den leitenden Grundsätzen des zurzeit geltenden Zolltarifes bekannt macht, im Interesse des Verständnisses des Abfertigungsverfahrens nicht verzichten zu können. Die einzelnen Abfertigungsarten habe ich an der Hand zahlreicher Beispiele aus der Zollpraxis dargestellt.

Herrn Direktor Haese, Charlottenburg, bin ich für die Überlassung von Original-Material, sowie für zahlreiche Winke hinsichtlich der Ausgestaltung des Stoffes zu wärmstem Danke verpflichtet, dem ich auch an dieser Stelle gern Ausdruck gebe.

Wohl nirgends spielen die Formulare eine so bedeutende Rolle wie im Verkehr des Kaufmanns mit der Zollbehörde. Und die Beamten der Zollverwaltung achten auf die Beobachtung der zahlreichen Bestimmungen bei Erledigung der Formulare mit peinlichster Genauigkeit. Die Beachtung der vielen kleinen Vorschriften bereiten demjenigen, der sich neu in die Materie hineinarbeiten will, bei der Ausfüllung der Formulare nicht geringe Schwierigkeiten. Darum erschien es mir notwendig, die ausgefüllten Formulare an den entsprechenden Stellen des Textes als Musterbeispiele einzufügen.

Auch hier muß ich mit besonderem Danke des großen Entgegenkommens gedenken, dessen ich mich während meiner praktischen Tätigkeit bei der Firma Lohöfer & Gieseke, Berlin, sowie in den Speditionshäusern Jacob & Valentin, Berlin, und Julius Rudert in Hamburg zu erfreuen hatte.

Ich übergebe dieses Handbuch der Öffentlichkeit mit dem Wunsche, daß es der Praxis und der Schule nützlich sein möge.

Charlottenburg 4, im August 1909.

Der Verfasser.

Inhaltsverzeichnis.

Verzeichnis der Formulare.

I. Allgemeines.

1. Geschichtliches.

Das Deutsche Reich hat im Rechnungsjahre 1907 1351,4 Millionen Mark an Zöllen vereinnahmt, im Jahre 1908 sogar 1411,4 Millionen Mark.

Die Zölle stellen sich mithin als eine recht stattliche Geldeinnahmequelle für das Reich dar.

Schon im alten Athen und auch im alten Rom spielten die Zölle für die Einnahme des Staates eine erhebliche Rolle. Das frühere Mittelalter übernahm von den Überresten der römischen Finanz- und Steuerverfassung vor allem die Zölle und Steuern. Diese wurden hauptsächlich an Stellen des lebhaften Verkehrs, in Häfen, an Brücken und Wegen erhoben und stellten im wesentlichen eine Gebühr für Geleit und Sicherheit, für Benutzung der Land- und Wasserstraßen dar[1]). Wenn die Waren bestimmte Örtlichkeiten berührten, wurde der Zoll erhoben. Es waren also Zölle innerhalb eines engbegrenzten Wirtschaftsgebietes, die man Binnenzölle nennt. Da sie den Verkehr erheblich erschwerten, verlegte man später die Zollämter an die Grenze eines Wirtschaftsgebietes, und so wurden aus den Binnenzöllen Grenzzölle. Wenn diese Grenzgebiete auch oft nur eine Provinz oder einen Teil derselben umfaßten, so stellte das Grenzzollsystem doch einen wesentlichen Fortschritt dar. Konnten doch jetzt ein- und ausgeführte Waren wenigstens innerhalb eines bestimmten Gebietes frei bewegt werden.

Erst die Zusammenfassung der Volkskräfte zur Erfüllung nationaler Aufgaben, erst die Bildung von nationalen Staaten und nationalen Volkswirtschaften hat es erwirkt, daß die provinziellen und territorialen Zollgebiete zu nationalen erweitert wurden, die sich jetzt in der Hauptsache mit dem Volkswirtschaftsgebiete überhaupt decken.

Daß die Schranken der Zollämter, die sich dem Warenverkehr beim Überschreiten eines deutschen Territoriums hemmend in den Weg stellten, fielen, das ist das große

[1]) Die Erhebung des Chausseegeldes erinnert noch heute an diese Abgaben.

Verdienst des deutschen Zollvereins, zu dem das preußische Zollgesetz von 1818 den Grund legte. In diesem Jahre gab es in den alten preußischen Provinzen allein 67 verschiedene Zolltarife. „38 Zollinien lähmen den Verkehr im Innern und bringen ungefähr dieselbe Wirkung hervor, wie wenn jedes Glied des menschlichen Körpers unterbunden wird, damit das Blut ja nicht in ein anderes überfließe" (Friedrich List). Auf der Grundlage des Zollgesetzes von 1818 schloß Preußen mit den einzelnen deutschen Staaten nach einander Zollverträge ab, so daß schließlich ganz Deutschland ein einziges großes Zollgebiet bildete. In der Nacht vom 31. Dezember zum 1. Januar 1834 fielen die Schlagbäume zwischen den meisten deutschen Ländern.

Am 1. Juli 1869 kam das Vereinszollgesetz zustande, am 15. Juli 1879 das Zolltarifgesetz, das durch das Zolltarifgesetz vom 25. Dezember 1902 ersetzt wurde.

Das Vereinszollgesetz, das die Zollpflicht im allgemeinen zum Gegenstande hat, ist noch heute in Kraft. Es beantwortet die Fragen:

Wann entsteht die Zollpflicht?

Welche Person oder Firma hat die Zollpflicht zu erfüllen?

Welche Kontrollen sind nötig, um die Erfüllung der Zollpflicht zu sichern?

In welchen Fällen wird von der Erhebung der Zölle Abstand genommen?

Welche strafrechtlichen Folgen treffen denjenigen, der sich der Erfüllung der Zollpflicht entzieht?

Dagegen gibt das Vereinszollgesetz nicht Auskunft über die Frage: Welche Ware ist zollpflichtig und welche nicht? Diese Frage behandelt im wesentlichen das Zolltarifgesetz und der dazu gehörige Zolltarif vom 25. Dezember 1902.

In dem Zollgebiet des Deutschen Reiches werden die Zölle von den einzelnen Bundesstaaten erhoben, müssen aber von diesen nach Abzug der Erhebungs- und Verwaltungskosten an die Reichskasse abgeliefert werden.

Literatur:

H. v. Treitschke, Deutsche Geschichte im 19. Jahrhundert, 1879, Abschnitt: Entstehung des deutschen Zollvereins. (Eine gute und auch objektive Darstellung Treitschkes.)

M. Weber, Der deutsche Zollverein, 1869.

A. Zimmermann, Geschichte der preußisch-deutschen Handelspolitik, 1892 (ausführlich auf Grund des Urkundenmaterials in den preußischen Archiven dargestellt).

Schmoller, Das preußische Handels- und Zollgesetz von 1818, 1898.

Grunzel, Handbuch der internationalen Handelspolitik, 1906.

Lang, Hundert Jahre Zollpolitik, 1906.

2. Das deutsche Zollgebiet.

Das ganze Deutsche Reich bildet ein einheitliches Zollgebiet, das von der Zollinie oder Zollgrenze umschlossen wird. Die Zollgrenze deckt sich im allgemeinen mit der politischen Grenze des Deutschen Reiches. Da, wo das Zollgebiet vom Meere umspült wird, bildet diejenige Linie, in der sich Land und Wasser berühren, die Zollgrenze.

Zollausschlüsse. Freibezirke.

Aber nicht alle Gebiete, die zum Deutschen Reiche gehören, sind in das Zollgebiet mit aufgenommen, einzelne Gebietsteile sind vielmehr davon ausgeschlossen. Für den Ausschluß aus dem Zollgebiet war die politische Lage maßgebend. Das gilt beispielsweise von Helgoland. Die Insel Helgoland bezeichnet man darum als Zollausschluß. In der Gegend von Konstanz und Schaffhausen liegen inmitten der Schweiz, kleinen Inseln gleich, einzelne kleine Gebietsteile, die trotz ihrer Lage politisch zum Großherzogtum Baden gehören. Diese kleinen Gebiete (z. B. Barwangen, Rautehof, Bolkenbach, Nack, Lottstedten usw.) werden infolge ihrer Lage inmitten des Auslandes ebenfalls als Zollausschlüsse bezeichnet. Auch die Freibezirke der großen Seehandelsplätze sind vom Zollgebiet ausgeschlossen. Freibezirke haben Hamburg, Cuxhaven, Altona, Bremen, Bremerhaven, Emden, Geestemünde, Brake, Stettin, Danzig, Neufahrwasser. Die Handelssprache bezeichnet die Freibezirke schlechthin als Freihäfen. Diese Bezeichnung ist aber ungenau; denn unter einem Freihafen versteht man einen ganzen Hafenplatz, der vom Zollgebiet ausgeschlossen ist. Nach dem Muster von Livorno, das schon 1547 zum Freihafen erklärt wurde, bildeten sich in Frankreich, Österreich und Deutschland Freihäfen. Während der französischen Revolution wurde der Freihafen von Marseille aufgehoben. Da sich aber später in Frankreich das Bedürfnis nach einem zollfreien Stapelplatz geltend machte, so beabsichtigte die französische Regierung, Marseille wieder zum Freihafen zu machen. Die Industrie, die inzwischen in Marseille zur Blüte gekommen war, sträubte sich dagegen. So kam man 1817 auf den Ausweg, einen Teil des Hafens zum zollfreien Bezirk, zu einem Doc Entrepôt, zu machen. Diese Maßnahme wurde für andere Staaten vorbildlich. An die Stelle des Freihafens trat ein Freibezirk. In Europa gibt es nur einen einzigen Freihafen: Gibraltar. In Asien sind Freihäfen: Aden, Singapur, Honkong und der deutsche Hafen von Kiautschou: Tsingtau.

Die Freihafengebiete und auch die Freibezirke werden hinsichtlich des internationalen Warenaustausches als Ausland aufgefaßt. In diese Gebiete können ausländische Waren ohne irgend welche Zollformalitäten, die nur den Verkehr erschweren würden, zollfrei eingeführt und auf Lager gegeben werden. Riesige Speicher, die teils von der Hafenbehörde, teils mit Genehmigung derselben von Privaten erbaut sind, dienen hier zur Aufnahme der Waren (siehe das Kapitel Niederlagen!), Ausgedehnte Kaianlagen erleichtern das Anlegen der Schiffe, das „Löschen" angekommener und die „Verstauung" ausgehender Waren. Dampfkrähne von ungeheurer Tragkraft heben die Güter aus den Schiffen an den Kai, vom Kaischuppen in die Eisenbahnwagen. Körnerfrüchte, die meistens unverpackt in den Schiffen ankommen, werden mittels Luftdruckes aus den Dampfern oder Leichtern in die Eisenbahnwagen oder in die Kähne gehoben, wobei gleichzeitig automatisch ein Verwägen der Güter stattfindet. — Von dem Lager aus können vielfache Veränderungen an der Ware vorgenommen werden. Die Waren können geteilt, umgepackt, ummarkiert („umgemarkt") oder umsigniert werden. Beispiel: E. Malin, Stralsund, bestellte bei Siebenlist & Knothe, Berlin, zwei Fässer Bordeaux-Wein. Für Siebenlist & Knothe schwimmt gerade eine größere Sendung französischer Weine, die in kurzer Zeit in Hamburg eintreffen muß. Ein Hamburger Speditionshaus wird nun beauftragt, im Freihafenlager Zeichen und Nummer des Versenders an zwei Fässern zu entfernen und dafür das Signum von Siebenlist & Knothe (S. & K. 1215/16) anzubringen, um alsdann die beiden Fässer auf kürzestem Wege nach Stralsund zu senden. Diese Vorsichtsmaßregel wird angewendet, damit der Käufer nicht etwa die Bezugsquelle des Lieferanten erfährt. Vom Lager aus können die Waren auch bearbeitet und verarbeitet werden, um dann in dem veränderten Zustande entweder in das Zollgebiet oder wieder ins Ausland geführt zu werden. Diese Veränderungen werden Veredelung genannt. Da die Zahlung eines Zolles dabei ausgeschlossen ist, so spricht man auch vom zollfreien Veredelungsverkehr (siehe diesen!). — Die Grenzen der Freihäfen und Freibezirke, an denen sie das Zollgebiet berühren, sind genau bezeichnet. Zu Lande kennzeichnen Tafeln die Zollgrenze, zu Wasser deuten Planken oder schwimmende Palisaden die Zollgrenze an. An der Zollgrenze sind die Zollstraßen, auf denen allein der Transport von Waren erfolgen darf, durch Zollposten besetzt, die jede Person anhalten, die den Verdacht erregt, daß sie zollpflichtige Waren in das Zollgebiet zu führen beabsichtige. Da, wo die Zollstraßen in das Zollgebiet führen, befinden sich Grenzämter.

Wenn Waren, die im Freihafengebiet lagern, in das Zollgebiet geführt werden sollen, so tritt die Zollpflicht ein, die zunächst darin besteht, daß beim Überschreiten der Zollgrenze alle ausländischen Waren, also auch diejenigen, die zollfrei eingehen, der Zollbehörde vorgeführt werden müssen. Die Zollpflicht ist erfüllt, wenn bei Waren, die der Verzollung unterliegen, der berechnete Zoll, das Zollgefälle, entweder bezahlt oder gesichert ist, oder wenn zollfreie Waren nach erfolgter Untersuchung „freigeschrieben" sind.

Zollanschlüsse.

Wenn vom deutschen Zollgebiet einzelne deutsche Gebietsteile ausgeschlossen sind, so sind anderseits Gebiete fremder Staaten infolge ihrer Lage zur Zollgrenze an das deutsche Zollgebiet angeschlossen. Natürlich hat das nur durch besondere Zollverträge geschehen können. Schon seit dem Jahre 1842 ist das Großherzogtum Luxemburg an das deutsche Zollgebiet angeschlossen. Die Gemeinde Jungholz, die politisch zur Grafschaft Tirol gehört, ist seit dem Jahre 1868 und die Gemeinde Mittelberg im Lande Vorarlberg seit 1890 an das deutsche Zollgebiet angeschlossen. Diejenigen Gebietsteile fremder Staaten, die durch Verträge an das deutsche Zollgebiet angeschlossen sind, bezeichnet man als Zollanschlüsse.

3. Der Grenzbezirk.

Das ganze deutsche Zollgebiet ist innerhalb der Zollgrenze von dem Grenzbezirk umgeben. Der Grenzbezirk ist ein Streifen Landes, der durchschnittlich 15 km breit ist. Nach dem Auslande hin wird der Grenzbezirk von der Zolllinie, nach dem Zollgebiet hin von der Binnenlinie eingeschlossen. In dem Grenzbezirk üben bewaffnete Zollbeamte die Grenzaufsicht aus. Durch die ständige Bewachung des Grenzbezirkes soll verhindert werden, daß Waren ohne Zollkontrolle auf dem Wege des Schleichhandels vom Auslande in das Zollgebiet geführt werden. Solchen Schleichhandel bezeichnet man als „Schmuggel" oder als „Paschen". Die Grenzbeamten müssen ein wachsames Auge haben, damit sie jedem Schleichhandel auf die Spur kommen, da seitens der Schmuggler oft die raffiniertesten Mittel angewendet werden, um die Zollpflicht zu umgehen. Dafür nur einige Beispiele: Eine Dame passiert mittels Lohnfuhrwerks eine Zollstelle an der Schweizer Grenze. Der Kutscher läßt das Fuhrwerk an der Zollgrenze halten, und zwei Zollbeamte treten an den Wagen heran und stellen die übliche Frage: „Haben Sie zollpflichtige Gegenstände?" Die Dame erwidert: „Ich glaube nicht; denn meine Koffer enthalten nur Reisegerät." Pflichtgemäß verlangen die Beamten Vorführung der Koffer, die der Kutscher vom Wagen in das Zollgebäude befördert. Zwar finden die Beamten bei der Revision keine zollpflichtigen Waren, aber sie bemerken an der Dame, von der Gegend ihres Hutes ausgehend, ein eigenartiges Klappern, das ihnen verdächtig erscheint. Bei der körperlichen Durchsuchung, zu denen die Beamten in solchen Fällen berechtigt sind, entdecken sie in der Haarfrisur der Dame, kunstvoll verwickelt, nicht weniger als zehn wertvolle goldene Damenuhren. — Ein Herr, der öfter dasselbe Grenzamt passiert, scheint plötzlich, als er wieder aus dem Auslande kommt, erheblich an Leibesfülle zugenommen zu haben. Bei der Leibesvisitation, die die Zollbeamten vornehmen, stellt sich heraus, daß die Zunahme des Leibesumfanges dadurch verursacht ist, daß der Herr seinen Leib mit kostbaren Spitzen, die einem Zoll von ℳ 350,— per dz unterliegen, umwickelt hat. — Einem Zollbeamten erscheinen die Geschirre eines Kutschers so eigenartig, daß er sie genauer untersuchen zu müssen glaubt. Die Untersuchung hat ein überraschendes Ergebnis: Die Geschirre sind hohl und mit erlesenem Tabak gefüllt! — Selbstverständlich hat ein solcher Schleichhandel ein Strafverfahren zur Folge. Auf alle Fälle werden die Gegenstände, die der Zollpflicht entzogen werden sollten, sofort beschlagnahmt.

Die Kaufleute und auch die Gewerbetreibenden, die innerhalb des Grenzbezirks ihre gewerbliche Niederlassung haben, müssen sich hinsichtlich des Warenverkehrs mannigfache Beschränkungen und Kontrollen gefallen lassen. So kann die Zollbehörde verlangen, daß die Kaufleute über einzelne Waren, die vom Auslande bezogen werden, z. B. Spitzen, trotz ordnungsgemäßer Verzollung besondere Bücher führen, die auf Verlangen der Zollbehörde vorgelegt werden müssen.

Durch die strenge zollamtliche Bewachung der Grenze sind sowohl die deutschen, wie auch die ausländischen Bewohner der Grenzgebiete in ihrer Wirtschaftsführung außerordentlich beengt. Um nun Härten in der Bewegungsfreiheit der Grenzbewohner zu mildern, sind für den kleinen Verkehr im Grenzbezirk besondere Erleichterungen geschaffen, die teils in Zollbefreiungen, teils in Zollbegünstigungen bestehen. Zollbefreiung tritt ein:

1. wenn unbearbeitetes oder lediglich in der Querrichtung mit der Axt oder Säge bearbeitetes Bau- oder Nutzholz für den häuslichen oder handwerksmäßigen Bedarf von Bewohnern des Grenzbezirks in Traglasten eingeht oder mit Zugtieren gefahren wird; Bedingung hierbei ist aber, daß die Verwendung zollamtlich überwacht wird und daß der Bezugsberechtigte nicht mehr als zwölf Festmeter jährlich bezieht;

2. für einzelne Stücke von frischem oder einfach zubereitetem Fleisch oder von Schweinespeck in Mengen von nicht mehr als 2 kg, nicht mit der Post eingehend (diese Bestimmung gilt nur für den Eingang aus Rußland, der Schweiz, Österreich-Ungarn, für den Eingang aus Rußland erstreckt sich die Vergünstigung nicht auf Schweinespeck);

3. für Müllereierzeugnisse und für gewöhnliches Backwerk mit Ausnahme von gewalztem Reis und von Reisgrieß in Mengen von nicht mehr als 3 kg, nicht mit der Post eingehend (diese Bestimmung gilt nur für den Eingang aus der Schweiz und aus Österreich-Ungarn).

Eine Zollbegünstigung findet für die Bewohner des Grenzbezirks statt für die Einfuhr von Zugochsen im Alter von $2^1/_2$ bis 5 Jahren, wenn sie zum eigenen Wirtschaftsbetriebe nachweislich notwendig sind (ℳ 30,— Zoll für 1 Stück, statt ℳ 8,— per dz).

4. Zollstraßen.

Die aus dem Auslande in und durch den Grenzbezirk führenden Land- und Wasserstraßen, die einen erheblichen Warenverkehr mit dem Auslande vermitteln, die aus dem Auslande in den Grenzbezirk führenden Eisenbahnen, die Häfen am Meer (soweit sie nicht ausdrücklich ausgeschlossen sind) bezeichnet man als Zollstraßen. Die Zollstraßen sind als solche durch Tafeln kenntlich gemacht, und zwar befinden sich Tafeln sowohl dort, wo die Zollstraßen die Zollinie (Grenzlinie) überschreiten, als auch an den Stellen, wo sie über die Binnenlinie führen. Nach § 21 des Vereinszollgesetzes dürfen zollpflichtige und zollfreie Waren, die so verpackt sind, daß ihr Inhalt nicht sofort erkannt werden kann, nur auf den Zollstraßen in das Zollgebiet geführt werden. In der Regel darf das auch nur an bestimmten von der Zollbehörde festgesetzten Tagesstunden geschehen. Im Interesse der Erleichterung des Verkehrs gibt es hinsichtlich der Tagesstunden eine Reihe von Ausnahmen: Fischerfahrzeuge, die nur frische Erzeugnisse des Meeres einführen, Schiffe, deren Einfahrt von Ebbe und Flut abhängig ist, gewöhnliche Fahrposten und die dem öffentlichen Verkehr dienenden Eisenbahnen, die in der Regel nur zollfreies Reisegut einführen, sind an keine Tageszeit gebunden.

Hinsichtlich des Reisegutes hat die Zollbehörde ganz besondere Erleichterungen zugestanden. Bei der Einfuhr von Waren aus dem Auslande in das deutsche Zollgebiet gilt allgemein der Grundsatz, daß über die Art, Beschaffenheit und Zahl der Güter eine schriftliche Erklärung, die Deklaration, abgegeben werden muß. Nur hinsichtlich des Reisegutes besteht eine Ausnahme; denn hier ist eine schriftliche Erklärung nicht erforderlich. Der Reisende braucht seine Koffer nur der Zollbehörde geöffnet vorzuführen, damit die Beamten sich überzeugen können, daß die Koffer nur Reisegut, das für den persönlichen Bedarf des Reisenden dient, enthalten. Die revidierten Koffer werden dann mit der gelben „Zollmarke" beklebt, um anzudeuten, daß eine Revision bereits stattgefunden hat. Im Juli und August, wenn der Strom der Touristen sich über die Grenzen Österreichs und der Schweiz ergießt, wird im Interesse der Beschleunigung der Zollabfertigung nach erfolgter Revision oft nur mit einem Stück Kreide ein Kreuz auf das einzelne Gepäckstück gemacht. Wer beispielsweise, aus der Schweiz kommend, von Basel aus mit der Bahn in das deutsche Zollgebiet gelangen will, muß, bevor er die Bahnsteigsperre passieren kann, durch die Räume des Zollamtes gehen. Den Bahnsteig darf er erst dann betreten, wenn sich die Bahnsteigschaffner von dem Vorhandensein der Zollmarke oder eines entsprechenden anderen Zeichens überzeugt haben. Bei durchlaufenden Schnellzügen erfolgt die Revision des Gepäckes auch oft während der Fahrt in den Eisenbahnzügen. Ähnliche Vergünstigungen bestehen auch für das Reisegepäck der Passagiere im Schiffsverkehr.

5. Zollkontrollen an der Grenze.

a) Beim Wagenverkehr.

In demselben Augenblick, in dem Güter, die aus dem Auslande kommen, die deutsche Zollinie überschreiten, beschränkt die Zollbehörde den Verkehr derselben. Die freie Bewegung der Ware hört so lange auf, bis die Zollpflicht erfüllt ist. Erst nach der Erfüllung der Zollpflicht können die Güter in den freien Verkehr übergehen; solange sie aber der Zollpflicht unterliegen, befinden sie sich im gebundenen Verkehr. Im Verkehr gebunden sind natürlich auch diejenigen Waren, die von Freihäfen oder Freibezirken aus die Zollinie überschreiten. Zollposten bewachen die Zollstraßen da, wo sie die Zollinie überschreiten; sie wachen auch darüber, daß die gesetzlichen Bestimmungen über den Wareneingang genau erfüllt werden. Der Weg von der Zollinie bis zum Grenzzollamte darf nur auf der Zollstraße ohne irgend welche Abweichung und willkürlichen Aufenthalt zurückgelegt werden. Die Ladung darf auf diesem Wege keinerlei Veränderungen unterworfen werden. Der Warenführer darf den Transport der Waren nur dann einem andern überlassen, wenn der Nachmann die Verpflichtungen des ersteren ausdrücklich übernimmt. Das Vereinszollgesetz bedroht denjenigen, der gegen diese Bestimmungen verstößt, mit Strafe.

Die Grenzzollämter liegen häufig direkt an der Zollinie, oft aber auch inmitten des Grenzbezirkes oder in der Nähe der Binnenlinie. Ist die Entfernung von der Zollinie bis zum Grenzzollamt ziemlich groß (bis 15 km können in Betracht kommen), so ist in vielen Fällen in der Nähe der Zollinie ein Ansageposten errichtet. Der Warenführer ist verpflichtet, bei dem Grenzzollamt sämtliche Papiere, die die Ladung betreffen, abzugeben. Befindet sich aber zwischen der Zollinie und dem Grenzzollamt ein Ansageposten, so hat der Warenführer seine Papiere schon bei dem Ansageposten abzugeben. Der Beamte des Ansagepostens überzeugt sich von der Richtigkeit der Angaben des Warenführers, indem er die Anzahl der Wagen, die Anzahl der Pferde und möglichst auch die Anzahl der Packstücke feststellt. Er darf aber Veränderungen an der Ladung nicht vornehmen. Alsdann fertigt er den „Ansagezettel" aus und trägt die Angaben desselben in das Ansageregister ein. Die Papiere, die der Warenführer dem Beamten des Ansagepostens übergeben hat, werden in Gegenwart des Warenführers eingesiegelt, an das Grenzamt adressiert und einem Grenzaufseher überliefert, der das Fuhrwerk bis zum Grenzzollamte begleitet. Der zur Begleitung des Transportes bestimmte Grenzaufseher erhält auch offen den Ansagezettel. Die versiegelten Papiere und den Ansagezettel übergibt der Grenzaufseher dem Grenzzollamte. Dieses trägt die Angaben des Ansagezettels in das Deklarationsregister ein und vermerkt die Nummer des Deklarationsregisters, sowie die Stunde, in der der Begleitungsbeamte abgefertigt ist, auf der Rückseite des Ansagezettels. Der Beamte gibt den erledigten Ansagezettel wieder dem Verwalter des Ansagepostens zurück, der im Ansageregister den Erledigungsvermerk einträgt.

b) Im Eisenbahnverkehr.

Wenn ein Eisenbahngüterzug auf einem Bahnhof, der innerhalb der Zolllinie liegt, eintrifft, so wird unmittelbar nach Ankunft des Zuges der Teil des Bahnhofes, auf dem der Zug hält, abgesperrt. Nur Beamten, die dienstlich auf dem Bahnhofe zu tun haben, ist der Aufenthalt in diesem Teile des Bahnhofes gestattet. Der Zugang zu diesem Teil wird durch Zollposten besetzt. Der Zugführer oder ein anderer Bevollmächtigter der Eisenbahnverwaltung hat nun die Frachtbriefe und die übrigen Begleitpapiere der Bahnbehörde abzugeben und die geladenen Güter der Zollbehörde vorzuführen.

c) Beim Schiffsverkehr.

Für den Schiffsverkehr werden Ansageposten dann zur Notwendigkeit, wenn die Schiffe infolge ihres großen Tiefganges nicht in den Hafen laufen können, so daß sie auf offener Reede vor Anker gehen müssen. Zur Entlöschung werden alsdann kleinere Fahrzeuge, „Leichter" genannt, verwendet, die regelmäßig durch „Schlepper" in den Hafen gebracht werden. Das Umladen erfolgt unter zollamtlicher Kontrolle. Auch hier hat der Warenführer, d. i. der Schiffsführer, wieder sämtliche Papiere, die die Ladung betreffen, dem Ansageposten, der den Ansagezettel ausfertigt, abzugeben. Damit aber bei dem Umladen der Güter in die Leichter kein Schmuggel getrieben werden kann, wird einmal über die in einen Leichter geladenen Güter ein genaues Verzeichnis, der „Leichterladeschein" von den Zollbeamten, die die Aufsicht führen, ausgefertigt, zum andern erfolgt die Weiterbeförderung entweder unter Begleitung von zwei Zollbeamten oder unter Raumverschluß. Amtliche Begleitung erfolgt regelmäßig dann, wenn der Laderaum des Leichters keine entsprechenden Einrichtungen für den zollamtlichen Verschluß aufweist. Die Begleitung kann auch in dringenden Fällen durch einen auf die Zollinteressen vereidigten Lotsen erfolgen. Derjenige Beamte, der den Leichter begleitet, erhält die versiegelten Papiere und den Ansagezettel, um beides an dem Grenzzollamt abzugeben. Alle diese Formularitäten erübrigen sich, wenn die Entlöschung des Schiffes in einem Freibezirk erfolgt.

6. Die Verzollung der eingegangenen Güter erfolgt auf dem Grenzzollamt.

Besondere Erklärung (spezielle Deklaration) zum Wareneingang.

Soll die aus dem Ausland gekommene Ware sofort, nachdem sie die Zolllinie überschritten hat, in den freien Verkehr übergehen, so verlangt die Zollbehörde eine genaue Erklärung über die Zahl, den Inhalt und die Beschaffenheit derjenigen Güter, die zur Verzollung kommen sollen. Zur Abgabe dieser Erklärung ist der Warenführer verpflichtet. Er bedient sich dabei eines bestimmten von der Zollbehörde vorgeschriebenen Formulars, der Deklaration zum Wareneingang (siehe diese!). Mit dieser Deklaration wird die abzufertigende Ware dem Zollamte gleichzeitig angemeldet. Der Warenführer hat unbedingt die Pflicht, die Zahl der Wagen oder sonstigen Fahrzeuge, die Namen und Wohnorte der Empfänger, die Zahl der Kolli, deren Verpackungsart, Zeichen und Nummer der Güter, die zollamtlich abgefertigt werden sollen, anzugeben. Nur Gattung und Menge der Ware und die begehrte Art der Abfertigung darf der Empfänger deklarieren. In der Praxis kommt das jedoch nur in Ausnahmefällen vor. Bei dieser besonderen Warenerklärung (Deklaration) darf sich der Warenführer, der in diesem Falle „D e k l a r a n t“ [1]) ist, nicht derjenigen Bezeichnung der Waren bedienen, die in der Handelssprache üblich ist, sondern er muß sich der Ausdrucksweise des Zolltarifes anpassen. Das wird deshalb gefordert, um eine leichtere Abfertigung zu ermöglichen. Eine Deklaration wird — abgesehen von der Abfertigung von Kleinigkeiten und von Reiseeffekten — bei j e d e r Zollabfertigung verlangt, also auch bei z o l l f r e i e n Waren.

Der Deklarant h a f t e t für die Richtigkeit seiner Angaben, sowohl hinsichtlich der Zahl und Art der Kolli, als auch hinsichtlich der Menge und der Gattung der Ware. Bei der Deklaration ist mit der a l l e r g r ö ß t e n S o r g f a l t zu verfahren; denn bei unrichtiger Deklaration verfügt die Zollbehörde ohne weiteres Ordnungsstrafen, wenn sie auf Grund der eingeleiteten Untersuchung die Überzeugung gewonnen hat, daß ein böser Wille bei Abgabe der ungenauen oder gar falschen Deklaration nicht vorgelegen hat. Wird aber eine böswillige Absicht vermutet, so werden die Güter zunächst mit Beschlag belegt, und es folgt die Eröffnung des „Z o l l p r o z e s s e s“. Dafür einige Beispiele: Ein Chemnitzer Fabrikant bezieht aus Manchester durch mehrere Monate hindurch in regelmäßigen Wochensendungen rohe g l a t t e baumwollene Tülle, die einem Zollsatz von ℳ 60,— per dz unterliegen. Den Weiterversand von Hamburg besorgt ein Spediteur, der durch die Angaben in seinem Frachtbriefe die Grundlage für die Deklaration gibt. Auf einmal bezieht derselbe Fabrikant rohe b e m u s t e r t e baumwollene Tülle, die aber einem Zollsatz von ℳ 120,— unterliegen. Der Angestellte des Speditionshauses beachtet im Drange der Arbeiten den Unterschied, der ihm vom Empfänger der Ware richtig aufgegeben ist, nicht und deklariert wieder in alter Gewohnheit: rohe glatte baumwollene Tülle. Bei der Abfertigung wird natürlich entdeckt, daß die Angaben der Deklaration mit der Warengattung nicht überein-

[1]) Näheres über Deklarant siehe in dem Kapitel: Die Verzollung im Schiffsverkehr!

stimmen. Die Zollbehörde leitet eine Untersuchung ein und verurteilt den Angestellten (nicht die Firma!) zu 20 Mark Ordnungsstrafe, da sie sich überzeugt hat, daß hier nur ein Flüchtigkeitsfehler, nicht aber die böse Absicht einer falschen Deklaration vorgelegen habe. — In einem Strafbescheide eines Hauptzollamtes heißt es wörtlich: „Der Angeschuldigte meldete der Abfertigungsstelle N. N. unter anderen auch eine Kiste G. C. 602 zur zollfreien Einfuhr an. Den Inhalt bezeichnete er in der Deklaration zum Wareneingang verbindlich als Erdpech. Bei der zollamtlichen Revision wurden jedoch außer zollfreiem Erdpech noch 8 kg gewebte baumwollene Isolierbänder in luftdicht verschlossenen Dosen vorgefunden. Diese Bänder mußten nach Tarifnummer 457 mit ℳ 8,— (100 kg = ℳ 100,—) zur Verzollung gezogen werden. Durch die unrichtige Angabe des Inhalts der genannten Kiste, bezw. durch die Nichtanmeldung der Isolierbänder lag nach § 136 Ziffer 1 c des Vereinszollgesetzes der Tatbestand einer von dem Angeschuldigten vollbrachten Zolldefraude vor. . . . . Der Angeschuldigte hat nun aber nachgewiesen, bezw. glaubhaft dargetan, daß er eine Defraudeabsicht nicht hatte, da er . . . . . aus der Verladungsaufgabe seines Auftraggebers die Anmeldung der Isolierbänder versehentlich nicht mit übernahm. . . . . Als angemessen erschien deshalb eine Ordnungsstrafe von 3 Mark." — Eine Hamburger Speditionsfirma schreibt infolge der Eröffnung eines Zollprozesses wörtlich an ihre Auftraggeberin: „Zu meinem Bedauern habe ich Ihnen heute mitzuteilen, daß die 3 Ballen A. S. 418/20 von der Zollbehörde mit Beschlag belegt worden sind, da die Revision ergeben hat, daß der Inhalt der Ballen nicht aus baumwollenen gemusterten Tüllen, sondern aus Spitzenstoffen besteht, die (statt ℳ 120,—) einem Zollsatze von ℳ 350,— unterliegen. Die Freigabe der Ballen vor Beendigung des Prozeßverfahrens erfolgt nur gegen Hinterlegung des Fakturenwertes der Waren, des Zollbetrages nach Maßgabe des obigen Satzes und außerdem des vierfachen Zollbetrages als Zollstrafe. Ich bitte Sie, mir umgehend die Original-Faktura über die Waren zuzusenden und mir mitzuteilen, ob ich den Betrag für Ihre Rechnung an die Zollkasse zahlen soll."

Auf Grund der im Bureau des Grenzzollamtes eingereichten Deklaration erfolgt die Abfertigung durch die Zollbeamten. Die Ware wird den Zollbeamten zur Revision vorgeführt. Diese Revision ist eine sehr eingehende, sie wird darum auch die *spezielle Revision* genannt (siehe S. 14!). Nach dem festgestellten Gewicht der Ware (siehe S. 17!) berechnen die Beamten den Zoll und schreiben die Zollquittung aus. Wenn an der Kasse der Zoll bezahlt ist, kann die Ware in den freien Verkehr übergehen.

7. Die Verzollung der eingegangenen Güter erfolgt auf einem inneren Zollamt.

Allgemeine Erklärung (generelle Deklaration) zum Wareneingang.

Sollen die Waren zur Abfertigung auf ein Amt im Innern des Zollgebietes überwiesen werden, so verlangt die Zollbehörde am Grenzzollamt auch wieder eine schriftliche Erklärung, Deklaration genannt, über die einzuführenden Waren. Zu dieser Erklärung ist wieder der Warenführer verpflichtet. In dieser Deklaration sind aber nur allgemein gehaltene Angaben erforderlich; es würde beispielsweise vollauf genügen, wenn in der Deklaration steht: A. B. 1/14 = 14 Ballen Baumwollenware; oder: 1 Waggon, enthaltend 148 Kisten S. W. 10001/10148 Emaillewaren. Die allgemeine oder generelle Deklaration braucht also nur zu enthalten: Zahl der Kolli, Verpackungsart, Zeichen und Nummer, sowie eine allgemeine Bezeichnung der Gattung der Ware. Die Zollbehörde nimmt vor dem Weiterversand der Ware auch keine genaue Revision vor, sondern sie überzeugt sich nur, ob die Angaben der Deklaration den Tatsachen entsprechen. Die Revision ist also auch nur eine allgemeine oder generelle.

Aber die Zollbehörde sichert nach der allgemeinen Revision vor dem Weiterversand der Ware deren Zollpflicht. Jetzt tritt der gebundene Verkehr ein, und zwar dadurch, daß die Güter amtlich verschlossen werden. Das geschieht in der Weise, daß entweder die einzelnen Packstücke verschlossen werden, oder daß der ganze Wagen oder der ganze Kahn oder das ganze Schiff unter amtlichen Verschluß gesetzt werden. Diejenigen Kolli, die sich durch eine Schnur (mit Plombe) nicht verschließen lassen, werden durch Hart- oder Blaustempel kenntlich gemacht. Sehr häufig kommt das vor bei ganzen Maschinen oder auch bei Packstücken, die infolge ihrer Größe in dem verschließbaren Raum eines Kahnes oder eines Schiffes nicht untergebracht werden können.

Der Verschluß allein aber würde noch nicht genügen, um einen Schleichhandel zu verhindern. Darum beginnt von dem Augenblicke, in dem die Deklaration eingereicht wird, die buchmäßige Festhaltung der Ware seitens der Zollbehörde. Der Inhalt der Deklaration wird vom Grenzzollamt in Bücher eingetragen. Als solche Bücher kommen in Betracht: 1. das Deklarationsregister, 2. das Begleitscheinregister, 3. das Begleitzettelregister. In diesen Büchern bleiben die einzelnen Posten so lange offen, bis das Zollamt im Innern dem Grenzamt berichtet hat, daß die betreffende Sendung ihre vorschriftsmäßige zollamtliche Erledigung gefunden hat.

Aber mit dieser einen Kontrolle läßt sich die Zollbehörde noch nicht genügen. Jede Sendung, die vom Grenzzollamt einem Zollamt im Innern des Zollgebietes zur Abfertigung überwiesen wird, muß von einem Zollpapier begleitet sein. Das Zollpapier ist bei ganzen Eisenbahnwagen-Ladungen in der Regel das Ladungsverzeichnis (siehe dieses!) und der Begleitzettel, Stückgüter werden mit Begleitschein versandt. Dabei unterscheidet man Begleitschein I und Begleitschein II. Bei Begleitschein I wird die ganze Schlußabfertigung — spezielle Revision, Berechnung und Erhebung des Zolles — dem innern Zollamte überwiesen. Erfolgt dagegen die spezielle Revision und die Berechnung des Zolles am Grenzzollamt, die Erhebung des Zollbetrages aber von einem Amt im Innern des Zollgebietes, so reist die Sendung mit Begleitschein II. Bei Begleitschein II wird also die Sendung am Grenzzollamt vollständig abgefertigt, als wenn sie dort verzollt werden sollte. Die einzelnen Kolli werden geöffnet, genau revidiert und gewogen. Auch der Zollbetrag wird genau berechnet; mit der Einziehung des Zollbetrages aber wird ein Zollamt im Innern des Zollgebietes beauftragt. Bis auf die Bezahlung des Zolles ist also die Abfertigung auf Begleitschein II genau dieselbe wie bei der Verzollung auf dem Grenzzollamt.

Der Begleitschein II kommt in der Praxis nur dann in Betracht, wenn der Empfänger der Ware einen Zollkredit (siehe S. 18/23) genießt. Derjenige, der eine Ware auf Begleitschein II deklariert, haftet für die Bezahlung der Zollgefälle. Ist der Deklarant dem Grenzzollamt nicht als zahlungsfähig bekannt, so verlangt die Zollbehörde von dem Deklaranten Hinterlegung des Zollbetrages, der erst dann zurückvergütet wird, wenn das Amt, das mit der Einziehung des Zollbetrages beauftragt war, dem Grenzzollamt berichtet hat, daß der Begleitschein seine vorschriftsmäßige Erledigung gefunden hat. Nur diejenigen Sendungen, auf denen ein Zollbetrag von mindestens ℳ 15,— ruht, können auf Begleitschein II abgefertigt werden. Das erklärt sich daraus, daß Zollbeträge unter ℳ 15,— von der Zollbehörde auch nicht gestundet werden. Auch aus den Zollniederlagen können Waren mit Begleitschein I oder auch mit Begleitschein II weiter versandt werden.

Im allgemeinen ist zu bemerken, daß die weitaus größere Rolle die Abfertigung auf Begleitschein I spielt.

Sollen deutsche Waren nur vorübergehend ins Ausland versandt werden, um innerhalb eines bestimmten Zeitraumes (meistens drei oder sechs Monate) wieder eingeführt zu werden, so ist das Zollpapier ein Zollvormerkschein (siehe diesen!). Der ist deshalb erforderlich, damit die ursprünglich deutschen Waren beim Wiedereingange in das deutsche Zollgebiet nicht verzollt zu werden brauchen, also ihren Charakter als inländische Waren behalten.

Bei Schiffsladungen kommen als Zollpapiere in der Regel nur Begleitscheine und gegebenenfalls auch Zollvormerkscheine in Betracht. Daneben dient als Deklaration zum Wareneingang stets das Schiffs-Manifest (siehe dieses!).

8. Die spezielle Revision.

Bei dem ganzen Zollverkehr spielt die spezielle Revision der Waren die allergrößte Rolle. Bei ihr handelt es sich in der Hauptsache um die genaue Feststellung der Gattung der einzelnen Ware und um die Ermittelung des genauen Gewichtes der Ware. Um diese Feststellungen, die die Grundlage für die Berechnung des Zolles bieten, vornehmen zu können, ist es nötig, daß die einzelnen Packstücke geöffnet werden. Natürlich erstreckt sich diese spezielle Revision auch darauf, ob Zeichen und Nummer, Zahl der Kolli und ihr Gewicht mit den Angaben der Zollpapiere und der übrigen Begleitpapiere (z. B. Frachtbrief) übereinstimmen. — Das Öffnen der Packstücke, das Auspacken der Ware und schließlich das Verpacken derselben ist immer Sache des Zollpflichtigen. Er muß auf eigene Gefahr und Kosten nach Anweisung der Zollbeamten die erforderlichen Handleistungen vornehmen lassen. Die Zollbehörde stellt in vielen Fällen ständige Arbeiter auf den Zollämtern an, die das Öffnen, Auspacken, Wägen, Verpacken, Verschließen und Verplomben der Kolli gegen Zahlung von festen von der Zollbehörde genehmigten Arbeitslöhnen besorgen, z. B. auf dem Kgl. Hauptzollamt Berlin Packhof: Die Vereinigte Packhofs-Arbeiter-Kompagnie. In der Regel müssen sämtliche Kolli geöffnet werden.

a) Feststellung der Warengattung.

Bei der Unzahl der einzelnen Warengattungen, bei den oft sehr feinen Unterschieden der einzelnen Arten von Waren würde sich die Einordnung der vorgeführten Ware in die richtige Tarif-Nummer in vielen Fällen sehr schwierig und darum auch sehr zeitraubend gestalten, wenn die Beamten der Abfertigungsstellen lediglich auf den Zolltarif angewiesen wären. Um das Geschäft der Abfertigung zu vereinfachen, hat die Zollverwaltung den Beamten in dem „Amtlichen Warenverzeichnis" ein Hilfsmittel für die Tarifierung gegeben. Das Amtliche Warenverzeichnis verzeichnet die im Warenhandel üblichen Artikel in alphabetischer Reihenfolge. Die einzelnen Artikel werden oft ausführlich beschrieben, und außerdem sind „zur richtigen Anwendung des Tarifes" ausführliche Anmerkungen vorgesehen. Bei jedem Artikel findet sich die Angabe der Tarif-Nummer, der Tarasatz und sowohl der autonome, wie auch der durch Handelsverträge festgesetzte Zollsatz.

Da das „Amtliche Warenverzeichnis", das vom Bundesrate herausgegeben wird, der Verzollung zugrunde gelegt wird, so funktioniert es genau so wie ein Gesetz. Bei allen anderen Verwaltungsvorschriften gibt es ein Mittel, den Rechtsweg zu beschreiten. Das ist beim Amtlichen Warenverzeichnis ausgeschlossen. Die Interpretation des Amtlichen Warenverzeichnisses ist in Deutschland endgiltig. So hat sich ein ganz abnormer Zustand herausgebildet, der zu Unrecht so ohne

Widerspruch von den Kaufleuten ertragen wird: Die gesetzgebenden Faktoren beschließen ein Gesetz, der Bundesrat interpretiert es, und diese Interpretation steht über dem Gesetz!

Trotz der eingehenden Beschreibungen, trotz der zahlreichen Vorschriften bietet die richtige Tarifierung der einzelnen Artikel doch oft erhebliche Schwierigkeiten. Darum sind die Zollämter mit zahlreichen Apparaten und Mitteln ausgerüstet, um gegebenenfalls chemische und andere Untersuchungen vornehmen zu können. Dafür einige Beispiele:

Paris sendet der „Gesellschaft für Innenarchitektur" in Berlin einen Kronleuchter aus Kunstguß mit Bronzeverzierungen. Die Speditions- und Lagerhaus-Aktien-Gesellschaft vorm. Bartz & Co. erhält den Auftrag, für die Gesellschaft für Innenarchitektur die Zollabfertigung auf dem Packhof zu besorgen. Der Kronleuchter ist von den Packhofsarbeitern ausgepackt und auf die Wage gelegt: Gewicht 38 kg. Bei der Feststellung des Zollsatzes entsteht die Frage: Ist die Bronze vergoldet oder nicht? Der herbeigerufene Oberrevisor ist auch im Zweifel. Um die ev. Vergoldung festzustellen, streicht er mit einem Probierstein einige Male über einzelne Stellen des gelben Metalls. Die beiden etwa 2 cm langen Striche, die auf dem Probierstein zurückgeblieben sind, betupft er mittels eines Glasstäbchens mit mehreren Tropfen starker reiner Salpetersäure. Nach einigen Sekunden stellt der Oberrevisor fest, daß unter dem zersetzenden Einfluß der Säure zwar einzelne Teilchen von den metallenen Strichen auf dem Probierstein verschwunden seien, daß der Hauptbestandteil der Striche aber „feststehe". Die Entscheidung ist damit gefallen: vergoldet! *M* 175,— Zoll pro dz, während für Kunstguß, nicht vergoldet, nur *M* 24,— für den dz zu zahlen wären.

Wir erhalten Essig aus Frankreich. Nach dem Zolltarif kostet Essig in Fässern (Nr. 187) *M* 10,— Zoll pro 100 kg, wenn unter 100 Teilen bis 15 Teile Essigsäure enthalten sind, aber *M* 12,— Zoll pro 100 kg (Nr. 277), wenn sich unter 100 Teilen über 15 Teile Essigsäure vorfinden. Die Ermittelung des Essigsäuregehaltes geschieht durch Absättigen des Essigs mit Kalilauge. 5 ccm von dem Essig werden mit 20 ccm destilliertem Wasser und mit 1 oder 2 Tropfen weingeistiger Phenolphthallösung vermischt. In ganz kleinen Mengen wird nun allmählich unter fortwährendem Schwenken Normalkalilauge zugesetzt, bis die auftretende rote Färbung, die anfangs beim Schütteln immer wieder verschwindet, stehen bleibt. Sind hierzu mehr als 12,5 ccm Normalkalilauge erforderlich, so enthält die untersuchte Flüssigkeit mehr als 15% Essigsäure.

Dichte, ungemusterte taftbindige Gewebe ganz aus Seide des Maulbeerspinners ohne jede Beimischung von künstlicher Seide (von Florettseide oder von Seide des Eichenspinners) mit festen Kanten gewebt, roh (auch gebleicht oder gebügelt) unterliegen einem Zollsatz von *M* 300,— pro 100 kg (Nr. 401). Sind aber die gleichartigen Gewebe aus Eichenspinnerseide hergestellt, so sind sie mit ℳ 800,— pro 100 kg (Nr. 404) zu verzollen. Nun gehen diese Gewebe fast regelmäßig nur in gebleichtem Zustande ein. Das geübte Auge des Fachmannes erkennt zwar den Unterschied an der Farbenabtönung; denn die gebleichte Maulbeerspinnerseide hat immer eine zarte weiße Farbe, während gebleichte Eichenspinnerseide regelmäßig eine gelblich-weiße (bis braune) Farbenabtönung aufweist. Allein den Zollbeamten gehen so viele Warengattungen durch die Finger, daß es erklärlich ist, wenn nur die erfahrensten Beamten diese Unterschiede mit Sicherheit ohne Hilfsmittel feststellen können. — In zweifelhaften Fällen wendet der Oberbeamte, der zu solchen Feststellungen stets zu Rate gezogen werden muß, chemische Mittel zur Untersuchung an. Eines davon sei angeführt: rauchende Salzsäure vom spezifischen Gewicht von 1,190 löst die einzelnen Fäden der Maulbeerspinnerseide sehr rasch auf, während die Fäden der Eichenspinnerseide erst nach 1 bis 5 Minuten aufgelöst werden.

Kapfmeyer & Cie, Bordeaux, senden Otto Hering, Berlin, ein Faß roten Bordeaux-Wein, der auf dem Packhofe zur Verzollung bereit liegt. Um etwaige Leckagen während des Transportes zu verhindern, wird Wein häufig mit einem „Überfaß" versandt. Bei der Revision entfernt der Böttcher der „Vereinigten Packhofs-Arbeiter-Kompagnie" das Überfaß und schlägt den Spund des Fasses heraus. Von den Beamten wird mittels eines Saughebers eine Weinprobe entnommen. Da die Bordeaux-Weine in der Regel weniger als 14 Gewichtsteile Weingeist enthalten, also dem niedrigsten Zollsatz für Wein (ℳ 24,— pro 100 kg) unterliegen, so wird die Untersuchung, zu der stets ein Oberrevisor hinzugezogen werden muß, sehr vereinfacht. Sie besteht nur in einer Kostprobe. Erst wenn die Beamten bei dieser Untersuchung die Überzeugung gewinnen, daß der Wein mehr als 14 Gewichtsteile Weingeist enthält, wird vom Oberrevisor eine chemische Untersuchung vorgenommen.

Die spezielle Revision zeitigt manchmal wunderbare Resultate. Auch dafür ein Beispiel:

Louis Rosenthal, Berlin, hat aus China Schmuckfedern bezogen. Diese würden r o h nach Tarifnummer 148 ℳ 3,— Zoll pro 100 kg kosten. Der revidierende Beamte aber stellt fest, daß diese Federn am äußeren Rande fein beschnitten seien. Nach Nr. 531 würden zugerichtete Federn einem Zollsatze von ℳ 750,— pro 100 kg unterliegen. Der Empfänger behauptet, es seien rohe Federn, die er stets mit ℳ 3,— verzollt habe. Nach langen Verhandlungen bleibt ihm nichts anderes übrig, als den geforderten Zollbetrag zu hinterlegen und im Wege der Beschwerde die Herausgabe der Differenz zu verlangen.

Erleichterungen bei der speziellen Revision.

Wenn im allgemeinen auch der Grundsatz besteht, daß bei der speziellen Revision a l l e Kolli geöffnet werden müssen, so sind doch einige Ausnahmen zu erwähnen.

Gehen Verzehrungsgegenstände in hermetisch verschlossenen Gefäßen ein (Konserven, Vanille), so können gewisse Erleichterungen eintreten, wenn kein Zweifel darüber besteht, daß die Gefäße in der Tat Verzehrungsgegenstände enthalten. — Eine ähnliche Vorschrift ist in dem Handelsvertrage mit Österreich-Ungarn vorgesehen. Dort ist vereinbart, daß Hopfen in luftdicht verschlossenen Metallzylindern ohne Untersuchung des Inhalts abgefertigt werden kann, wenn die Sendung von einem zollamtlichen Zeugnis begleitet ist, das bescheinigt, daß die Zylinder Hopfen enthalten und unter amtlichem Verschluß befördert worden sind.

In den Handelsverträgen mit Österreich-Ungarn und Italien ist ferner vereinbart, daß diejenigen Weine, die von Zeugnissen begleitet sind, die bestimmte wissenschaftliche Anstalten des Auslandes nach erfolgter Untersuchung ausgestellt haben, beim Eingang in das deutsche Zollgebiet nicht mehr untersucht werden, wenn alle übrigen vereinbarten Vorschriften bei dem Versand beachtet sind.

Auch die Zeugnisse von bestimmten wissenschaftlichen Anstalten über den Untersuchungsbefund von Olivenöl, das aus Italien nach Deutschland eingeführt werden soll, werden seitens der deutschen Zollbehörde dadurch anerkannt, daß eine Untersuchung des Öles bei der Abfertigung unterbleibt.

Eine weitere Erleichterung bietet die probeweise Revision. Bei dem ungeheuren Warenumsatz, der sich beispielsweise an der Zollgrenze des Hamburger Freihafengebietes vollzieht, würde es zu den größten Erschwerungen des Verkehrs führen, wenn sich die spezielle Revision *in jedem Falle auf jedes einzelne Kollo einer Ladung erstrecken müßte*. Das Vereinszollgesetz erklärt deshalb unter bestimmten Voraussetzungen eine *probeweise Revision* für zulässig. Nur dann kann eine probeweise Revision erfolgen, wenn 1. eine spezielle Deklaration vorliegt und wenn 2. diese probeweise Revision eine vollkommene Übereinstimmung mit den Angaben der Deklaration ergibt. „Vollkommene Übereinstimmung" wird auch dann noch angenommen, wenn sich bei der Verwiegung der revidierten Kolli eine Gewichtsabweichung von nicht mehr als 2% herausstellt.

b) Ermittelung des Gewichtes.

Bei der speziellen Revision wird entweder nur das Brutto- (Roh-) Gewicht oder auch das Netto- (Rein-) Gewicht ermittelt. Unter Rohgewicht wird nach dem Vereinszollgesetz „das Gewicht der Ware in völlig verpacktem Zustande, mithin in ihrer gewöhnlichen Umgebung für die Aufbewahrung und mit ihrer besonderen für den Transport verstanden."

„Das Gewicht der für den Transport nötigen äußeren Umgebung wird Tara genannt."

„Das Nettogewicht ist das Bruttogewicht nach Abzug der Tara. Die kleineren, zur unmittelbaren Sicherung der Ware nötigen „Umschließungen" (Papier, Pappe, Schachteln, Etuis, Dosen, Büchsen, Bindfaden usw.) werden mit zum Reingewicht gerechnet."

Bei Ermittelung des Reingewichtes der Flüssigkeiten wird das Gewicht der Fässer, Flaschen, Kruken u. dergl. nicht in Abzug gebracht, sondern mit zum Reingewicht gerechnet.

Bei Massengütern, die in Eisenbahnwaggonladungen eingehen, die keinem höheren Zollsatz als ℳ 5,— für 1 dz unterliegen, bei Petroleum und Bier kann das zollpflichtige Gewicht durch Abzug des Gewichtes des leeren Waggons vom Gewicht des gefüllten Waggons ermittelt werden. Auch bei anderen Waren kann das geschehen, wenn das Verwiegen auf gewöhnlichen Wege außergewöhnliche Umstände verursacht (lebende Gänse in Waggonladungen usw.).

Die amtliche Anschreibung des ermittelten Gewichtes erfolgt nach Kilogrammen und erforderlichenfalls nach Dezimalbrüchen vom Kilogramm, jedoch ist dabei über zwei Dezimalstellen nicht hinauszugehen.

Bei Waren, die nach dem Rohgewichte zu verzollen sind, ist von dem ermittelten Rohgewicht die Tara nach Maßgabe des amtlichen Warenverzeichnisses abzuziehen und dann der Zoll zu berechnen.

9. Die Entrichtung des Zollbetrages.

a) Unmittelbar nach der Zollabfertigung.

Einer der beiden Zollbeamten, die die Abfertigung vollziehen, schreibt die Zollquittung aus, die demjenigen ausgehändigt wird, der die zollamtliche Abfertigung der Ware beantragt hat. Diese Zollquittung wird mit den übrigen Zollpapieren an der Zollkasse eingereicht. Nach Entrichtung des Zollbetrages werden dem Einlieferer die Zollpapiere und die Zollquittung, die den Kassenstempel und die Unterschrift zweier Kassenbeamten trägt, zurückgegeben.

b) Nach erfolgter Stundung.

Zollkredit.

In den weitaus meisten Fällen erfolgt die Begleichung der Zollgefälle sofort nach erfolgter Abfertigung.

Doch nicht immer braucht der Zoll gleich bezahlt zu werden. Er kann auf Antrag gestundet werden. Die Befugnis, Zollkredite zu gewähren, stand früher den Einzelstaaten zu. Das Gesetz vom 25. Dezember 1902 hat auch den Zollkredit reichsgesetzlich geregelt. § 12 des Zolltarifgesetzes bestimmt: „Die Zölle können auf Antrag gegen Sicherheitsleistung für eine Frist bis zu drei Monaten nach näherer Anordnung des Bundesrates gestundet werden. Von der Stundung ausgenommen sind die Zölle für Getreide, Hülsenfrüchte, Raps und Rübsen, sowie für die daraus hergestellten Müllerei- und Mälzerei-Erzeugnisse." Diese Bestimmung, die Zollgefälle für Getreide usw. von Stundung ausschließt, würde nun dadurch leicht umgangen werden können, daß der Händler das im Auslande gekaufte Getreide bis zur Weiterveräußerung im Inlande zur zollfreien Niederlage bringt. Um einer solchen Umgehung wirksam entgegenzutreten, beschloß der Reichstag, daß die Zollgefälle für Getreide usw. bei der Überführung der Ware aus der Niederlage in den freien Verkehr mit 4% vom Tage der Einlagerung zu verzinsen sind.

Ein Zollkredit wird nur solventen Firmen (Vollkaufleuten — Buchführungspflicht!) gewährt, die jährlich mindestens ℳ 6000,— Zoll bezahlen. Von der Stundung sind Beträge unter ℳ 15,— ausgeschlossen.

Der Zollkredit muß in einer bestimmten Höhe beantragt werden. Für die Höhe der Summe des bewilligten Kredits ist Sicherheit zu leisten und zwar je nach der Bonität des Antragstellers mindestens bis zu einem Viertel der Kreditsumme oder bis zur vollen Höhe derselben.

Bei der Vierteldeckung werden für die Sicherheitsleistung gewöhnlich Effekten verwandt. Die Zollbehörde weist aber alle Wertpapiere zurück, die die Reichsbank nicht lombardiert. Die Koupons müssen bei der Hinterlegung mit eingereicht werden. Auch die Forderungen, die in das Reichsschuldenbuch oder in das Staatsschuldenbuch eines Bundesstaates eingetragen worden sind, können bis zur Höhe des Kurswertes, nicht aber über den Nominalwert hinaus zur Sicherheitsleistung verwendet werden. Sinkt der Kurs der Effekten erheblich unter den Nennwert, so wird entweder der Zollkredit entsprechend herabgesetzt oder der Kreditnehmer ist zur weiteren Sicherheitsleistung verpflichtet. — Auf besonderen Antrag können auch Depotscheine der Reichsbank, der Kgl. Seehandlung und der Preußischen Zentralgenossenschaftskasse zur Sicherheitsleistung angenommen werden.

Ist die Sicherheitsleistung in der vollen Höhe des Zollkredites zu bewirken, so kann sie erfolgen durch Wechsel, durch Bürgschaft, durch Hypotheken, durch gesperrte Sparkassenbücher usw. Allgemein üblich ist die Hinterlegung eines Bankakzeptes. Der Kreditnehmer zieht auf ein ihm bekanntes Bankhaus einen Wechsel in der Höhe des Zollkredits, den die Bank akzeptiert. An die Stelle der Bank kann auch ein anderes solventes Handelshaus treten. Auch eigene Wechsel können zur Sicherheitsleistung verwendet werden; diese müssen aber bei Sicht zahlbar, nicht domiziliert und von zwei solventen Firmen avaliert sein. In beiden Fällen muß das den Fiskus vertretende Hauptzollamt als Remittent genannt sein. Die Wechsel müssen in höchstens 10 Jahren acht Tage nach Sicht zahlbar sein.

Die Firma, der ein Zollkredit eingeräumt ist, wird in den meisten Fällen einem Angestellten, der die Verzollungen regelmäßig vorzunehmen hat, Zollvollmacht er-

(Fortsetzung des Textes S. 22)

Zollvollmacht.

Wir bevollmächtigen hiermit den Herrn *Julius Krause*, *uns* in allen .... Zoll- und Steuerangelegenheiten bei dem hiesigen Königlichen Haupt-Zoll-Amte Berlin Packhof und bei den von demselben ressortierenden Zoll-Ämtern zu vertreten.

Es soll derselbe namentlich ermächtigt sein, die für *uns* angekommenen Güter zu verzollen, beziehentlich über die Zollbeträge Stundungsanerkenntnisse auszustellen, Waren zur Niederlage zu deklarieren oder deren Weitersendung unter Begleitschein oder Übergangsschein-Kontrolle zu beantragen, auch etwaige Übergangs-Abgaben und Spielkartenstempelsteuer zu entrichten, dabei die im Vereins-Zollgesetz vom 1. Juli 1869, sowie in den zu letzterem erlassenen Regulativen vorgesehenen und die sonstigen von dem Königlichen Haupt-Zoll-Amte Berlin Packhof auf Grund höherer Anordnungen vorgeschriebenen Erklärungen und Verpflichtungen für *uns* und in *unserm* Namen abzugeben, und endlich die erforderlichen schriftlichen Erklärungen unter *unserer* Handels-Firma und im Auftrage derselben zu vollziehen.

Unser Bevollmächtigter wird demnach zeichnen

pro *J. W. Junk & Co.*
Julius Krause

und füge*n* von dessen Unterschrift 13 Exemplare hierbei.

Berlin, den *14. Dezember 1908.*

J. W. Junk & Co.
Julius W. Junk. Hermann Alt.

Stundungsanerkenntnis

(zu S. 22).

Die Unterzeichneten erkennen hierdurch an, daß *ihnen* der am *25 ten Januar 1909* bei der Zollkasse in *Berlin Packhof Nordhalle* zu entrichtende *Zoll*betrag von *225* M. *40* Pf. in Buchstaben:

zweihundert und fünfundzwanzig Mark und vierzig Pf.

und zwar *)

1 Kiste Ölsardinen, 65 kg	=	*M 45,—*
2 Kisten Celluloid, 120 „	=	*„ 180,40*
		M 225,40

gestundet worden ist.

Die Unterzeichneten verpflichten sich, diesen Betrag, sobald er gefordert wird, sonst aber unaufgefordert spätestens bis zum

25 ten Januar 1909

an die *Kgl.* Zollkasse in *Berlin Packhof Nordhalle* einzuzahlen.

Berlin, den *29 ten Oktober 1908.*

J. W. Junk & Co.

Julius Krause.

Einnahmebuch Nr.
Stundungsgegenbuch Blatt Nr.

*) Einzelbeträge bei Tagesanerkenntnissen oder Zerlegung des Gesamtbetrages bei verschiedenen Abgabenzweigen. Sollen bei der Abzahlung gestundeter Zollbeträge Einfuhrscheine (§ 11 des Z. T. G.) in Anrechnung gegeben werden, so ist im Stundungsanerkenntnis auch die Ware anzugeben, für die der Zoll gestundet ist. (Anlage 2 der Einfuhrscheinordnung § 20.)

teilen. Diese Vollmacht ist bei dem Kgl. Hauptzollamt zu hinterlegen und jedes Jahr bis zum 15. Dezember zu erneuern. Die Zollvollmacht muß auf einem bestimmten Formular, das bei den Hauptzollämtern gegen Entrichtung von 20 Pfg. zu haben ist, erteilt werden. Jedes Nebenzollamt, das von dem betreffenden Hauptzollamt abhängig ist, erhält eine Handzeichnung desjenigen, dem die Zollvollmacht erteilt ist. In Berlin sind aus diesem Grunde 13 Unterschriften des Bevollmächtigten mit dem Antrage einzureichen:

Die Zollvollmacht hat vorstehenden Wortlaut (S. 20):

Beispiel: Für die Firma J. W. Junk & Co. sind am 29. Oktober auf dem Kgl. Hauptzollamt Berlin Packhof folgende Kolli mit Begleitschein I eingetroffen:

J. W. J. & Co.	1177	1 Kiste Ölsardinen	=	65 kg
	1178/79	2 Kisten Celluloid	=	120 kg

Der Angestellte Julius Krause erhält den Auftrag, die Verzollung zu besorgen und den Zoll „auf Kredit zu nehmen". Die Zollquittung lautet auf *M* 45,— (netto 60 kg Ölsardinen, %kg *M* 75,—) + *M* 180,40 (netto 90,02 kg Celluloid, % kg *M* 200,—) = *M* 225,40.

Der Bevollmächtigte Julius Krause muß nun auf einem vorgeschriebenen Formular vorstehendes „Stundungsanerkenntnis" ausfertigen (s. S. 21).

Das Stundungsanerkenntnis, das am Fuße erst den Firmenstempel und darunter die Unterschrift des Bevollmächtigten tragen muß, wird nun mit dem Begleitschein und der Zollquittung an der Zollkasse eingereicht. Die Kasse gibt nach Erledigung den Begleitschein und die Zollquittung wieder zurück. Die Zollquittung lautet dann nicht über bezahlte Zollgefälle, sondern über gestundete.

Die Dauer der Stundung beträgt rund drei Monate. Alle im Monat Oktober gestundeten Zollbeträge müssen bis zum 25. Januar des folgenden Jahres bezahlt sein. Für die im ganzen Monat November gestundeten Zollbeträge ist der späteste Zahltag der 25. Februar. Stichtag ist also immer der 25. eines jeden Monats.

Während der ersten drei Tage eines jeden Monats muß über sämtliche im Laufe des vorigen Monats gestundeten Zollbeträge ein „Gesamtanerkenntnis" (Hauptanerkenntnis) an derselben Kasse eingereicht werden. Dieses Gesamtanerkenntnis ist weiter nichts als eine Aufstellung über die im Laufe des Monats gestundeten Beträge. Bei Einreichung des Gesamtanerkenntnisses werden nach erfolgter Prüfung die Teilanerkenntnisse zurückgegeben.

Die Regulierung der am 25. eines jeden Monats fälligen Zollbeträge erfolgt in den meisten Fällen per Reichsbankgirokonto. Wenn der gestundete Betrag des betreffenden Monats entweder durch Giro-Überweisung oder in bar bezahlt worden ist, erhält das Gesamtanerkenntnis auf der Rückseite den Quittungsvermerk und wird alsdann zurückgegeben.

Beispiel eines Gesamtanerkenntnisses:

(Fortsetzung des Textes S. 27)

Nachbenannte im Laufe des Monats *Oktober* von uns ~~mir~~ ausgestellte Anerkenntnisse über kreditierte Zollgefälle, als:

Datum.	Geldbetrag.		Datum.	Geldbetrag.	
			Transport	*8342*	*45*
1. Oktober	*560*	*40*	*16. Oktober*	*373*	*50*
1. „	*2700*	*60*	*19. „*	*4235*	*05*
2. „	*495*	*—*	*20. „*	*1841*	*15*
3. „	*670*	*—*	*20. „*	*79*	*85*
5. „	*112*	*50*	*21. „*	*3526*	*40*
8. „	*200*	*10*	*21. „*	*54*	*60*
9. „	*438*	*40*	*21. „*	*122*	*65*
13. „	*745*	*35*	*24. „*	*90*	*35*
14. „	*225*	*65*	*24. „*	*188*	*25*
14. „	*1141*	*20*	*26. „*	*91*	*30*
14. „	*222*	*15*	*27. „*	*119*	*10*
15. „	*88*	*85*	*27. „*	*54*	*30*
15. „	*742*	*25*	*27. „*	*256*	*30*
			29. „	*225*	*40*
			31. „	*85*	*60*
Transport	*8342*	*45*		*19686*	*25*

sind uns ~~mir~~ heute gegen Ausstellung des gegenwärtigen Gesamt-Anerkenntnisses von der Königlichen Zollkasse Packhof Nordhalle zu Berlin zurückgegeben worden.

Wir ~~Ich~~ bezeuge*n* demgemäß, daß wir ~~ich~~ aus dem Monat *Oktober* 19*08* der Kasse des genannten Hauptzollamts an kreditierten Gefällen die Summe von *M. 19 686,25* geschrieben:

Neunzehntausend sechshundert und sechsundachtzig Mark

fünfundzwanzig Pfennige

verschulde*n* und verpflichte*n* uns ~~mich~~, diesen Betrag bis zum 25. *Januar* 19*09* prompt und unerinnert zur Kasse des gedachten Zollamts einzuzahlen.

Berlin, den *1 ten November* 19*08.*

J. W. Junk & Co.

Julius Krause.

Umstehender Betrag ist heute bar eingezahlt worden.

Berlin, den ten 19

Königliche Zollkasse Packhof Nordhalle.

Staat: *Preußen.* (Einfuhrscheinordnung § 16.)

(Landeswappen.)

Einfuhrschein

Nr. *1109.*

Am *10. November* 1908 sind von *der Handlung Ludwig & Sohn* zu *Danzig* nach Nr. *5* der Nachweisung des *Hauptzollamts* zu *Danzig*, betreffend die für die *1.* Hälfte des Monats *November* 1908 zu erteilenden Einfuhrscheine,

zwanzig tausend kg *Weizen* (in Form von ~~Mehl usw.~~ ~~Malz~~ ~~Rüböl~~) {ausgeführt ~~niedergelegt~~} worden. Für diese Menge beträgt bei einem Zollsatze von *5,50 M.* für 1 dz der Eingangszoll

1100 Mark *—* Pf.

in Worten:

elfhundert Mark.

Jeder Inhaber des Einfuhrscheins ist berechtigt, diesen bei der Begleichung von Zollgefällen für die umseitig unter Ziffer 1 aufgeführten Fruchtarten oder von solchen für die umseitig unter Ziffer 2 bezeichneten anderen Waren bei jeder Zoll- oder Steuerstelle des deutschen Zollgebiets statt barer Zahlung in Anrechnung zu bringen; bei den umseitig unter 2 aufgeführten Waren kann die Anrechnung auch auf gestundete Beträge erfolgen, sofern dies nicht durch Bekanntmachung des Reichskanzlers zeitweilig für ausgeschlossen erklärt ist.

Die Gültigkeit dieses Scheines erlischt am *9. Mai* 1909.

Im Falle des Verlustes des Scheines ist ein gerichtliches Aufgebotsverfahren unzulässig.

Danzig, den *14. November* 1908.

Der Provinzialsteuerdirektor.

(Stempelabdruck.) (Name.)

Ausgefertigt

(Name.) *Müller,*

(Diensteigenschaft.) *Sekretär.*

Die Anrechnung ist zulässig

1. bei folgenden Fruchtarten: Roggen, Weizen, Spelz (Dinkel, Einkorn, Emmer, Besen), Gerste, Hafer Buchweizen, trockene (reife) Hülsenfrüchte (Speisebohnen, Erbsen, Linsen, Futter-[Pferde- usw.] bohnen, Lupinen und Wicken), Raps und Rübsen;
2. bei folgenden anderen Waren: Erdöl (Petroleum); Kaffee, roher.

Anrechnungsbestätigung.

Umseitiger Betrag von *M.* .... Pf., in Worten:

ist mir (uns) von dem .... amte zu .... auf

{ nicht gestundete / gestundete } Zollgefälle für ... . am ... . 19..........

angerechnet worden.

.........., den ten........ 19.. ....

Buchungsvermerke.

Der Einfuhrschein ist bei dem *Hauptzollamt* in *Danzig* am *21. November* 1908 abgegeben worden.

Der angerechnete Betrag ist gebucht in

Einnahme:	Ausgabe:

(Namen und Diensteigenschaft der Kassenbeamten.)

c) Nicht bare Entrichtung der Zollgefälle.

Werden ausländische Waren nur zum Zwecke der Bearbeitung, der Veredelung in das deutsche Zollgebiet geführt, so wird grundsätzlich auch der für diese Waren berechnete Zollbetrag erhoben. Aber der bezahlte Zoll stellt in diesem Falle nichts weiter dar, als eine Hinterlegung („Deponat"). Wenn der Deklarant auf dem Zollpapier (Deklaration zum Wareneingang, Begleitschein, Auszug) den Antrag stellt, so hat er schon zu betonen, daß diese Ware nach erfolgter Veredelung innerhalb eines bestimmten Zeitraumes (meist drei oder sechs Monate) wieder ausgeführt werden soll. Von dem Inhalt des Antrages nimmt die Zollbehörde in ihren Büchern Vormerkung. Wenn nach erfolgter Wiederausfuhr das Grenzzollamt dem Abfertigungsamt Mitteilung gemacht hat, daß die Sendung wieder ins Ausland gegangen ist, wird gegen Vorzeigung der Zollquittung („der Deponatsquittung") der bezahlte Zoll zurückvergütet (siehe Kapitel III, Abschnitt 2d!).

Von diesem Grundsatz wird eine Ausnahme gemacht bei Getreide und bei Mühlenfabrikaten[1]). Zwar müssen auch hier die Importeure den fälligen Zoll bezahlen; da es aber bei diesen Waren nur in den seltensten Fällen möglich ist, daß genau dieselben Warenarten und -mengen, die eingeführt sind, in demselben Zeitpunkt wieder ausgeführt werden, hat man einmal den Nachweis der Identität, der bei allen anderen Waren in solchen Fällen stets gefordert wird, seit dem Jahre 1894, allerdings erst nach heftigen Kämpfen im Reichstage, fallen lassen, zum andern hat man für die Rückerstattung der Zölle eine besondere Einrichtung geschaffen, die für die beteiligten Kreise eine wesentliche Erleichterung bieten sollte: die Erteilung von Einfuhrberechtigungsscheinen bei der Ausfuhr.

Derjenige, der eine bestimmte Menge Getreide ausführt, erhält darüber von der Zollbehörde eine Bescheinigung, die Einfuhrschein genannt wird (treffender wäre der Ausdruck Einfuhrberechtigungsschein). Wenn er nun wieder ausländisches Getreide importiert, so muß er den Zoll dafür bezahlen; aber das braucht er nicht in bar zu tun, sondern er reicht an Stelle des baren Geldes einen oder mehrere Einfuhrscheine mit ein. Von dem fälligen Zoll wird derjenige Betrag in Abzug gebracht, der auf die durch die Einfuhrscheine nachgewiesenen Gewichtsmengen entfällt.

Beispiel: Ludwig & Sohn in Danzig beziehen am 4. November aus Riga 50 000 kg Weizen. Der Zoll ℳ 5,50,— pro dz ist bezahlt. Um die Backfähigkeit des Weizens zu erhöhen, wird ein Teil des Weizens auf dem Transitlager gemischt. Am 10. November werden 20 000 kg Weizen nach Kopenhagen verschifft. Über diese 20 000 kg erteilt die Zollbehörde einen Einfuhrschein, der mithin den Wert eines Zollbetrages von ℳ 1100,— darstellt.

---

[1]) Eine ähnliche Vergünstigung besteht bei der Einfuhr von ausländischem Holz, für die Inhaber von Mühlen und Mälzereien und für die Inhaber von Ölmühlen, siehe S. 39, 50, 64!

Am 21. November trifft für Ludwig & Sohn eine neue Sendung Weizen ein. Bei der Entrichtung des Zollbetrages reichen sie den Einfuhrschein mit ein, der ihnen mit einem Werte von *M* 1100,— auf den Zollbetrag angerechnet wird (siehe S. 25!).

Die Einfuhrscheine sind nicht an die Person eines bestimmten Importeurs gebunden, sie können vielmehr weitergegeben, also verkauft werden. Da aber die Einfuhr von Getreide nach Deutschland bedeutend größer ist als die Ausfuhr, so fürchtete man eine verhältnismäßig hohe Entwertung der Einfuhrscheine im Handel. Um das zu verhindern, wurde der Bundesrat ermächtigt, die Anrechnung der Scheine zum Nennwert auch bei der Zahlung der Zölle für andere Waren als Getreide zuzulassen. Nach den Beschlüssen des Bundesrates können die Einfuhrscheine bei Entrichtung der Zollgefälle für rohen Kaffee und für Petroleum verwendet werden. Später wurden die Vorschriften über die Einfuhrscheine auch auf Gerste, Hafer, Raps, Rübsen, Hülsenfrüchte und Buchweizen ausgedehnt.*)

Diese Vergünstigungen für Getreide und Hülsenfrüchte sind auch von dem Zolltarifgesetz vom 25. Dezember 1902 übernommen und noch zum Teil erweitert worden. Der § 11 dieses Gesetzes hat die Einfuhrscheine zeitlich begrenzt, indem er eine Frist von sechs Monaten für die Verwertung derselben vorschreibt. Die Frist beginnt mit dem Tage der Ausstellung, wenn gegen Rückgabe des Scheines Getreide zollfrei eingeführt werden soll. Wenn aber der Schein zur Begleichung des Zolles auf andere Waren verwendet werden soll, so beginnt die Frist erst vier Monate nach dem Tage der Ausstellung. Im letzteren Falle endigt die Frist mithin erst zehn Monate nach dem Tage der Ausstellung. Mit dieser zeitlichen Begrenzung der Einfuhrscheine wollte der Gesetzgeber einerseits der Zollbehörde eine gewisse Übersicht darüber sichern, bis zu welchem Zeitpunkte die Realisierung der Einfuhrscheine zu erfolgen habe, anderseits aber sollte dem Handel mit Einfuhrscheinen ein genügender Zeitraum für die Bewegungsfreiheit gewährt werden.

An den großen Handelsplätzen wird mit den Einfuhrscheinen ein schwunghafter Handel getrieben. Da sie oft erheblich unter dem Nennwerte angeboten werden, werden sie von Kaffee- und Petroleum-Importeuren gern gekauft. In der Regel stellt sich der Preis der Scheine so, daß für den Käufer eine Verzinsung des Barbetrages von rund 4% herausspringt.

*) Das hat allerdings zu einer erheblichen Schädigung der Reichsfinanzen geführt. Durch die verschiedene Höhe der Getreidezölle (Hafer *M* 5,—, Futtergerste *M* 1,30 pr. dz) ist es möglich, deutschen Hafer in großen Mengen auszuführen und dafür fremde Futtergerste einzuführen. Die Differenz der Zollbeträge bedeutet einen tatsächlichen Verlust an Zolleinnahmen für das Reich. Es wird deshalb eine Abänderung der Einfuhrscheinordnung nach der Richtung erstrebt, daß die Einfuhrscheine nur zur zollfreien Einfuhr von Getreide derselben Gattung Verwendung finden dürfen, für dessen Einfuhr sie erteilt wurden.

Literatur:

Troje, Das Vereinszollgesetz vom 1. Juni 1869, 1898.

Das Zolltarifgesetz vom 25. Dezember 1902.

Das Amtliche Warenverzeichnis. Ein Auszug daraus ist bei Bruer & Co., Berlin, erschienen.

Troje, Die Regulative und sonstigen Ausführungsbestimmungen zu den Zollgesetzen, 1895.

Anleitung für die Zollabfertigung und Nachträge dazu, herausgegeben im Reichsschatzamte, Berlin 1906/08 (R. v. Deckers Verlag).

Die Zollstundungsordnung, amtliche Ausgabe (R. v. Deckers Verlag).

Einfuhrscheinordnung, amtliche Ausgabe (ebenda).

10. Zollfreie Niederlagen.

Eine weitere Form der zinsfreien Stundung der Zollgefälle findet im Niederlageverkehr statt.

Der Ursprung der Zollniederlagen weist auf zwei Länder hin: auf Frankreich und auf England. In Frankreich ging die Colbersche Zollpolitik darauf hinaus, die inländische Industrie zu heben. Rohstoffe wurden deshalb zollfrei eingelassen, während die Fabrikate mit hohen Zöllen belastet wurden. Die Zölle sollten also nur den Zweck haben, die inländischen Fabrikate vor der Konkurrenz der ausländischen zu schützen. Da man aber in vielen Fällen nach gar nicht wissen konnte, ob das ausländische Fabrikat im Inlande bleiben würde, stellte sich die Notwendigkeit heraus, Einrichtungen zu schaffen, in denen das ausländische Fabrikat bis zur Entscheidung der Frage, ob es im Inlande bleiben oder wieder ins Ausland geführt werden solle, zollfrei lagern könne. Vom Standpunkt der Zollpolitik waren solche Einrichtungen durchaus gerechtfertigt. Aber die Zollpächter, die dem französischen Staate eine bestimmte Einnahme garantiert hatten, erhoben heftigen Widerspruch. Sie machten geltend, daß sie dann jede Kontrolle verlieren würden, daß auch wirklich alle die Zollinie überschreitenden Waren verzollt würden. Sie seien auch nach ihren Verträgen nicht verpflichtet, sich darauf einzulassen. Am Widerstande der Zollpächter scheiterte dieser erste Versuch.

Als die französische Revolution die Freihäfen aufgelöst hatte, stellte sich das Bedürfnis nach Niederlagen immer deutlicher heraus; die Einführung derselben wurde denn auch im Jahre 1803 gesetzlich festgelegt. Die Durchführung dieser Maßnahme erfolgte aber erst in den dreißiger Jahren des 19. Jahrhunderts. Seit dieser Zeit ist eine stetige Fortentwicklung dieses Gedankens zu verzeichnen. Der Staat errichtete amtliche Gebäude, in denen er die Ware unter Verschluß legte; zu gleicher Zeit aber legte auch der Einlagerer einen Verschluß an. In einer solchen Niederlage konnte jeder ausländische Waren 3 Jahre lang lagern lassen. Diese Lagerhäuser waren wirkliche Niederlagen: entrepôts réels.

Da in vielen Fällen der Besteller der ausländischen Ware eine erhebliche Strecke von dem staatlichen Lagerhause entfernt wohnte, so war für viele Importeure die Benutzung der staatlichen Niederlagen unmöglich. Es machte sich mithin das Bedürfnis nach Vermehrung der Niederlagen geltend. Da das wegen der erheblichen Kosten nicht möglich war, kam man auf einen Ausweg. Es wurde den Importeuren gestattet, die ausländischen Waren unverzollt in ihre eigenen oder in andere private Speicher zu bringen. Die Zollbehörde war aber berechtigt, jederzeit diese privaten Lager zur Kontrolle zu betreten. Es wurde ferner verordnet, daß alle Waren, die in ein solches Lager kamen, in eine Liste eingetragen werden mußten. In diese Liste wurden auch alle Waren eingetragen, die aus dem Lager herausgingen. Auf diese Weise war eine ganz genaue Kontrolle und Berechnung möglich. Die in das Lager geführten Waren hafteten für die Zollgefälle unbedingt. Die Einlagerungsfrist betrug hier aber nur ein Jahr. Solche Niederlagen waren keine eigentlichen, sondern nur fingierte, man nannte sie **entrepôts fictifs**.

Ganz unabhängig von der Entwicklung der Zollniederlagen in Frankreich entstanden die Lagerhäuser in England. Schon seit alter Zeit gab es in England Häuser zum Einlagern von Waren (**warehouses**), die aber nur den Zweck hatten, demjenigen Kaufmann, der in seinen eigenen Lagerräumen beschränkt war, Räume zur Einlagerung eigener Fabrikate oder der aus dem Auslande angekommenen Waren zur Verfügung zu stellen. Der Einlagerer erhielt einen Lagerschein, Warrant genannt; gegen Vorzeigung desselben erhielt er oder sein Nachmann nach erfolgter Entrichtung der Lagergebühr die Ware wieder heraus. Erst durch die Lagerhaus-Akte vom Jahre 1803 wurden diese Lagerhäuser auch der Zollerleichterung nutzbar gemacht. Befanden sich die Lagerhäuser an einem Hafenplatz, so konnte die Behörde dieselben für öffentliche erklären. An den öffentlichen Lagerhäusern aber konnten die Schiffe löschen, ohne gleich den Zoll für die ausländischen Waren zu entrichten. War innerhalb eines Zeitraumes von 3 Jahren nicht über die eingelagerte Ware Verfügung getroffen, so wurde sie seitens der Lagerhausverwaltung verkauft. Noch heute gelten für die englischen Lagerhäuser dieselben Grundsätze; ihre ungeheure Bedeutung für den Handel haben sie erst erlangt, seit sie mit den Docks verbunden sind.

Das englische System hat seine Verbreitung hauptsächlich in Amerika gefunden. Die übrigen Staaten dagegen haben alle das französische System angenommen. Auch die deutschen Niederlagen sind nur eine Nachbildung der französischen.

Der deutsche Zollverein legte den Gemeinden und den kaufmännischen Korporationen die Pflicht auf, Niederlagen zu errichten, soweit ein Bedürfnis dazu vorhanden wäre. Eine ähnliche Bestimmung findet sich noch heute im Vereinszollgesetz (§ 97.2), die zurzeit für Berlin eine Rolle bei der Errichtung des Osthafens spielt. Obwohl auch die Zollbehörde ein erhebliches Interesse an der Errichtung solcher Niederlagen hat, kümmert sie sich nicht darum, sondern sie veranlaßt „Kaufmannschaft und Kommune, den erforderlichen sichern Raum zur Verfügung des Staates zu stellen". In einzelnen Fällen allerdings hat auch der Staat seine eigenen Gebäude zu Niederlagen hergegeben.

In Deutschland unterscheidet man nach den Bestimmungen des Vereinszollgesetzes

A. Öffentliche Niederlagen,

B. Privatlager,

C. Fortlaufende Konten.

A. Öffentliche Niederlagen.

Die Gebäude der öffentlichen Niederlagen sind stets von öffentlichen Körperschaften (Staat, Gemeinde, kaufmännischen Korporationen) für die Zwecke der Niederlage zur Verfügung gestellt. Diese Niederlagen stehen in den meisten Fällen unter der Verwaltung und unter Verschluß des Staates, in *allen Fällen* aber unter *Aufsicht des Staates*. Das Vereinszollgesetz teilt die öffentlichen Niederlagen in

a) allgemeine Niederlagen mit fünfjähriger Lagerfrist und in

b) beschränkte mit sechsmonatlicher Lagerfrist.

a) Allgemeine Niederlagen.

Die allgemeinen Niederlagen befinden sich gewöhnlich an den wichtigsten Verkehrsplätzen, die auch Hauptzollämter haben, während die beschränkten Niederlagen meistens mit den Nebenzollämtern verbunden sind.

Alle am Orte der Niederlage wohnhaften Personen haben das Niederlagerecht, auswärtige Personen müssen sich durch einen am Ort der Niederlage ansässigen Bevollmächtigten vertreten lassen. Ist aber der Empfänger der Ware nicht zu ermitteln, so hat auch der auswärtige Versender das Recht, Waren zur Niederlage anzumelden. Wird von keiner Seite über die Ware verfügt, so erfolgt die Anmeldung zur Niederlage durch einen Spediteur, der von der Zollbehörde dazu bestellt wird. Derjenige, der die Güter zur Niederlage anmeldet, gilt der Zollbehörde gegenüber als Niederleger.

Alle zollpflichtigen Waren werden zur Lagerung zugelassen, während der Lagerung aber brauchen die Zollgefälle nicht bezahlt zu werden. Gehen die Waren von der Niederlage wieder ins Ausland, so gehen sie zollfrei aus; nur für die in den freien Verkehr geführten Waren ist der Zoll zu entrichten. Leicht verderbliche Gegenstände werden von der Lagerung ausgeschlossen. Feuergefährliche Stoffe und solche Güter, die auf andere lagernde Waren einen schädlichen Einfluß ausüben könnten (z. B. übelriechende Stoffe), werden zur Lagerung nur dann zugelassen, wenn besondere Räume dafür vorhanden sind. Werden leicht explosionsfähige oder sonst feuergefährliche Stoffe unter unrichtiger Deklaration zur Niederlage gebracht, so haftet der Einlagerer für den Schaden.

Oft werden Waren aus dem freien Verkehr als „Beipack" zur Niederlage gebracht. Gegenstände des freien Verkehrs nehmen mit der Aufnahme in die Niederlage die Eigenschaft ausländischer, also unverzollter Waren an. Es ist mithin für sie auch der fällige Zoll zu entrichten, wenn sie aus der Niederlage wieder in den freien Verkehr geführt werden sollen. Nur wenn die Niederlagen so eingerichtet sind, daß für die Waren, die einer Sendung „beigepackt" werden sollen, besondere Räume vorhanden sind, können diese Güter ihre Eigenschaft als Güter des freien Verkehrs behalten. Die Direktivbehörden können auch weitere Ausnahmen gestatten.

Die Niederlageverwaltung hat für sichern Verschluß der Niederlageräume, für Ruhe und Ordnung der unter den in der Niederlage beschäftigten Personen und für Abwendung der Feuersgefahr im Innern des Gebäudes zu sorgen. Für Beschädigung der lagernden Waren haftet sie nur, wenn ihr eine Vernachlässigung oder Unterlassung der ihr obliegenden Fürsorge nachgewiesen werden kann. Daher verlangt sie stets, daß die einzulagernden Güter von dem Einlagerer gegen Feuersgefahr versichert sind.

Die Anmeldung zur Aufnahme in die Niederlage geschieht mittels der Deklarationen oder mittels Auszügen aus diesen oder aus den Begleitscheinen. Das der Anmeldung dienende Papier ist in doppelter Ausfertigung einzureichen. Ein Exemplar erhält der Niederleger als Ausweis für sein Verfügungsrecht zurück, dieses Papier dient nun als Niederlageschein. Da der Lagerschein kraft Gesetzes (§ 363 HGB.) übertragen werden kann, so liefert die Verwaltung der Niederlage dem Vorzeiger des Lagerscheines ohne Legitimationsprüfung die Lagergüter aus, sofern dieser den Zoll und die Gebühren*) entrichtet oder sicher stellt.

In der Regel ist die Ware vor der Aufnahme in die Niederlage speziell zu revidieren. Ist aber die spezielle Revision bereits bei der Vorabfertigung erfolgt, so genügt die generelle Revision. Als Einlagerungsgewicht gilt in der Regel das bei der Revision ermittelte Rohgewicht. Werden die Waren vor der Einlagerung nicht verwogen, so ist das im Begleitpapier überwiesene Gewicht anzuschreiben. Ergibt sich bei der Verwiegung ein Mehrgewicht gegenüber dem im Begleitpapier angegebenen Gewicht, so gilt das höhere Gewicht als Einlagerungsgewicht. Wird dagegen ein Mindergewicht festgestellt, so ist dieses als Einlagerungsgewicht anzuschreiben. Von der Gewichtsdifferenz ist aber grundsätzlich der tarifmäßige Eingangszoll zu entrichten. Sind die Waren mit unverletztem amtlichem Verschlusse angekommen und ist zugleich anzunehmen, daß das Mindergewicht durch natürliche Einflüsse entstanden ist, so bleibt der Eingangszoll für dasselbe unerhoben.

Da die Niederlagen den Zweck haben, den Handelsverkehr zu heben, so sind den Einlagerern mannigfache Erleichterungen gewährt. So kann unter Aufsicht der Beamten eine Sortierung, Teilung, Reinigung und Umpackung der Waren vorgenommen werden. Zur Ergänzung, Auffüllung und besseren Packung können Waren aus dem freien Verkehr in die Niederlage gebracht werden. Dies muß jedoch dem Niederlageamte vorher schriftlich unter Angabe der Gattung und Menge der Ware angezeigt werden. Vor dem Einlaß der Waren in die Lagerräume werden diese speziell ermittelt und sowohl im Niederlageregister als auch im Niederlageschein dem zollpflichtigen Lagerbestand zugeschrieben. Jede Umpackung ist dem Amte unter Vorlegung des Niederlagescheines schriftlich anzumelden. Diese Anmeldung kann auf einem vorgeschriebenen Formular erfolgen, es genügt aber auch eine einfache schriftliche Anzeige. Wenn die Ware vor der Einlagerung noch nicht einer speziellen Revision unterzogen war, so muß bei der Umpackung eine spezielle Revision erfolgen. Ist mit der Umpackung eine Teilung verbunden, so wird auch das Reingewicht der alten und der neuen Packstücke festgestellt. Stellt sich bei der Teilung ein unerhebliches Mindergewicht heraus, so wird dieses zollfrei abgeschrieben, wenn sich annehmen läßt, daß die Gewichtsminderung natürliche Ursachen hat. Werden bei der Umpackung und Teilung neue Umschließungen

*) Die Lagergebühren betragen auf dem Packhof in Berlin pro 100 kg und pro Monat 25 Pf.

verwandt, so ist ein etwaiges Mehrgewicht, das sich dem Gewicht der alten Emballagen gegenüber herausstellt, zollpflichtig. Die alten Umschließungen unterliegen bei ihrer Entnahme aus der Niederlage der Verzollung [1]). — Es ist dem Niederleger auch gestattet, auf schriftliche Anmeldung bei dem Amte den eingelagerten Waren Proben zu entnehmen. Das Öffnen der Kolli, die Entnahme der Proben und die neue Verschließung der Packstücke kann nur unter amtlicher Aufsicht geschehen. Das Gewicht der Proben wird im Niederlageregister und auch auf dem Niederlageschein vermerkt. Die Entrichtung der Zollgefälle für die Proben erfolgt aber erst bei der Räumung der betreffenden Warenpost. Wenn dem Einlagerer die Entnahme von Proben nicht genügt, so kann auch eine vorübergehende Auslegung der Waren zum Zwecke der Besichtigung erfolgen [2]).

Die in der Niederlage befindliche Ware haftet unbedingt für den darauf ruhenden Zoll (§ 100 VZG.). Die Verzollung erfolgt nach Maßgabe der bei der Einlagerung festgestellten Menge und Beschaffenheit derselben. Wenn durch Eintrocknen, Einzehren, Verstauben, Verdunsten oder gewöhnliche Leckage eine Verminderung des Gewichtes festgestellt ist, so bildet das Auslagerungsgewicht die Grundlage für die Abfertigung. Sind in der Niederlage Waren gänzlich verdorben oder sonst unbrauchbar geworden, so werden dieselben unter amtlicher Aufsicht vernichtet. Ein Zoll wird natürlich dann nicht für sie erhoben.

Alle Jahre mindestens einmal muß der Warendisponent eine Revision der eingelagerten Güter beantragen. Bei Stellung des Antrages hat er eine Erklärung über den Bestand der Lagergüter einzureichen und den revidierenden Beamten das zu den Arbeiten erforderliche Personal zur Verfügung zu stellen.

Sind Güter, deren Eigentümer und Disponenten unbekannt sind, ein Jahr in der Niederlage geblieben, so werden sie nach zweimaligem öffentlichen Aufgebot meistbietend verkauft. Der nach Abzug aller Abgaben und Unkosten verbleibende Erlös fällt in die Staatskasse, wenn er in einem Zeitraum von sechs Monaten von niemand in Anspruch genommen wird. — Haben Güter, deren Eigentümer und Disponent bekannt ist, länger als fünf Jahre gelagert, so wird derselbe zur Auslagerung innerhalb einer Frist von vier Wochen aufgefordert. Genügt er dieser Aufforderung nicht, so wird zum öffentlichen Verkauf der Waren geschritten und der Erlös nach Abzug der Kosten und Abgaben dem Eigentümer oder Disponenten zugestellt.

Wenn Waren aus der Niederlage entnommen werden sollen, so muß von dem Niederleger eine „Abmeldung von Waren aus der Niederlage" (siehe diese!)

---

[1]) Für das Umfüllen von Flüssigkeiten sieht das Niederlageregulativ vom 5. Juli 1888 besondere Bestimmungen vor.

[2]) Über den Tabakprobenverkehr hat der Ausschuß des Bundesrates für Zoll- und Steuerwesen am 18. Juli 1888 besondere Bestimmungen beschlossen.

und der Niederlageschein bei der betreffenden Zollstelle eingereicht werden. Der mit der Führung des Niederlageregisters betraute Beamte prüft die Angaben der Abmeldung und bescheinigt die Übereinstimmung auf derselben. Sollen die Waren aus der Niederlage mit Begleitschein versandt werden, so erfolgt die Abmeldung durch das Begleitscheinformular. In der Abmeldung ist auch die Art der Abfertigung zu beantragen. Lautet der Antrag: „Zur Verzollung" oder: „Zur Weiterversendung mit Begleitschein II", so erfolgt die spezielle Revision, wenn eine solche nicht unmittelbar vor der Aufnahme der Waren in die Niederlage oder später in derselben stattgefunden hat. Wird bei Waren, die in der Niederlage umgepackt worden sind, eine erhebliche Abweichung von der ursprünglichen Tara bemerkt, so erfolgt die Nettoverwägung. Als Grundlage für die Berechnung des Zolles dient in der Regel das Auslagerungsgewicht. Wenn eine aus mehreren Kolli bestehende, im Niederlageregister unter einem Gesamtgewichte angeschriebene Warenpost in Teilmengen aus der Niederlage entnommen wird, so erfolgt die Abfertigung nach dem Auslagerungsgewicht jeder Teilmenge. Mit dieser Maßnahme soll verhindert werden, daß ein etwaiges Mehrgewicht ohne Zollentrichtung in den Verbrauch übergehen soll. — Sind Waren „zur Verzollung" von der Niederlage abgemeldet, so hat der Niederleger, nachdem der Befund in der Abmeldung bescheinigt ist, den Zollbetrag gegen Quittung zu entrichten, bzw. ein Stundungsanerkenntnis darüber zu erteilen. Bei Abfertigung der Waren auf Begleitschein II tritt an die Stelle der Entrichtung des Zollbetrages die Überweisung desselben auf ein anderes Amt. Gegen Vorzeigung der Zollquittung, bzw. der Abfertigungspapiere können nun die Waren abgelassen werden. Innerhalb 24 Stunden müssen sie alsdann aus der Niederlage entfernt werden.

b) Beschränkte Niederlagen.

Bei den Zollämtern an solchen Orten, die nicht im Genuß des Niederlagsrechtes sind, können Waren in geeigneten Räumen unverzollt niedergelegt werden, wenn ein Bedürfnis dazu vorhanden ist. Die Lagerfrist darf aber in der Regel nicht über sechs Monate dauern. Auf Antrag kann die Frist von der Direktivbehörde verlängert werden. Sonst gelten für die beschränkten Niederlagen dieselben Bestimmungen, wie für die allgemeinen Niederlagen.

B. Privatlager.

Das Vereinszollgesetz bestimmt, daß Waren, auf denen ein Zollanspruch haftet, auch in Privaträumen unter oder ohne Mitverschluß der Zollbehörden niedergelegt werden können, wenn ein Bedürfnis dafür im Interesse des Verkehrs anzuerkennen ist. Privatlager werden immer nur einzelnen Personen oder Firmen bewilligt, und zwar nur Vollkaufleuten, die der Buchführungspflicht unterliegen und die auch sonst das Vertrauen der Zollbehörde genießen. Ein Privatlager muß von dem Kaufmann bei dem betreffenden Hauptzollamte beantragt werden. In dem Gesuche sind die Lagerräume anzumelden und zu beschreiben, auch ist ein Verzeichnis der Warengattungen, die eingelagert werden sollen, beizufügen. Da der Lagerinhaber für die tarifmäßigen Zollgefälle haftet, die auf den zu dem Privatlager abgelassenen Waren ruhen, so muß derjenige, der die Bewilligung eines Privatlagers beantragt, gleichzeitig anzeigen, in welcher Weise die zu leistende Sicherheit bestellt werden soll.

Die für die Privatlager bestimmten Räume müssen so beschaffen sein, daß die Güter darin abgesondert von den andern Waren gelagert werden können. Bei Lagern unter Mitverschluß der Zollbehörde bedarf es einer so vollständigen Abschließung der Lagerräume, daß ohne Lösung des amtlichen Verschlusses oder ohne leicht wahrnehmbare Beschädigung der Umschließungen des Lagerraumes Waren weder in das Lager gebracht, noch aus demselben entfernt werden können. Der zollamtliche Verschluß erfolgt mittels besonderer Kunstschlösser, die die Zollverwaltung auf Kosten des Lagerinhabers liefert und nach Auflösung des Lagers zurücknimmt. Eine Erstattung der Anschaffungskosten findet nicht statt. Privatlager unter zollamtlichem Mitverschluß sind seitens des Lagerinhabers stets unter seinem Privatverschluß zu halten.

Die Anmeldung einer Ware zu einem Privatlager erfolgt mittels der Deklaration oder durch Auszüge aus derselben oder auch durch Begleitschein. Die Papiere sind stets in doppelter Ausfertigung einzureichen. Für die Revision gelten dieselben Bestimmungen, die bei den öffentlichen Niederlagen Anwendung finden.

Über die ein- und ausgehenden Waren haben die Inhaber von Privatlagern mit peinlichster Genauigkeit Bücher zu führen. Der Buchsaldo muß mit dem ermittelten Warenbestande übereinstimmen. In Privatlagern ist auch ein Umpacken, Sortieren und Teilen der Ware nach erfolgter schriftlicher Anmeldung zulässig.

Die Zollbehörde unterscheidet drei Arten von Privatlagern: a) Transitlager, b) Teilungslager, c) Kreditlager.

a) Transitlager.

In den deutschen Ost- und Nordseehäfen (Memel, Königsberg, Danzig, Stettin, Altona usw.) und auch an einigen süddeutschen Hauptandelsplätzen (Mannheim, Ludwigshafen usw.) bestand schon seit langer Zeit ein bedeutender Handel mit ausländischen Waren (Hölzern, Getreide) wieder nach dem Auslande (z. B. russisches Holz wird nach Danzig eingeführt, um nach einiger Zeit nach den Niederlanden ausgeführt zu werden). Die deutschen Importeure hatten *im Prinzip die Absicht, die Waren nur transito durch das deutsche Zollgebiet durchzuführen.* Da aber in vielen Fällen im Augenblicke des Einganges der Auslandsware die Frage nach dem endgültigen Verbleib derselben noch nicht entschieden werden konnte, machte sich das Bedürfnis nach Niederlagen zur zeitweisen Einlagerung der Güter geltend. Von der Zollbehörde wurden zu diesem Zwecke Privatniederlagen bewilligt, die den Namen Transitlager erhielten. Freilich ließ sich die Absicht der Importeure, die in das Transitlager geführten Waren wieder an das Ausland zu verkaufen, nicht immer verwirklichen. Deshalb gestattete die Zollbehörde, daß von dem Lager aus auch Waren in den freien Verkehr gebracht werden konnten. Natürlich mußten dann die Zollgefälle entrichtet werden. Mit dieser Erlaubnis war auch gleichzeitig die Möglichkeit ausgesprochen, daß vom Transitlager Waren teils ins Ausland, teils in den freien Verkehr geführt werden konnten. Regel dabei war die buchmäßige Festhaltung der Identität der Waren.

Noch heute gelten für die Transitlager im allgemeinen dieselben Grundsätze. Die Zollverwaltung unterscheidet Transitlager ohne amtlichen Mitverschluß und solche unter amtlichem Mitverschluß. Transitlager ohne amtlichen Mitverschluß sind nur zulässig für Waren, die mit keinem höheren Zollsatz als ℳ 6,— belegt sind, auch für Waren, die im Inlande nicht erzeugt werden (z. B. Kolonialwaren), ferner für Waren, deren Identität durch sichere Stückbezeichnung festgehalten werden kann. Jedoch gelten auch hier wieder einige Ausnahmen. Butter aus Rußland ist für die Transitlagerung dann zugelassen, wenn durch Bescheinigung der Gesundheitspolizeibehörde nachgewiesen ist, daß durch sie gesundheitsgefährliche Stoffe nicht eingeschleppt werden. — Wenn ein Bedürfnis dazu vorliegt, können auch mineralische Schmieröle zur Transitlagerung zugelassen werden.

Besondere Erleichterungen und spezielle Bestimmungen treten für die Transitlager für Getreide und für Bau- und Nutzholz ein. Im ganzen Niederlagsverkehr verlangt die Zollbehörde im Prinzip den Nachweis, daß diejenige Ware, die aus der Niederlage zur Ausfuhr gelangt, sich deckt mit der Ware, die eingelagert wurde, daß also nicht etwa an Stelle der eingegangenen Ware eine andere Ware untergeschoben ist. Von diesem Grundsatz der Festhaltung der Identität hat die Gesetzgebung für die Einlagerung von Getreide und von Bau- und Nutzholz Ausnahmen geschaffen; denn seit dem Jahre 1894 ist auf den Nachweis der Identität für Getreide und Hölzer Verzicht geleistet. — Die Getreidelager und die Holzlager haben eine weitaus größere Bedeutung als die übrigen Transitlager.

aa) Transitgetreidelager.

In Getreidelager dürfen folgende ausländische Fruchtarten aufgenommen werden: Roggen, Weizen, Spelz, Malzgerste (Braugerste), andere als Malzgerste, Hafer, Buchweizen, Hirse, Mais, Malz aus Getreide, trockene Speisebohnen, Erbsen, Linsen, Lupinen, Futterbohnen, Wicken, Raps, Rübsen, Ölrettichsaat, Senf, Hederichsaat, Mohn und reife Mohnköpfe, Sonnenblumensamen, Madiasamen, Erdmandeln, Erdnüsse, Sesam, Bucheckern, Kapoksamen, Nigersamen, Leinsaat, Hanfsaat. Alle diese Fruchtarten teilt die Zollbehörde in zwei Gruppen. Zu der einen Gruppe, die hier mit A bezeichnet ist, gehören: Roggen, Weizen, Spelz, andere als Malzgerste (Futtergerste), Hafer, Buchweizen, Hülsenfrüchte, Raps und Rübsen. Alle anderen Fruchtarten zählen zur Gruppe B.

Die Lagerung der Früchte ist in der Regel nur in geschlossenen Räumen gestattet. Die Amtsstelle, der das Lager untersteht, führt ein besonderes Niederlagebuch, in dem für jedes Lager eine Abteilung eröffnet ist. In der Regel sieht die Zollbehörde davon ab, daß ihr die Güter, die eingelagert werden sollen, vorgeführt werden. Wenn aber ausländisches Getreide, das schon länger als drei Monate in einem Verschlußlager gelagert hat, in ein Transitlager überführt werden soll, so wird die Aufnahme stets zollamtlich überwacht. Auch die Einbringung inländischer Fruchtmengen ist nach vorheriger Anmeldung zulässig. Die Anmeldung erfolgt auf einem besonderen Formular in zweifacher Ausfertigung. Erst wenn der Anmeldende das eine Exemplar der Anmeldung mit dem Genehmigungsvermerk zurückerhalten hat, darf mit der Einlagerung begonnen werden. Innerhalb der Lagerräume ist eine Mischung von Fruchtmengen derselben Art uneingeschränkt und ohne Anmeldung möglich. Die Mischung von Malzgerste mit anderer Gerste ist nur nach vorheriger Anmeldung zulässig. Das erklärt sich aus den verschiedenen Zollsätzen. Malzgerste unterliegt einem vertragsmäßigen Zollsatze von ℳ 4,—, andere als Malzgerste dagegen ist nur mit ℳ 1,30 zollpflichtig[1]). — Das Hauptamt kann auch widerruflich gestatten, daß die gelagerten Fruchtarten zum Zwecke der Mischung oder zum Trocknen oder Darren zeitweise aus dem Lager entnommen werden. Vor der Wegbringung ist der Amtsstelle eine Anzeige einzureichen, aus der der Zweck der Entnahme, die Gewichtsmenge, der Lagerraum und der zeitweise Bestimmungsort der Fruchtarten, sowie die Zeit des Beginns ihrer Wegschaffung ersichtlich sind. Auch die Zeit der Zurückbringung zum Lager muß vorher der Amtsstelle angezeigt werden.

Der Lagerhalter ist verpflichtet, seine kaufmännischen Bücher so zu führen, daß sie über Zu- und Abgang zum und vom Lager zuverlässigen Aufschluß geben.

---

[1]) Allerdings haben sich aus der Verschiedenheit dieser Zollsätze Schwierigkeiten für die Unterscheidung bei der Verzollung ergeben, die jetzt (Mai 1909) auf dem Wege der Gesetzgebung beseitigt werden sollen. Vielfach ist ausländische Gerste, die zu dem niedrigeren Zollsatz eingeführt wurde, als Braugerste verwandt worden. Der dem Reichstage vorliegende Gesetzesentwurf sieht ein ausdrückliches Verbot der zollwidrigen Verwendung von Gerste vor. Für jede Zuwiderhandlung ist eine Geldstrafe von mindestens M. 50,— in Aussicht genommen. Um die Futtergerste als solche ohne weiteres kenntlich zu machen, soll nach dem Entwurfe eine Färbung („Kennzeichnung") derselben mit Eosin bei der Abfertigung vorgenommen werden.

Der Zollverwaltung steht jederzeit eine Revision der Bücher und des Lagers frei. Der Lagerinhaber oder ein Vertreter desselbe muß der Revision beiwohnen und ist verpflichtet, die erforderlichen Hilfsdienste zu leisten, auch auf Erfordern und nach näherer Anweisung der Zollbehörde zu den von dieser bezeichneten Zeitpunkten eine Erklärung über den Lagerbestand einzureichen. In dem Niederlagebuch führt die Zollbehörde eine Gegenkontrolle über die Handelsbücher des Lagerinhabers.

Die zur Ausfuhr oder zur Versendung nach einer andern Niederlage bestimmten Fruchtarten müssen vor der Versendung abgefertigt werden. Dabei kann von einer Verschlußanlage abgesehen werden. Dann müssen aber nach erfolgter Verladung der Waren die darüber ausgestellten Frachtpapiere (Frachtbriefe, Ladescheine, Konnossemente) dem Begleitschein-Ausfertigungsamte vorgelegt werden. Dieses vergleicht die Angaben des Begleitscheines mit den Angaben der Frachtpapiere und bescheinigt die Übereinstimmung. Die Frachtpapiere erhalten nun die amtliche Nummer des Begleitscheines und den Amtsstempel. In den Begleitscheinen, die die Sendung jederzeit zu begleiten haben, ist das Beförderungsmittel genau zu bezeichnen. Findet während der Beförderung eine Umladung statt, so ist diese von dem Warenführer unter genauer Bezeichnung des neuen Beförderungsmittels in den Frachtpapieren zu vermerken. Beim Begleitschein-Empfangsamte müssen die Frachtpapiere vorgelegt werden, um die Übereinstimmung mit den Begleitscheinen prüfen zu können.

Ausnahmsweise kann die Direktivbehörde bei andern Fruchtarten als Gerste widerruflich genehmigen, daß die amtliche Prüfung der Waren bei der Aufnahme in das Lager und auch bei der Auslagerung, sowie die zollamtliche Bescheinigung über die Verladung in Eisenbahnwagen oder in Schiffe durch eine Bescheinigung eines öffentlich angestellten Wiegemeisters oder einer ähnlichen Person, die auf die Zollinteressen vereidigt ist, ersetzt werde.

Säcke und andere zollpflichtige Umschließungen, in denen unverzollte ausländische Früchte auf das Lager gelangen, dürfen in leerem Zustande nur nach vorheriger besonderer Abmeldung aus dem Lager entfernt werden. Sollen sie in den freien Verkehr treten, so sind sie nach ihrer Beschaffenheit zu verzollen. Über den Zu- und Abgang von Säcken zum und vom Lager werden amtliche Anschreibungen geführt. Die aus Spinnstoff hergestellten Säcke werden lediglich nach ihrer Stückzahl festgehalten. Diejenigen Säcke, die als inländisch nachgewiesen sind, unterliegen der Verzollung nicht, wenn sie leer vom Lager entfernt werden.

Der Ausfuhr der gelagerten Fruchtarten steht die Aufnahme in eine öffentliche Niederlage oder in ein Privatlager unter amtlichem Mitverschlusse gleich. Die Amtsstelle, der die neue Niederlage untersteht, nimmt die Anschreibung der eingelagerten Früchte genau in derselben Weise vor, wie sie im alten Lagerbuche zur Abschreibung gelangt sind.

Bei der Ausfuhr von Getreide und bei der Ausfuhr von Erzeugnissen der Mühlen und Mälzereien erhalten die Warenführer auf Antrag Einfuhrberechtigungsscheine (Einfuhrscheine), die den Inhaber berechtigen, innerhalb einer bestimmten Zeit eine dem Zollwerte der Einfuhrberechtigungsscheine entsprechende Menge der gleichen Ware ohne Zollentrichtung einzuführen (siehe S. 27/28!).

Die Bewilligung eines Getreidetransitlagers kann von der Direktivbehörde zurückgenommen werden, wenn der durchschnittliche Zugang zum Lager an ausländischen Fruchtarten in den beiden letzten Kalenderjahren die Jahresmenge von 2000 dz nicht überschritten hat, oder wenn Hinterziehungen oder Ordnungswidrigkeiten verübt worden sind. Im letzteren Falle nimmt die Zollbehörde keine Rücksicht darauf, ob den Lagerinhaber ein Verschulden trifft oder nicht.

Die Getreidelager sind Transitlager ohne amtlichen Mitverschluß. Die Zollbehörde unterscheidet sie je nach dem Absatzgebiet der Fruchtarten in reine Transitlager und in gemischte Transitlager. Wenn die eingelagerten Fruchtarten ausschließlich zum Absatz in das Zollausland bestimmt sind, so handelt es sich um ein reines Transitlager. Von einem gemischten Transitlager ist neben der Wiederausfuhr in das Ausland auch der Absatz der gelagerten Fruchtarten im Zollgebiete gestattet.

Reine Transitgetreidelager.

Die reinen Transitlager dienen lediglich dem Durchfuhrhandel. Die gelagerten Fruchtarten dürfen nur nach einem andern reinen Transitlager oder in das Ausland geführt werden. Die zur Ausfuhr abgefertigten Mengen von Roggen, Weizen, Spelz, anderer als Malzgerste, Hafer, Buchweizen, Hülsenfrüchte, Raps und Rübsen (Gruppe A) werden, soweit sie den jeweiligen Lagerbestand an ausländischer Ware nicht überschreiten, von diesem Bestande abgeschrieben, im übrigen aber als inländische Ware behandelt, auf die die Bestimmungen der Einfuhrscheinordnung Anwendung finden. Ausgelagerte Malzgerste muß stets von dem Bestande dieser Fruchtart abgeschrieben werden. Die Abschreibung von Mischungen zwischen Malzgerste und anderer Gerste erfolgt nach Maßgabe des Mischungsverhältnisses bei beiden Fruchtarten. Die auf das Lager gebrachten Mengen der oben genannten Fruchtarten (Gruppe A) inländischen Ursprungs behalten die Eigenschaft einer inländischen Ware; auf das Lager gebrachte andere inländische Fruchtarten nehmen die Eigenschaft von unverzollten ausländischen Waren an. Ausgelagerte Fruchtmengen anderer Art (als der oben genannten) werden ohne Rücksicht auf den etwaigen inländischen Ursprung eines Teiles derselben als ausländische abgeschrieben.

Lfd. Nr.	Zeit: Tag	Zeit: Monat	Zeit: Jahr	Bezeichnung und Nummer des Vorbuchs	Abschreibung. a) ausländisch 1. zum Zollsatze von ..... M. für 1 dz: Menge kg	a) 1.: Lagerraum	a) ausländisch 2. zum Zollsatze von ..... M. für 1 dz: Menge kg	a) 2.: Lagerraum	b) inländisch: Menge kg	b) inländisch: Lagerraum	c) Mischung: Menge kg	c) Mischung: Lagerraum	Herkunft	Bemerkungen
1	2	3	4	5	6	7	8	9	10	11	12	13	14	15
														1. Reines Transitlager
														I. Weizen.
1.	*3.*	*Mai*	*1909*	*B.E.B. Nr. 4*	*7,50 M* —	—	*5,50 M* *20000*	—	—	—	—	—	*Rußland*	*hat vorher in der öffentlichen Niederlage des Hauptzollamts Thorn 5 Monate gelagert.*
2.	*10.*	„	„	—	—	—	—	—	*10000*	—	—	—	—	
Zusammen					—	—	*20000*	—	*10000*	—	—	—		
Abgang bis 12. Mai 1909					—	—	*10000*	—	—	—	—	—		
Bestand am 12. Mai 1909					—	—	*10000*	—	*10000*	—	—	—	—	—
														II. Mais.
1.	*5.*	*Mai*	*1909*	*D.B.A. Nr.147*	—	—	*3 M* *5000*	—	—	—	—	—	*Rumänien*	—
2.	*14.*	„	„	—	—	—	—	—	*15000*	—	—	—	—	—

Fruchtmengen derselben Art können innerhalb der Lagerräume uneingeschränkt und ohne Anmeldung gemischt werden. Die Mischung von Malzgerste mit anderer Gerste ist nur nach vorheriger Anmeldung gestattet. Malzgerste, andere Gerste, sowie Gemische von Malzgerste mit anderer Gerste sind gesondert in voneinander getrennten Räumen, die mit den für die lagernde Ware maßgebenden Bezeichnungen zu versehen sein müssen, zu lagern.

Unterliegen eingelagerte Fruchtarten derselben Gattung verschiedenen Zollsätzen, so findet auf den gesamten Bestand dieser Fruchtarten der höchste der in Betracht kommenden Zollsätze Anwendung.

Halbjährlich wird auf Grund einer von dem Lagerinhaber einzureichenden Bestandsnachweisung eine amtliche Bestandsaufnahme vorgenommen. Diese kann für Weizen und Mais (zu S. 42).

Abschreibung.												
Zeit			a) ausländisch				b) inländisch		Weiterer Nachweis.			Bemerkungen.
			zum Zollsatze von ...... M. für 1 dz		zum Zollsatze von ...... M. für 1 dz				Des Buches			
Tag	Monat	Jahr	Menge kg	Lagerraum	Menge kg	Lagerraum	Menge kg	Lagerraum	Benennung	Blatt (Abteilung)	Nr.	
16	17	18	19	20	21	22	23	24	25	26	27	28

des Anton Weiß in Danzig.

zen.

6.	*Mai*	*1909*	*7,50 M* —	—	*5,50 M* *10000*	—	—	—	*N. L. B.*	*Abt. 3*	*2*	
12.	*Mai*	*1909*	—	—	*10000*	—	*5000*	—	*B. A. B.*	*4*	*41*	
17.	*Mai*	*1909*	—	—	*3 M* *20000*	—	—	—	*B. A. B.*	*6*	*75*	

durch probeweise Ermittlungen erfolgen, wenn die Umstände Bedenken nicht ergeben. Die Tage für diese Bestandsaufnahmen werden von der Direktivbehörde nach den örtlichen Verhältnissen bestimmt. Ausnahmsweise kann die Zahl der jährlichen Bestandsaufnahmen auf eine beschränkt werden. Ergibt die Aufnahme des Bestandes ein Mindergewicht, so wird dieses zollfrei abgeschrieben, wenn dasselbe lediglich auf Eintrocknen, Verstauben oder dergleichen zurückzuführen ist. Die Entscheidung darüber, ob eine vorgefundene Fehlmenge auf diesen Ursachen beruht, steht bei einer Fehlmenge bis zu 5% dem Hauptamte, bei einer größeren der Direktivbehörde zu. Wenn die vorgefundene Fehlmenge nicht zollfrei abgeschrieben wird, so muß der Zoll dafür entrichtet werden.

Nach jeder Bestandsaufnahme wird das Niederlagebuch durch An- und Abschreibung der vorgefundenen Unterschiede mit dem Lagerbestand in Übereinstimmung gebracht. (Siehe die Abrechnung auf S. 40/41!).

Wenn sich bei der Bestandsaufnahme eine Fehlmenge ergeben hat, deren zollfreie Abschreibung unzulässig erscheint, so kann seitens der Direktivbehörde die Zurücknahme der Bewilligung eines Lagers erfolgen. Im Falle der Aufhebung eines Lagers muß der Lagerbestand innerhalb einer Frist, die von der Direktivbehörde bestimmt wird, von dem bisherigen Lagerinhaber oder seinem Rechtsnachfolger (Erben, Konkursmasse usw.) unter Zollaufsicht entweder ausgeführt oder zur Versendung auf ein anderes reines Transitlager abgemeldet werden. Ausnahmsweise kann die Direktivbehörde den Übergang des Bestandes auf ein gemischtes Transitlager oder in den freien Verkehr gestatten. In diesem Falle sind bei Roggen, Weizen, Spelz, anderer als Malzgerste, Hafer, Buchweizen, Hülsenfrüchte, Raps und Rübsen die Zollgefälle für den buchmäßigen Bestand an ausländischer Ware der betreffenden Gattung, bei anderen Fruchtarten die Zollgefälle für den gesamten Bestand zu entrichten.

Gemischte Transitgetreidelager.

Gegen die gemischten Transitlager ist seit Aufhebung des Identitätsnachweises für Getreide aus den Kreisen der Landwirtschaft stets eingewendet worden, daß sie nicht mehr im Bedürfnis lägen, da sie weniger dem Ausfuhr- und Durchfuhrhandel als der Versorgung des Inlandes dienten. Die Vertreter der Landwirtschaft forderten deshalb die Aufhebung der gemischten Getreidelager. Der Reichstag erachtete die Forderung der gänzlichen Aufhebung dieser Lager für zu weitgehend, er beschloß aber, „die eingehendste Prüfung der Bedürfnisfrage sicherzustellen“ [1]). Dem Bundesrat steht die Befugnis zu, diejenigen Orte zu bestimmen, an denen gemischte Getreidelager zu errichten sind. Diese Lager sind aber seitens des Bundesrates nur dann zu bewilligen, wenn ein dringendes Bedürfnis dazu anzuerkennen ist. Nach der Begründung zum Entwurf des Zolltarifgesetzes „soll die Bedürfnisfrage jedenfalls dann bejaht werden, wenn der Absatz überwiegend in das Ausland stattfindet, oder wenn durch die gemischten Lager die Ausfuhr inländischen Getreides erleichtert wird“. Heute wird das Bedürfnis nach einem gemischten Getreidetransitlager nur dann anerkannt, wenn nach den Büchern des Gewerbetreibenden der Umfang des von ihm betriebenen Transitgeschäftes ohne den Besitz eines solchen Lagers voraussichtlich eine wesentliche Einschränkung selbst unter der Voraussetzung erfahren würde, daß ihm ein reines Transitlager bewilligt wurde. Demselben Gewerbetreibenden wird ein reines Transitlager und ein gemischtes Transitlager an einem Orte oder in benach-

[1]) Trautvetter S. 201.

Muster einer Anmeldung zum gemischten Transitlager (zu S. 44).

Abgegeben den *10. Mai 1909*. (Getreidelager-Zollordnung § 6.)

Die Beaufsichtigung übernehmen: Niederlagebuch Blatt *1* Nr *1*.

Anmeldung

von

inländischem Getreide zur Aufnahme in das Getreidelager (~~reine~~ / gemischte Transitlager)

des *Anton Weiß* zu *Danzig*.

Es soll eingelagert werden:				Es ist eingelagert worden nach amtlicher Feststellung		Nummer der Anschreibung	Bemerkungen.
Zeit		Gattung	Menge kg	Gattung	Menge kg		
Monat	Tag						
1	2	3	4	5	6	7	8
Mai	*10.*	*Weizen*	*10000*	*Weizen*	*10000*	*2*	

Danzig, den 9. Mai 1909.

Anton Weiß.

Danzig, den 10. Mai 1909.

Kuhl,
Zollsekretär.

Müller,
Grenzaufseher.

barten Ortschaften nicht bewilligt. Der Bundesrat ist auch berechtigt, diejenigen gemischten Transitlager, die den gestellten Anforderungen nicht entsprechen, aufzuheben. Durch den Handelsvertrag mit Rußland aber ist diese Befugnis des Bundesrates beschränkt worden, denn darin ist vereinbart, daß die Lager in Königsberg, Danzig, Altona, Mannheim und Ludwigshafen während der Dauer des Vertrages (bis 1917) bestehen bleiben müssen. In Preußen dürfen zurzeit gemischte Transitgetreidelager ohne amtlichen Mitverschluß in Memel, Königsberg, Danzig, Stettin, Pillau und Altona gestattet werden.

Die Einlagerung der in Umschließungen eingehenden Fruchtarten erfolgt nach dem Rohgewicht, wenn der Zollsatz ℳ 6,— nicht übersteigt; andernfalls geschieht die Anschreibung nach dem Reingewicht. (Muster eines Lagerbuches siehe S. 47/49!). Ausländische Fruchtmengen derselben Art, die verschiedenen Zollsätzen unterliegen, müssen im Niederlagebuch getrennt verbucht werden. Der Zollsatz, dem die Waren unterliegen, muß in der Anmeldung und im Niederlagebuch ersichtlich gemacht werden. Die auf das Lager gebrachten inländischen Fruchtarten müssen der Zollstelle angemeldet werden. Sie behalten die Eigenschaft inländischer Ware. (Siehe das Anmeldungsformular auf S. 43!).

Die zur Gruppe B gehörigen ausländischen Fruchtarten müssen in gesonderten Räumen, die mit dem für die lagernde Ware maßgebenden Zollsatz deutlich bezeichnet sind, gelagert werden. Inländische Fruchtmengen dieser Art müssen abgesondert von zollpflichtigen lagern. In der Anmeldung ausländischer und inländischer Fruchtmengen dieser Art und ihrer Abmeldung vom Lager muß der Lagerraum genau bezeichnet werden. Sollen sie von dem angemeldeten in einen andern Lagerraum innerhalb des Lagers überführt werden, so muß auch davon, spätestens bei Beginn der Überführung Anzeige gemacht werden. Waren der Gruppe A können innerhalb der Lagerräume uneingeschränkt und ohne Anmeldung gemischt werden. Die Mischung von Malzgerste mit anderer Gerste, sowie Mischungen derjenigen Fruchtarten, die nicht zur Gruppe A gehören, unterliegen der Anmeldung. (Siehe das Formular auf S. 45!). Malzgerste, andere Gerste, Gemische von Malzgerste mit anderer Gerste sind in gesonderten Räumen, die durch Aufschrift die Ware deutlich bezeichnen, einzulagern.

Großhändler, die jährlich mindestens 2500 dz ausländische Fruchtmengen in das Lager bringen, können von der Direktivbehörde von der Verpflichtung, die ein- und ausgehenden ausländischen Fruchtmengen an- und abzumelden, sowie von der Verpflichtung der Anmeldung von Mischungen von Waren der Gruppe B ausnahmsweise und widerruflich befreit werden, wenn sie sich nachstehenden Bestimmungen unterwerfen:

1. Es ist für ein jedes Lager ein besonderes Buch zu führen, für das die Zollbehörde das Muster vorschreibt.

Muster einer Anmeldung zur Mischung von Getreide im gemischten Transitlager (zu S. 44).

(Getreidelager-Zollordnung § 20.)
Niederlagebuch Blatt 7 Nr. 2.

Abgegeben den *16. Mai 1909.*

Die Beaufsichtigung übernehmen:

Anmeldung

zum

Zwecke der Mischung von Getreide des Getreidelagers (gemischten Transitlagers) des *Siegfried Müller* zu *Danzig.*

Es sollen gemischt werden:									Nach amtlicher Feststellung					
Die Mischung									sind gemischt:					
Zeit		Ort	Lfd. Nr.	Gattung und nähere Bezeichnung der Fruchtarten (inländisch — ausländisch, letztere mit Unterscheidung nach Zollsätzen)	Menge kg	Nummer der ursprünglichen Eintragung in der Niederlagebuchabteilung	Bisheriger Lagerraum oder Angabe, daß die Fruchtarten aus dem freien Verkehre kommen	Künftiger Lagerraum des Gemisches	Gattung und nähere Bezeichnung der Fruchtarten (inländisch — ausländisch)	Menge kg	Bisheriger Lagerraum oder Angabe, daß die Fruchtarten aus dem freien Verkehre kommen	ist das Gemisch eingelagert im Lagerraume	Nummer der neuen Eintragung in der Niederlagebuchabteilung	Bemerkungen.
Monat	Tag													
1	2	3	4	5	6	7	8	9	10	11	12	13	14	15
Mai 1909	*16.*	*im Lager Langgasse Nr. 12*	*1*	*Mais, inländisch*	*10000*	*5*	*II*	*II*	*Mais, inländisch*	*10000*	*II*	*II*	*2*	
				Mais, ausländisch zum Satze von 3 M	*10000*	*3*	*I*		*Mais, ausländisch zum Satze von 3 M*	*10000*	*I*			
										20000				

Danzig, den 15. Mai 1909.

Siegfried Müller.

Danzig, den 16. Mai 1909.

Kuhl,
Zollsekretär.

Schwarz,
Grenzaufseher.

2. Das Buch ist im Lager an einer von dem Bezirksoberkontrolleur zu bestimmenden Stelle in einem verschließbaren Behältnis aufzubewahren und während der Zeit, in der in dem Lager gearbeitet wird, den Zollbeamten zugänglich zu halten. Den Oberbeamten ist das Buch auf Erfordern jederzeit vorzulegen.
3. Die Eintragungen in das Lagerbuch haben zu erfolgen, sobald die Aufnahme, Mischung oder Entnahme der Ware beginnt. Sind bei dem Beginne dieser Handlungen die Mengen, auf welche sich die Buchungen erstrecken, noch nicht genau bekannt, so kann ihre Angabe einstweilen ausgesetzt bleiben, muß aber unmittelbar nach Beendigung der Handlung nachgeholt werden.
4. Beim Absatze von Fruchtarten in das Inland ist der Name und Wohnort des Abnehmers anzugeben.
5. Änderungen der Eintragungen durch Streichungen oder Wegkratzen sind unstatthaft. Etwaige Irrtümer sind durch Bemerkungen in der Bemerkungsspalte richtigzustellen.
6. Bei Bestandsaufnahmen ist das Buch abzuschließen und der Amtsstelle vorzulegen. Auch sonst ist auf Erfordern der Oberbeamten jederzeit ein Abschluß vorzunehmen.
7. Der Lagerinhaber ist für die Richtigkeit der Eintragungen auch für den Fall verantwortlich, daß das Buch von einem Dritten geführt wird.

In ganz besonderen Ausnahmefällen ist auch die Befreiung der Anmeldung von inländischen Fruchtmengen, die auf das Lager gebracht werden, zulässig.

Aus einem gemischten Transitlager können die Waren auch in andere reine oder gemischte Lager, sowie in Ölmühlenlager übertragen werden. Unterliegen Waren derselben Fruchtart aus der Gruppe A verschiedenen Zollsätzen, so sind die zur Ausfuhr abgefertigten Mengen von demjenigen Lagerbestande abzuschreiben, der dem niedrigeren Zollsatz entspricht; der etwa verbleibende Rest wird dann von dem dem höheren Zollsatz unterliegenden Bestand abgeschrieben. Sollen Mischungen der Warengruppe B ausgelagert werden, so muß die Abschreibung nach Maßgabe des Mischungsverhältnisses erfolgen.

Auch mit Begleitschein II können die Fruchtarten aus einem gemischten Lager versandt werden. Dagegen ist ihre Versendung mit Begleitschein I behufs Überführung in den freien Verkehr des Zollgebietes unzulässig. Soweit nicht eine Versendung auf Begleitschein II stattgefunden hat, erfolgt die Berechnung und Entrichtung der Zollgefälle von den in den freien Verkehr getretenen ausländischen Fruchtarten vierteljährlich. Zu diesem Zwecke hat der Lagerinhaber am 1. April, 1. Juli, 1. Oktober und am 2. Januar jedes Jahres oder, wenn einer dieser Tage auf einen Sonntag oder Feiertag fällt, am folgenden Werktage eine auf Grund seiner Handlungsbücher aufzustellende Abmeldung der in den freien Verkehr getretenen Waren in doppelter Ausfertigung der Amtsstelle einzureichen.

(Fortsetzung des Textes S. 50)

Muster des Lagerbuchs (zu S. 44).

(Getreidelager-Zollordnung § 21.)

Haupt amtsbezirk ..... Amtsstelle ....

Lagerbuch

für

das Getreidelager (gemischte Transitlager)

der Handlung *Friedrich Maier* zu *Königsberg i. Pr.*

im *Adler*-Speicher ~~Lager~~

Straße: *Langstraße Nr. 10*

für das Kalenderjahr *1909*.

Anweisung zum Gebrauche.

1. Änderungen der Zahlen sind in den Bemerkungsspalten mit Buchstaben zu schreiben.
2. Bei dem Abgange von gemischten Fruchtarten vom Lager ist dies in Spalte 26 zu vermerken, außerdem aber das Gewicht der ausländischen und inländischen Fruchtarten in den Spalten 18 oder 21 und 24 zu setzen.
3. Die Lagerräume sind nach Stockwerken oder Nummern zu bezeichnen.

Enthält *dreißig* Blätter, welche mit einer von dem Unterzeichneten amtlich angesiegelten Schnur durchzogen sind. Das Buch ist in dem Schranke verschlossen aufzubewahren.

Königsberg i. Pr., den *30. April* 19*09*.

Peter,
Oberkontrolleur.

(Siegelabdruck.)

Geführt vom Lagerverwalter *M. Sack* unter Haftung der Handlung *Friedrich Maier* zu *Königsberg i. Pr.*

I. Abteilung

Lfd. Nr.	Zeit		Nummer der Anmeldung	a) ausländisch				b) inländisch		c) Mischung		Bemerkungen
				1. zum Zollsatze von 5 *M* für 1 dz		2. zum Zollsatze von 3 *M* für 1 dz						
	Monat	Tag		Menge kg	Bezeichnung des Lagerraums	Menge kg	Bezeichnung des Lagerraums	Menge kg	Bezeichnung des Lagerraums	von a zu b Menge kg	Bezeichnung des Lagerraums	
1	2	3	4	5	6	7	8	9	10	11	12	13
	1909											
1.	*Mai*	*2.*	*50*	—	—	*4000*	*I*	—	—	—	—	*2000 kg nach Nr. 3 übertragen. 2000 kg desgl. nach Nr. 5.*
2.	„	*3.*	*51*	—	—	—	—	*2000*	*II*	—	—	*1000 kg nach Nr. 3 übertragen. 1000 kg desgl. nach Nr. 5.*
3.	„	*4.*	—	—	—	—	—	—	—	*a. 2) 2000* *b. 1000*	*I*	
4.	„	*6.*	*54*	—	—	*1000*	*I*	—	—	—	—	*Nach Nr. 5 übertragen.*
5.	„	*6.*	—	—	—	—	—	—	—	*a. 2) 3000* *b. 1000*	*I*	
6.	„	*7.*	*58*	—	—	*1000*	*II*	—	—	—	—	*Am 8. Mai nach Langgasse 1 zum Trocknen entnommen. Am 10. Mai vormittags zurückgeschafft.*

II. Abteilung

für Mais.

Lfd. Nr.	Abgang											
	Zeit		a) ausländisch						b) inländisch			Bemerkungen
			zum Zollsatze von 5 *M* für 1 dz			zum Zollsatze von 3 *M* für 1 dz						
	Monat	Tag	Bezeichnung des Lagerraums	Menge kg	Nummer der Abmeldung	Bezeichnung des Lagerraums	Menge kg	Nummer der Abmeldung	Bezeichnung des Lagerraums	Menge kg	Namen des inländischen Käufers usw.	
14	15	16	17	18	19	20	21	22	23	24	25	26
1.	*Mai*	*5.*	—	—	—	*I*	*2000*	*46*	*I*	*1000*	—	**Gemischt am 4. Mai 1909.**
2.	„	*7.*	—	—	—	*I*	*3000*	—	*I*	*1000*	*Posselt & Co., Danzig*	**Gemischt am 6. Mai 1909.**

für Buchweizen.

Auf Grund der am 2. Januar usw. vorgelegten Abmeldung und der dazu eingereichten Bestandsanmeldung wird alsbald eine zollamtliche Revision des Lagers vorgenommen. (Muster einer Abmeldung siehe S. 51/52!). Wenn sich aus den Umständen keine Bedenken ergeben, kann die Feststellung der Menge und Gattung der Ware durch Vornahme von Stichproben erfolgen.

Nachdem der Lagerinhaber das eine Stück der Abmeldung zurückerhalten hat, hat er die festgesetzten Zollgefälle innerhalb einer Frist von längstens 8 Tagen bar zu entrichten. Eine Stundung der Zollgefälle ist ausgeschlossen. Die Zollgefälle für Getreide (Gruppe A und B) müssen vielmehr für die Dauer der Lagerung mit 4% jährlich verzinst werden. Diese Zinsbeträge, die in die Reichskasse fließen, führen den Namen L a g e r a u s g l e i c h. Wenn lagernde Fruchtarten der Gruppe A auf Begleitschein II versandt werden, so erfolgt die Berechnung und Entrichtung des Lagerausgleiches vor Aushändigung des Begleitscheins II an den Empfangsberechtigten, sonst mit Berechnung und Entrichtung der Zollgefälle.

Bei der Bestandsaufnahme wird das Gewicht der im leeren Zustande lagernden Umschließungen mit berücksichtigt. Etwaige Fehlmengen werden mit zur Verzollung gezogen. Die in den freien Verkehr getretenen Mengen von Fruchtarten der Gruppe A werden von dem Lagerbestande zollfrei abgeschrieben, wenn sie den jeweiligen Bestand an i n l ä n d i s c h e r Ware nicht übersteigen. Kommen bei diesen Abschreibungen Fruchtmengen derselben Art, die verschiedenen Zollsätzen unterliegen, in Frage, so wird bis zur Erschöpfung des jeweiligen Lagerbestandes an höher tarifierter Ware der höhere Zollsatz, für den hiernach etwa noch verbleibenden Rest der niedrigere Zollsatz bei der Abfertigung erhoben.

Zuwiderhandlungen gegen die Bestimmungen über die Getreidelager werden mit einer Ordnungsstrafe bis zu *M* 150,— geahndet, wenn nicht nach den Bestimmungen des Vereinszollgesetzes eine höhere Strafe verwirkt ist.

L i t e r a t u r.

G e t r e i d e l a g e r - Z o l l o r d n u n g, amtliche Ausgabe, 1906 (R. v. Deckers Verlag, Berlin).

T r a u t v e t t e r, Das neue deutsche Zolltarifrecht, 1905.

N i e d e r l a g e - R e g u l a t i v vom 5. Juli 1888 (Carl Heymanns Verlag, Berlin).

T r o j e, Die Regulative zu den Zollgesetzen, 1895.

bb) T r a n s i t h o l z l a g e r.

Auch die Holzlager sind Transitlager ohne amtlichen Mitverschluß, und zwar r e i n e Transitlager, wenn das Holz ausschließlich zum Absatz in das Zollausland zum Neubau oder zum Umbau, zur Ausbesserung oder zur Ausrüstung von See- oder Flußschiffen bestimmt ist. Wenn der Absatz des Holzes auch im deutschen Zollgebiet gestattet ist, so bezeichnet man das Lager als ein g e m i s c h t e s Transitlager

(Fortsetzung des Textes S. 54)

Muster einer Abmeldung (zu S. 50).

Abgegeben den *1ten Juli 1909.*

Die Abfertigung übernehmen:

(Getreidelager-Zollordnung § 23.)

Niederlagebuch

Abteilung ......

Blatt ...... Nr. ......

Abmeldung

der

von dem Getreidelager (gemischten Transitlager)

der *Handlung Fritz Streber* zu *Königsberg i. Pr.*

für das *2.* Vierteljahr 19*09*

zu verzollenden Waren.

Anleitung für den Gebrauch.

1. Die Abmeldung ist von dem Lagerinhaber unter Ausfüllung der Spalten 1 bis 11 auf Grund seiner Handlungsbücher aufzustellen.
2. Der Lagerinhaber hat die Abmeldung am 1. April, 1. Juli, 1. Oktober und 2. Januar jedes Jahres, oder wenn der betreffende Tag auf einen Sonntag oder Feiertag fällt, am folgenden Werktag in zweifacher Ausfertigung der Amtsstelle zu übergeben.
3. Jede auf dem Lager befindliche Warengattung bildet einen besonderen Eintrag. In den Gewichtsspalten ist dabei anzugeben, ob die Anschreibung nach dem Roh- oder Reingewicht erfolgt ist.
4. Sofern eine Bestandsaufnahme nicht stattfindet, erfolgt die Zollberechnung nach Spalte 8, andernfalls nach Spalte 13.

Lfd. Nr.	Waren-gattung und Tarifnummer	Bestand am Anfange		Zugang während		Bestand und Zugang zusammen (Spalte 3 und 4)		Abgang während des Jahres					
		des Jahres						mit Begleitschein I u. II usw.		verzollt sind in dem Vorvierteljahre		zur Verzollung werden angemeldet	
		kg	1/100	kg	1/100	kg	1/100	kg	1/100	kg	1/100	kg	1/100
1	2	3		4		5		6		7		8	
1	*Linsen*	*3000*	—	*12500*	—	*15500*	—	*8100*	—	*2000*	—	*1600*	—

(Tag der Aufstellung und Unterschrift des Lagerinhabers.)

Fritz Streber

Mithin Abgang insgesamt (Spalte 6 bis 8) kg	1/100	Bleibt Sollbestand (Spalte 5 abzüglich Spalte 9) kg	1/100	Angabe: a) Herkunftsland; b) ob im Veredelungsverkehre für Rechnung eines Inländers oder Ausländers; c) ob und inwieweit eine frühere Lagerung für die Berechnung des Lagerausgleichs in Frage kommt	Amtlicher Befund kg	1/100	Hiernach sind zu verzollen kg	1/100	Berechnung der Zollgefälle und des Lagerausgleichs: Zollsatz M.	₰	a) Zollbetrag; b) Lagerausgleich M.	₰	Einnahmebuch Blatt	Nr.	Der Verkehrsnachweisung Blatt Nr.	Bemerkungen.
9		10		11	12		13		14		15		16		17	18
11700	—	*3800*	—	*a) Rußland*	*3800*	—	*3800*	—	*1*	*50*	*a) 57*	—				
											b) 2	*25*				

Im Holzlager darf nur Bau- und Nutzholz gelagert werden, das einer eigentlichen Bearbeitung noch nicht unterzogen ist. Zwar können die meisten in Betracht kommenden Holzarten mit der Axt oder Säge vorgerichtet sein, sie dürfen aber nicht behobelt sein (Nr. 74/76 und 78/85 des Zolltarifes).

Auf die Holzlager finden die Vorschriften für Privatlager sinngemäße Anwendung.

Reine Transitholzlager.

Die Lagerplätze müssen in erkennbarer Weise bezeichnet sein, von der Umschließung der Lagerräume kann abgesehen und auch die Lagerung im Wasser gestattet werden. Der Zollbehörde sind auf Verlangen Lagerpläne einzureichen. Das Holz, das eingelagert werden soll, muß der Zollstelle auf einem bestimmten Formular angemeldet werden (siehe Formular 55/57!).

Auch von anderen reinen oder gemischten Transitlagern für Holz kann der Zugang zum Lagerbestande erfolgen. Aus dem freien Verkehr darf Holz nur mit Genehmigung des Hauptamtes eingelagert werden. Holz aus dem freien Verkehr erhält aber mit der Einlagerung die Eigenschaft einer unverzollten Ware und wird auch als solche behandelt. Die Zollbehörde ist berechtigt, eine Bezeichnung der ins Lager aufzunehmenden Hölzer mit unverlöschlichen Marken zu verlangen.

Bei der Amtsstelle wird ein Niederlagebuch geführt, das in zwei Abteilungen zerfällt: Abteilung für Rohholz, das einer Bearbeitung im Inlande noch nicht unterlegen hat, und die Abteilung für im Inlande bearbeitetes Holz. Für jedes Lager wird im Niederlagebuch ein besonderer Abschnitt angelegt. Die An- und Abschreibung erfolgt in der Regel nach der Stückzahl, dem Festmeterinhalt und der handelsüblichen Bezeichnung der Hölzer; jedoch kann das Hauptamt auch An- und Abschreibung nach dem Gewicht zulassen (siehe Formular S. 58/59!). Hölzer derselben Art, die verschiedenen Zollsätzen unterliegen, sowie die aus derartigen Hölzern hergestellten Gegenstände müssen getrennt gelagert und mit einer Bezeichnung der in Betracht kommenden Zollsätze versehen werden. Die betreffenden Zollsätze müssen auch in das Niederlagebuch eingetragen werden. Ebenso müssen in den An- und Abmeldungen zum Lager die Zollsätze verzeichnet sein.

In dem Lager ist eine Behandlung der Hölzer, sowie eine Umpackung derselben ohne Anmeldung zulässig, wenn dabei weder die Zahl oder das Gewicht, noch der Festmeterinhalt der einzelnen Stücke verändert wird. Wer die gelagerten Hölzer aber bearbeiten oder zeitweilig aus dem Lager entnehmen will, um sie nach der Bearbeitung in das Lager zurückzuführen, bedarf der Erlaubnis des Hauptamtes, die schriftlich nachgesucht werden muß. Dabei muß genau angegeben werden, worin die Bearbeitung bestehen soll, damit erforderlichenfalls ohne Schwierigkeit eine andere Tarifierung vorgenommen werden kann. Die Betriebsanlagen, in denen die Hölzer bearbeitet werden sollen, müssen

(Fortsetzung des Textes S. 60)

Muster einer Anmeldung zum Holzlager (zu S. 54).

(Holzlager-Zollordnung § 5.)

Die Abfertigung übernehmen:

Auszug aus dem *Begleitschein* des *Hauptzollamtes Thorn* Nr. *210* vom *12. April 1909.*

Eingetragen in dem { ~~Anmeldungs-~~ / Begleitschein-Empfangs- } Buche Blatt Nr. *1011* am *30. April 1909.*

Anmeldung

zum Holzlager (reinen / ~~gemischten~~ Transitlager)

des

C. Gutzeit zu ***Danzig.***

Inhalt { ~~der Anmeldung~~ / des Begleitscheins.

Lfd. Nr.	Der Hölzer Gattung und Menge. Benennung nach dem Zolltarif und der besonderen handelsüblichen Bezeichnung	Stückzahl	Inhalt fm	Gewicht kg	a) Herkunftsland; b) ob zur oder nach Veredelung im Inlande für inländische oder ausländische Rechnung; c) ob aus Niederlage oder Freibezirk und wie lange in anderen Niederlagen befindlich	Anträge des Niederlegers
1	2	3	4	5	6	7
1.	*Unbearbeitetes Tannen- u. Fichtenholz* .... *Nr. 74*	*400*	*1200*	*—*	*a) Rußland. b/c) —*	*zum Transitlager Abschnitt 1*

Danzig, den 30. April 1909.

C. Gutzeit.

Mit { ~~der Anmeldung~~ / dem Begleitschein } übereinstimmend.

Krösel,
Zollsekretär.

Amtlicher Befund bei der Einlagerung.				Weiterer Nachweis				Bemerkungen.
Benennung nach dem Zolltarif und der besonderen handelsüblichen Bezeichnung	Stückzahl	Inhalt fm	Gewicht	des Niederlagebuchs			Verkehrs-Nachweisung.	
				Abschnitts-Nummer	Blatt	Nr.		
8	9	10	11	12	13	14	15	16
Wie Spalte 2	*400*	*1200*	—	*1*	*1*	*1*		

Danzig, den 30. April 1909.

Krause, Zollaufseher. *Malin, Zollsekretär.*

Abteilung I. Rohholz. **Abschnitt 1.** *C. Gutzeit*

Anschreibung.

Lfd. Nr.	Zeit der Anschreibung: Tag	Monat	Bezeichnung und Nummer des Vorbuchs	Bezeichnung des Lagerortes	Tarifmäßige Benennung und besondere handelsübliche Bezeichnung der Hölzer	Der Hölzer: Stückzahl	Inhalt fm	Gewicht kg	a) Herkunft; b) ob zur oder nach Veredelung im Inlande für inländische oder ausländische Rechnung; c) ob aus Niederlage oder Freibezirk und wie lange in anderen Niederlagen befindlich	Durch Bearbeitung sollen umgewandelt werden fm
1	2	3	4	5	6	7	8	9	10	11
Übertragen aus dem Niederlagebuche für 1908					*A. Unbearbeitetes Fichtenholz Nr. 74*	*30 000*	*45 600*	.	*a) Rußland*	*350,00 (Bearbeitungs-Anmeldung Nr. 1)*
1	*2.*	*Mai*	*Begl. Empf. B. Nr. 1011*	*Lagerstelle 1*	*„*	*400*	*1 200*	.	*„*	*541,45 (Bearbeitungs-Anmeldung Nr. 2)*
2	*17.*	*„*	*desgl. Nr. 1115*	*„*	*„*	*500*	*1 450*	.	*„*	*681,00 (Bearbeitungs-Anmeldung Nr. 3)*
					Zusammen Anschreibung	*30 900*	*48 250*	.		
					Abschreibung	*7 568*	*2 572,45*	.		
					Sollbestand	*23 332*	*45 677,55*	.		
			Bei der Bestandaufnahme vorgefundener Istbestand			*23 330*	*45 675*	.		
					Zu verzollende Fehlmenge	*2*	*2,55*	.	*Z. E. B. IV 06 Bl. 1 Nr. 6.*	

Bemerkung.
Zu übertragen ist der Istbestand von 23330 Stück mit 45675 fm Rohholz.

des Niederlagebuches (zu S. 54).

zu *Danzig*. **Blatt 1.**

Abschreibung.

Lfd. Nr.	Zeit der Abschreibung		Der Hölzer			Weiterer Nachweis			Bemerkungen
	Tag	Monat	Stückzahl	Inhalt fm	Gewicht kg	Benennung des Buches	Blatt	Nr.	
12	13	14	15	16	17	18	19	20	21
1	*20.*	*Februar*	*927*	*202,94* *31,32* *58,61* *57,13*		*Niederlagebuch II*	*34* *35* *36* *37*	*1* *1* *1* *1*	
2	*14.*	*Juli*	*1 397*	*370,30* *171,15*		„ „	*34* *35*	*2* *2*	
3	*19.*	*August*	*2 094*	*681,00*		„	*34*	*3*	
4	*1.*	*Oktober*	*1 350*	*400,00*		*Begl. Ausf. B.*	*2*	*13*	
5	*31.*	*Dezember*	*1 800*	*600,00*		*Z. E. B.*	*90*	*2100*	
		Zusammen	*7 568*	*2 572,45*					

sich in der Regel im Lager selbst oder in seiner Nähe befinden. Gehören sie nicht dem Lagerinhaber, so hat dieser dafür Sorge zu tragen, daß der Besitzer der Zollbehörde schriftlich das Recht zugesteht, die Bearbeitung zu überwachen und in die Geschäftsbücher Einsicht zu nehmen.

Der Lagerinhaber muß besondere Bearbeitungsbücher führen, aus denen Zahl, Gattung, Tarifnummer und Festmeterinhalt oder Gewicht der in Bearbeitung genommenen Hölzer und der durch die Bearbeitung hergestellten Erzeugnisse zu ersehen sind. Die Bücher müssen den Zollbeamten auf Erfordern jederzeit zur Einsichtnahme vorgelegt werden.

Der Antrag, die eingelagerten Hölzer bearbeiten zu dürfen, muß bei der Amtsstelle in doppelter Ausfertigung auf bestimmten Anmeldeformularen eingereicht werden. Nach erfolgter Prüfung erhält der Antragsteller das eine Exemplar der Anmeldung, das mit dem Genehmigungsvermerk der Zollbehörde versehen ist, zurück. Nachdem die Bearbeitung erfolgt ist, muß diese Anmeldung, die durch Angabe der hergestellten Erzeugnisse und der bei der Bearbeitung entstandenen Abfälle vervollständigt ist, der Amtsstelle zurückgegeben werden. Die Angaben über Bearbeitung und Abfälle werden in allen Teilen genau geprüft; dabei wird die Vorzeigung der übrigen Geschäftsbücher (Mühlentafeln, Schneidebücher usw.) verlangt. Das Ergebnis dieser Prüfung wird in Abteilung II des Niederlagebuches vermerkt.

Wenn die bearbeiteten Hölzer oder die hergestellten rohen Holzwaren in das Zollausland ausgeführt oder zum Bau von Schiffen verwendet werden, so wird für die Abfälle, die bei der Bearbeitung entstehen, ein Nachlaß an dem zur Last geschriebenen Zoll gewährt. Die Abfallvergütung wird von der zur Bearbeitung entnommenen Rohholzmenge berechnet. Sie beträgt:

für ungesäumte Bretter 30%,
für zweiseitig besägte Hölzer 15%,
für dreiseitig besägte Hölzer 22,5%,
für Säge- und Schnittwaren 40 bzw. 30%,
für gesägte Furniere 50%,
für Hobel- und Fräsarbeit 15%,
in allen übrigen Fällen 7,5%.

Bei Bearbeitungen, mit denen eine Verminderung des Festmeterinhalts oder Gewichts nicht verbunden ist, tritt ein Zollnachlaß nicht ein. Findet eine wiederholte Bearbeitung statt, so wird die Abfallvergütung nur einmal und zwar nach dem höchsten Satze gewährt. Kann für die Abfälle ein Zollnachlaß nicht bewilligt werden, so müssen die bearbeiteten Hölzer und die hergestellten Holzwaren nach Maßgabe der Menge des dazu verwendeten Rohholzes verzollt werden, wenn sie in den freien Verkehr treten sollen.

Die eingelagerten Rohhölzer, sowie die daraus hergestellten bearbeiteten Hölzer und Holzwaren dürfen nur nach anderen reinen Transitlagern versandt, ausgeführt oder zum Bau von Schiffen verwendet werden. Die Überführung in ein anderes reines Transitlager ist nur mit Zustimmung des Versendungsamtes zulässig. Der Ausfuhr steht die Aufnahme in eine öffentliche Niederlage oder in ein Privatlager unter amtlichem Mitverschluß gleich. Bei der Abfertigung derjenigen Hölzer, die aus einem Lager in den freien Verkehr treten sollen, kann sich die zollamtliche Prüfung auf eine probeweise Ermittlung beschränken. In diesem Falle sind jedoch nach der Verladung der Hölzer die Frachtpapiere dem Begleitschein-Ausfertigungsamte zur Vergleichung vorzulegen. Die Direktivbehörde kann auch die zollamtliche Abfertigung auf dem Lager gestatten, wenn zur Beaufsichtigung der Holzverladungen dauernd eine Person verwendet wird, die auf die Zollinteressen vereidigt ist.

Jährlich nimmt die Zollbehörde eine Bestandaufnahme (siehe Formular S. 62/63!) auf Grund der Bestandsnachweisung vor, die der Lagerinhaber vorher einzureichen hat. Den Zeitpunkt der Bestandsaufnahme bestimmt die Direktivbehörde nach den örtlichen Verhältnissen. Nach jeder Bestandsaufnahme muß das Niederlagebuch durch An- und Abschreibung der vorgefundenen Unterschiede mit dem Lagerbestand in Übereinstimmung gebracht werden. Etwaige Fehlmengen sind stets zu verzollen.

Gemischte Transitholzlager.

Für die Genehmigung gemischter Transitlager für nicht behobeltes Bau- und Nutzholz ist die Bedürfnisfrage ausschlaggebend. Zurzeit sind solche Lager für Preußen in Memel, Tilsit, Ruß, Königsberg, Pillau, Danzig, Thorn, Stettin, Altona, Kiel und auf den Elbinseln Neuhof und Wilhelmsburg gestattet.

Im allgemeinen gelten für die gemischten Transitholzlager dieselben Bestimmungen wie für die reinen Transitlager. Auf ein gemischtes Transitlager darf auch inländisches Holz gebracht werden, das aber seine Eigenschaft als *zollfreie* Ware behält. Aus einem gemischten Lager können Hölzer auch in andere gemischte oder in reine Lager übertragen werden. Auch eine Bearbeitung der eingelagerten Hölzer ist gestattet. Die Abfertigung der Lagergüter, die für den freien Verkehr bestimmt sind, und die Bestandsaufnahmen erfolgen in derselben Weise wie bei den reinen Lagern.

Bei Zuwiderhandlung gegen die Bestimmungen treten dieselben Strafbestimmungen in Kraft, die bei den Getreidelagern Geltung finden (siehe S. 50!).

Literatur:

Holzlager-Zollordnung, amtliche Ausgabe (R. v. Deckers Verlag, Berlin).

Anschreibung.

Lfd. Nr.	Zeit der Anschreibung: Tag	Zeit der Anschreibung: Monat	Abschnitt und Nummer des Niederlagebuchs Abteilung I	Bezeichnung des Lagerortes	Festmeterinhalt des verwendeten Rohholzes	Tarifmäßige Benennung und besondere handelsübliche Bezeichnung der Hölzer	Der Hölzer: Stückzahl	Der Hölzer: Inhalt	Der Hölzer: Gewicht kg	a) Herkunft; b) ob zur oder nach Veredelung im Inlande für inländische oder ausländische Rechnung; c) ob aus Niederlage oder Freibez. u. wie lange i. andern Niederlagen befindlich.	Abfallvergütung in Hunderteilen	Abfälle: wirkliche fm	Abfälle: zollfreie fm
1	2	3	4	5	6	7	8	9	10	11	12	13	14
(Muster A. Der wirkliche Abfall ist größer als der vergütungsfähige, der Istbestand ist kleiner als der Sollbestand.)													
1	*23.*	*März*	*Abschnitt 1 Nr. 1*	*Lagerstelle 2*	*202,94*	*Aus unbearbeitetem Fichtenholze (Nr. 74) hergestellte vierseitig gesägte ungehobelte Bretter, in der ganzen Länge gleich stark und breit (Nr. 76)*	*5314*	*117,70*	.	*a) Rußland*	*40*	*85,24*	.
2	*4.*	*Juni*	*„ 2*	*„*	*370,30*		*12933*	*214,77*	.	*„*	.	*155,53*	.
3	*30.*	*August*	*„ 3*	*„*	*681,00*		*23292*	*394,98*	.	*„*	.	*286,02*	
	Zusammen Anschreibung				*1254,24*		*41539*	*727,45*	.		.	*526,79*	*501,70*
	Abschreibung				*489,65*		*24976*						
	Mithin Sollbestand				*764,59*		*16563*						
	Bei der Bestandaufnahme vorgefundener Istbestand				*689,66*		*16450*	*400*	.		.	*289,66*	.
	Zu verzollende Fehlmenge				*74,93*	*Z. E. B. IV/06 Bl. 1 Nr. 9.*							
	In das Niederlagebuch für 1909 sind übertragen				*689,66*		*16450*	*400*	.		*40*	*289,66*	

Bemerkungen.

Bei der Bestandaufnahme werden als Istbestand 400 fm bearbeitetes Holz vorgefunden. Hieraus wird nach dem Ansatze: 727,45 : 400 = 1254,24 : x der Istbestand an verarbeitetem Rohholze zu 689,66 fm berechnet. Der Unterschied zwischen diesem und dem Sollbestand an verarbeitetem Rohholze bildet die zu verzollende Menge Rohholz. Der vorgefundene Istbestand an Rohholz (689,66), bearbeitetem Holze (400) und entsprechendem wirklichen Abfalle (689,66—400 = 289,66) ist zu übertragen.

Bestandsaufnahme (zu S. 61).

zu *Danzig*. **Blatt 34.**

Abschreibung.

Lfd. Nr.	Zeit der Abschreibung: Tag	Zeit der Abschreibung: Monat	Der Hölzer: Stückzahl	Der Hölzer: Inhalt fm	Der Hölzer: Gewicht kg	Weiterer Nachweis: Benennung der Bücher	Weiterer Nachweis: Blatt	Weiterer Nachweis: Nr.	Bemerkungen.
15	16	17	18	19	20	21	22	23	24
1	*8.*	*Juni*	*1 620*	*45*	.	*Begl. Ausf. B.*	*5*	*60*	*Ausfuhr.*
2	*1.*	*Juli*	*11 306*	*100*	.	*Z. E. B.*	*1*	*10*	*bei der vorläufigen Abrechnung nach den Geschäftsbüchern angemeldet.*
3	*10.*	*„*	*1 600*	*40*	.	*Begl. Ausf. B.*	*2*	*11*	*Ausfuhr.*
4	*11.*	*September*	*1 130*	*55*	.	*„*	*7*	*71*	*„*
5	*30.*	*„*	*4 500*	*50* *36,20*	.	*„*	*26*	*152*	*In das Holzlager des N. zu N. aufgenommen.* *Mitüberwiesener Abfall.*
6	*12.*	*Dezember*	*1 010*	*10*	.	*„*	*7*	*70*	*Ausfuhr.*
7	*21.*	*„*	*3 810*	*50*	.	*Z. E. B.*	*70*	*105*	*Vor der Bestandaufnahme zur endgültigen Abrechnung angemeldet.*
Zusammen			*24 976*	*386,20*	.				
Hierzu Abfallvergütung für die ausgeführten 150 fm bearbeitetes Holz			.	*103,45*	.				*(727,45 : 150 = 501,70 : x)*
Gesamtabschreibung an verarbeitetem Rohholze			*24 976*	*489,65*	.				

Bemerkung zu Abschreibung Nr. 5.

Welche Menge Abfall mitüberwiesen werden soll, bestimmt das Versendungsamt. Im vorliegenden Falle ist der wirkliche Abfall nach Maßgabe der bis zum Tage der Überweisung stattgehabten Anschreibung überwiesen (727,45 : 50 = 526,79 : x).

Für das neue Lager sind anzuschreiben:

Sp. 6: 86,20 fm, Sp. 9: 50 fm, Sp. 13: 36,20 fm.

cc) Lager für Ölfrüchte. Zollrechnung.

Das Zolltarifgesetz bestimmt in § 11 Ziffer 4: „Den Inhabern von Ölmühlen wird für die Ausfuhr der von ihnen hergestellten Öle eine Erleichterung dahin gewährt, daß ihnen der Zoll für eine den ausgeführten Erzeugnissen entsprechende Menge der zur Mühle gebrachten zollflpichtigen ausländischen Ölfrüchte nachgelassen wird. Über das Ausbeuteverhältnis, das hierbei in Rechnung zu stellen ist, trifft der Bundesrat Bestimmung."

Beispiel: Der Ölmühleninhaber Gustav Mann in Magdeburg führt 15 Fässer gereinigtes Rüböl = 2550 kg über Emden nach Holland aus. Sobald das Ausgangsamt Emden dem Abfertigungsamte Magdeburg gemeldet hat, daß die 15 Fässer tatsächlich ausgeführt sind, wird auf Antrag von dem Konto des Gustav Mann das Quantum Rübsamen abgeschrieben, das einer Ausbeute von 2550 kg Rüböl entspricht.

Wer bei der Verarbeitung zollpflichtiger ausländischer Ölfrüchte Anspruch auf einen Zollnachlaß für den Fall der Ausfuhr geltend machen will, hat die Bewilligung einer Zollrechnung für die zu verarbeitenden zollpflichtigen ausländischen Ölfrüchte bei dem Hauptamte zu beantragen. Dabei muß er sich verpflichten, den Oberbeamten der Zollverwaltung jederzeit die Einsicht in seine Handels-, Fabrik- und Lagerbücher zu gestatten. In dem Antrage sind ferner genaue Angaben über die zu verarbeitenden Fruchtarten, über die herzustellenden Öle, die Lagerräume für Ölfrüchte und für Öle, die Fabrikanlagen und die Art des Betriebes zu machen. Die Reinigung (Raffinierung) der hergestellten Rohöle in den Anlagen der Mühle gilt als ein Teil des Mühlenbetriebes.

Eine Zollrechnung wird nur an solche Gewerbetreibenden erteilt, die das Vertrauen der Zollbehörde genießen. Aber auch sie haben für die Zollgefälle Sicherheit zu leisten.

Wenn dem Inhaber einer Ölmühle die Führung einer Zollrechnung bewilligt ist, so wird ihm gewissenhafte Buchführung zur besonderen Pflicht gemacht. Jederzeit müssen auf Grund der Buchführung die Ausbeute der verschiedenen Arten, die Verarbeitungsverluste und die Rückstände festgestellt werden können; es muß sich jeden Augenblick ermitteln lassen, wieviel Ölfrüchte jeder Gattung in den angemeldeten Räumen vorhanden sind. Außerdem behält sich die Zollbehörde das Recht vor, den Betrieb zu beaufsichtigen und unentgeltlich Proben zu entnehmen. Besondere Aufsichtsmaßregeln werden angeordnet, wenn in einer Ölmühle neben zollpflichtigen auch zollfreie Ölfrüchte verarbeitet werden.

Die Zollrechnung wird in der Amtsstelle geführt. Auf ihr gelangen die zollpflichtigen ausländischen Ölfrüchte, die zum Mühlenlager abgefertigt werden, zur Anschreibung und die zur Ausfuhr gebrachten Öle zur Abschreibung. Dabei werden die Ölfrüchte, die verpackt eingehen, nach dem Rohgewicht angeschrieben, während die ausgeführten Öle nach dem Eigengewicht abgeschrieben werden. Auch aus Zollniederlagen unter amtlichem Verschluß und aus gemischten Getreidetransitlagern können ausländische Ölfrüchte zum Mühlenlager abgefertigt werden.

Die amtliche Prüfung der Ölfrüchte kann mit Genehmigung der Zollbehörde durch amtlich angestellte Wiegemeister, die aber auf die Zollinteressen vereidigt sein müssen, erfolgen.

Zur Ausgangsabfertigung dürfen nur Öle, die in der betreffenden Mühle aus zollpflichtigen ausländischen Ölfrüchten hergestellt sind, gestellt werden. Die Ausfuhr ist der Amtsstelle auf bestimmten Formularen in zweifacher Ausfertigung anzumelden (siehe Formulare S. 67/70!). In der Anmeldung sind die Ölfässer einzeln nach dem Rein- und nach dem Eigengewicht zu verzeichnen. Unter Reingewicht der Öle ist nach den Bestimmungen des Zolltarifgesetzes (§ 3.₃) das Eigengewicht der Öle, zu dem das Gewicht der handelsüblichen Umschließungen (Fässer) hinzugerechnet ist, zu verstehen. Die Verwiegung der leeren Fässer kann unter Festhaltung der Nämlichkeit schon vor der Befüllung vorgenommen werden. Die Ermittlung des Eigengewichtes kann auch durch Taraabzug erfolgen.

Die Amtsstelle trägt die Anmeldung in das Anmeldebuch ein und veranlaßt die amtliche Prüfung der Öle. Dabei wird die Fischersche Ölwage angewandt, die das spezifische Gewicht der fetten Öle nach Graden angibt. Bei einer Wärme des abzufertigenden Öles von 0 Grad muß das durch die Wage angezeigte spezifische Gewicht mindestens betragen für

rohes Rüböl (aus Raps oder Rübsen)	37,5	Grad
gereinigtes Rüböl	38	„
Erdnußöl	34	„
Dotteröl	33	„
Mohnöl	32	„
Sesamöl	32	„
Hanföl	30	„

Bei höheren oder niedrigeren Wärmegraden kann die Umrechnung auf 0 Grad sehr leicht nach Maßgabe der auf der Ölwage gegebenen Weisungen vorgenommen werden. Ergibt die Prüfung ein geringeres spezifisches Gewicht, so wird die Abschreibung in der Zollrechnung versagt.

Innerhalb einer bestimmten Frist, die das Anmeldeamt festsetzt, müssen nun die geprüften Öle unter Vorlegung des einen Exemplars der Anmeldung, das der Anmelder zurückerhält, dem Ausgangsamte gestellt werden. Dieses übersendet nach erfolgter Ausfuhr dem Anmeldeamte die Ausgangsbescheinigung und erteilt dem Warenführer auf Wunsch eine Bescheinigung über die bewirkte Ausfuhr.

Das Ausgangsamt nimmt in dem Empfangsbuch Notiz von der Erledigung der Anmeldung. Ist das Anmeldeamt zugleich Ausgangsamt, so braucht die Ausfuhranmeldung nur in einem Stück übergeben zu werden, das als Beleg zurückbehalten wird.

Nachdem das Anmeldeamt die Ausgangsbescheinigung vom Ausgangsamt erhalten hat, erfolgt die Abschreibung der ausgeführten Mengen auf der Zollrechnung. Dabei spielt das Ausbeuteverhältnis eine große Rolle. Das Ausbeuteverhältnis wird

für rohes Rüböl auf 38%,
für rohes Erdnußöl auf 40%,
für rohes Dotteröl auf 30%,
für rohes Mohnöl auf 41%,
für rohes Sesamöl auf 45%,
für rohes Hanföl auf 25%

des Eigengewichtes festgesetzt. Für gereinigte Öle der obenbezeichneten Art ermäßigen sich die Ausbeutesätze je um 1%.

Die Inhaber von Ölmühlen, denen eine Zollrechnung gewährt ist, können auf Antrag die gewonnenen Öle in Anstalten reinigen lassen, die nicht zu ihrer Ölmühle gehören. So oft der Inhaber der Ölmühle von dieser Vergünstigung Gebrauch machen will, muß er dies der Amtsstelle durch Abgabe einer in zwei Stück ausgestellten Anmeldung von Rohöl zur Reinigung anzeigen (siehe Formular S. 71!). Wenn der Genehmigung nichts im Wege steht, wird in der Zollrechnung und auf beiden Exemplaren der Anmeldung ein entsprechender Vermerk gemacht. Das eine Stück der letzteren wird als Beleg zur Zollrechnung zurückbehalten, das andere erhält der Anmeldende, um es dem Inhaber der Reinigungsanstalt zuzustellen. Sollen die Öle von der Reinigungsanstalt zur Ausfuhr gelangen, so muß der Inhaber dieser Anstalt in Vollmacht seines Auftraggebers die Ausfuhranmeldung vornehmen und zeichnen. Mit der Ausfuhranmeldung ist die bezügliche Anmeldung von Rohöl zur Reinigung vorzulegen.

Vierteljährlich findet eine Abrechnung statt, und zwar in der Art, daß am zwanzigsten Tage (Sonn- oder Feiertag am nächsten Werktage) des vierten Monats nach Ablauf des Abrechnungsvierteljahres von der in diesem Vierteljahr angeschriebenen Menge zollpflichtiger ausländischer Ölfrüchte diejenige Menge von Ölfrüchten, die nach dem Ausbeuteverhältnis der Menge der in dem bezeichneten und in dem folgenden Vierteljahr tatsächlich zur Ausfuhr gelangten Öle entspricht, in Abzug gebracht wird, soweit diese Menge nicht etwa schon bei der Abrechnung für das Vorvierteljahr zum Abzug gebracht ist (siehe Formular S. 72!). Jede Fruchtart ist besonders abzurechnen und der Zollbetrag festzusetzen. Bei Raps und Rübsen ist außerdem der Lagerausgleich (4% Zinsen) zu berechnen. Binnen längstens acht Tagen nach

(Fortsetzung des Textes S. 73)

Muster einer Anmeldung über die Ausfuhr von Ölen (zu S. 65).

(Ölmühlen-Zollordnung § 7.)

Staat ....

Abgegeben den ......ten .... 19......

Ausfertigungsamt ......

Nr. .... des Anmeldebuchs.

Erstes Stück.

Anmeldung
über
die Ausfuhr von Ölen mit dem Anspruch auf Zollnachlaß.

Der unterzeichnete Ölmühleninhaber meldet hiermit dem *Hauptzoll*amte *hierselbst* an, daß er beabsichtigt, am *15. d. M. vor*mittags *10* Uhr die umstehend näher bezeichneten, in seiner Ölmühle hergestellten [~~und laut Anmeldung vom .... dem Besitzer der Reinigungsanstalt .... zur Reinigung und demnächstigen Ausfuhr übergebenen~~] Öle zu versenden, um sie mit dem Anspruch auf Zollnachlaß über das *Hauptzoll*amt zu *Emden* nach dem Ausland auszuführen*).

Magdeburg, den *14. Dezember 1908.*

Gustav Mann, Ölmühleninhaber.

Die nachstehend aufgeführten Öle sind, sofern nicht der Anspruch auf Zollnachlaß verloren gehen soll, dem *Hauptzoll*amt zu *Emden* bis zum *31. Januar 1909* mit unverletztem Verschlusse zur $\frac{\text{Ausgangsabfertigung*)}}{\text{~~Aufnahme in die Niederlage~~}}$ vorzuführen.

Magdeburg, den *15. Dezember 1908.*

(Stempel.) *Hauptzoll*amt.

Vermerke
über
veränderte Bestimmung der Öle.

Ich beantrage, diese Anmeldung hier zu erledigen. ...., den .... 19......	Genehmigt. ......, den .... 19...... ....amt.
Ich beantrage, diese Anmeldung zum Zwecke der Weiterversendung der Öle an .... in .... auf .... das .... amt zu überweisen**). ...., den .... 19......	Eingetragen unter Nr. .... des .... buchs und auf das .... amt ...., unter Erstreckung der Gültigkeitsfrist bis zum ...., überwiesen**). Verschluß: ...., den .... 19...... (Stempel.) .... amt.

---

*) Vordruck ist entsprechend zu streichen.

**) Der Ausstellung einer Annahmeerklärung seitens des Antragstellers (§ 24 des Begleitscheinregulativs) bedarf es nicht. Das überweisende Amt trägt die überwiesene Ausfuhranmeldung, falls bei demselben ein Empfangsbuch geführt wird, in dieses, und zwar in Spalte 1 bis 6 mit einer entsprechenden Bemerkung in Spalte 18, andernfalls aber nach der Bestimmung im § 26 des Begleitscheinregulativs in das Begleitscheinausfertigungsbuch ein und gibt dem Ausstellungsamte von der geschehenen Überweisung und der etwaigen Verlängerung der Gestellungsfrist Nachricht. Einer Mitteilung über die Erledigung der Anmeldung seitens des Ausstellungsamts an das überweisende Amt bedarf es nicht.

Anmeldung.

Lfd. Nr.	Der auszuführenden Öle: Art	Der auszuführenden Öle: Verpackung (Zahl und Art sowie Zeichen und Nummer der Packstücke)	Rein-gewicht kg	Eigen-gewicht kg	Bestimmungs-land	Anträge und Bemerkungen des Anmelders
1	2	3	4	5	6	7
20.	*Gereinigtes Rüböl*	*15 Fässer gez. A. B.*			*Holland*	
		1 bis 15 Nr. 1	*198*	*163*		
		2	*197*	*163*		
		3	*208*	*173*		
		4	*206*	*172*		
		5	*205*	*170*		
		6	*202*	*166*		
		7	*206*	*172*		
		8	*208*	*172*		
		9	*199*	*164*		
		10	*207*	*171*		
		11	*208*	*174*		
		12	*206*	*171*		
		13	*207*	*172*		
		14	*209*	*175*		
		15	*206*	*172*		
			3072	*2550*		

Befund und Abfertigung.

Der auszuführenden Öle					
Art (spezifisches Gewicht)	Verpackung (Zahl und Art sowie Zeichen und Nummer der Packstücke)	Rein-gewicht kg	Eigen-gewicht kg	Angabe über angelegten Verschluß	Bemer-kungen.
8	9	10	11	12	13
Gereinigtes Rüböl (spezifisches Gewicht 38 Grad)	*15 Fässer gez. A. B. 1 bis 15*			*Jedes Faß am Spund und Zapfen versiegelt.*	
	probeweise verwogen Nr. 2	*197*	*163*		
	3	*208*	*173*		
	6	*202*	*166*		
	8	*208*	*172*		
	12	*206*	*171*		
	5 Fässer	*1021*	*845*		
	wie angemeldet angenommen 10 Fässer	*2051*	*1705*		
	15 Fässer	*3072*	*2550*	*Zweitausend fünfhundert und fünfzig Kilogramm.*	

, den ten 19..

(Unterschriften.)

Erledigungsbescheinigungen.

1. Die Anmeldung ist abgegeben am .... 19......

2. Dieselbe ist eingetragen im Empfangsbuch unter Nr. ....

3. Befund:

   a) in betreff des Verschlusses:

   b) in bezug auf Gattung und Menge der Waren:

Die Richtigkeit dieser Angaben bescheinigen:

4. Obengenannte Waren sind weiter nachgewiesen im Niederlagebuch Seite .... Abteilung .... Nr. ....

5. Nachweis des Ausganges über die Grenze.

Obengenannte Waren wurden nach Abnahme des unverletzt befundenen Verschlusses unter unseren Augen in das Ausland geführt.

, den 19

amt.

(Stempel.)

Die Erledigung der Anmeldung bescheinigt.

..., den .... 19...

... amt

Muster einer Anmeldung von Rohöl zur Reinigung (zu S. 66).

Eingegangen am *10. Oktober 1908* und in der Zollrechnung Abteilung 1 vermerkt.
Magdeburg, den *10. Oktober 1908*.
*Hauptzoll*amt.
(Stempel.) (Unterschrift.)

(Ölmühlen-Zollordnung § 13).

Erstes Stück.

Anmeldung

von

Rohöl zur Reinigung (Raffinierung).

Ich unterzeichneter Ölmühleninhaber melde hiermit dem *Hauptzoll*amte zu *Magdeburg* an, daß *ich* auf meiner *hier* belegenen Ölmühle aus *Rübsen* hergestelltes, rohes *Rüb*öl mit einem Eigengewichte von *3000* kg, buchstäblich *dreitausend kg*, heute dem Herrn *Adolf Herz hierselbst* zur Reinigung und demnächstigen Ausfuhr aus dem deutschen Zollgebiet übergeben habe. *Ich* beantrage, von dieser Anmeldung durch Vermerk zu *meiner* Zollrechnung Kenntnis zu nehmen und in dieser nach geschehener und bescheinigter Ausfuhr des gereinigten Öles eine der ausgeführten Menge Öl entsprechende Gewichtsmenge ausländischer Ölfrüchte abzuschreiben.

Herr Adolf Herz ist von *mir* bevollmächtigt worden, die bezüglichen Ausfuhranmeldungen für *mich* zu unterzeichnen und einzureichen.

Magdeburg, den *10. Oktober 1908*.

Gustav Mann.

Von vorstehend aufgeführten *3000* kg *Rüböl* sind zur Versendung in das Ausland angemeldet:

1. am .... 1908 ...... kg laut Anmeldebuch Nr. .
.... amt.
(Stempel.)

2. am .... 1908 kg laut Anmeldebuch Nr.
amt.
(Stempel.)

usw.

Muster einer Abrechnung für das 2. Viertel des Rechnungsjahres 1908 (zu S. 66).

I. Rübsen.

1. Anschreibung im 2. Vierteljahr .... 300 000 kg
2. Abschreibung im 2. „ ... 100 000 kg
   im 3. „ ... 150 000 „

Zusammen .... 250 000 „

Zu verzollen ..... 50 000 kg
Zollbetrag .... 1 000 M.
Lagerausgleich .... 16,65 „.

II. Mohn.

1. Anschreibung im 2. Vierteljahr .... 50 000 kg
2. Abschreibung im 2. „ ... 15 000 kg
   im 3. „ ... 35 000 „

Zusammen .... 50 000 „

Zu verzollen ..... Nichts.

Zusammen I. und II. { Zollbetrag .... 1 000 M.
Lagerausgleich .... 16,65 „.

Muster einer Abrechnung für das 3. Viertel des Rechnungsjahres 1908.

I. Rübsen.

1. Anschreibung im 3. Vierteljahr .... 500 000 kg
2. Abschreibung im 3. „ (siehe vorige Abrechnung)
   Nichts.
   „ 4. „ ... 700 000 kg

Zusammen .... 700 000 „

Abschreibung größer 200 000 kg
Zu verzollen ..... Nichts.

II. Mohn.

1. Anschreibung im 3. Vierteljahr .... 200 000 kg
2. Abschreibung im 3. „ (siehe vorige Abrechnung)
   Nichts.
   im 4. „ ... 100 000 kg

Zusammen .... 100 000 „

Zu verzollen ...... 100 000 kg
Zollbetrag .... 2 000 M.

Zusammen I. und II. { Zollbetrag .... 2 000 „
Lagerausgleich .... Nichts.

Zustellung der Abrechnung hat der Mühlenbesitzer den Zollbetrag und gegebenenfalls den berechneten Lagerausgleich bar einzuzahlen.

Den Inhabern von Ölmühlen, denen die obengenannten Erleichterungen gewährt sind, werden bei der Ausfuhr der aus Raps oder Rübsen hergestellten Öle Einfuhrscheine (Einfuhrberechtigungsscheine) über eine den festgesetzten Ausbeutesätzen entsprechende Menge Raps oder Rübsen erteilt, sofern sie diese Vergünstigung an Stelle des Erlasses des Eingangszolles für eine der Ausfuhr entsprechende Menge in die Mühle aufgenommenen ausländischen Rapses oder Rübsen beantragen. Diese Einfuhrscheine können bei der baren Entrichtung der Zollbeträge, die sich bei den Vierteljahrsabrechnungen ergeben, in Zahlung gegeben werden, vorausgesetzt, daß der im Einfuhrschein angegebene Tag der Ausfuhr in das Abrechnungsvierteljahr fällt (siehe S. 27/28!).

Ordnungswidrigkeiten oder Hinterziehungen haben die Entziehung der Zollrechnung zur Folge; Zuwiderhandlungen gegen diese Bestimmungen werden mit einer Ordnungsstrafe bis zu ℳ 150,— geahndet, soweit nicht die Strafbestimmungen des Vereinszollgesetzes (§§ 134/151) Anwendung finden. Wer Ölfrüchte in unbearbeitetem Zustande ohne hauptamtliche Genehmigung aus den angemeldeten Räumen veräußert, wird mit einer Geldstrafe bis zu ℳ 1000,— bedroht (§ 11.4 des Zolltarifgesetzes).

Literatur:

Ölmühlen-Zollordnung, amtliche Ausgabe (R. v. Deckers Verlag, Berlin).

b) Teilungslager.

Die Teilungslager sind eine Form der Privatlager, die den Handelshäusern bewilligt werden, wenn der Absatz der zu lagernden Waren entweder ausschließlich nach dem Auslande oder nach dem Auslande und zugleich nach dem Zollgebiet erfolgen soll; jedoch muß der regelmäßige Lagerbestand oder der jährliche Absatz nach dem Auslande eine bestimmte Mindestmenge übersteigen. Diese beträgt für Wein und Spirituosen 300 hl; nur wenn die Weinteilungslager in öffentlichen Niederlagen untergebracht sind, ist der Absatz nach dem Auslande an die Mindestmenge von 300 hl nicht gebunden. In der Regel ist bei den Teilungslagern der amtliche Mitverschluß vorgesehen; nur bei den Teilungslagern der Kaiserlichen Marineverpflegungsämter fällt der amtliche Mitverschluß fort, er kann auch fortfallen bei den Lagern für mineralische Schmieröle; doch sind dann besondere Kontrollmaßregeln vorgesehen.

In den Teilungslagern können die Lagergüter ohne jegliche Beschränkung und auch ohne Anmeldung beim Zollamte geteilt, umgepackt und bearbeitet werden; jedoch darf die Bearbeitung die Waren nicht so weit verändern, daß sie eine andere Benennung erlangen und einem andern Tarifsatze untergeordnet werden. Die Lagerfrist ist auf fünf Jahre bemessen.

Über die Arbeiten im Lager wird eine wesentliche Kontrolle seitens der Zollbehörde nicht ausgeübt. Es wird nur der Zugang zum Lager unausgesetzt unter amtlicher Aufsicht gehalten, solange dasselbe geöffnet ist. Wenn in dem Lager nicht gearbeitet wird, muß es verschlossen gehalten werden. Beziehentlich der Anmeldung der Lager- und Betriebsräume gelten die Bestimmungen für die Privatlager (siehe S. 34/35!).

Zur Lagerung in Weinteilungslagern werden Flaschen- und Faßweine zugelassen, jedoch müssen für beide in der Regel getrennte Lagerräume vorhanden sein. Ausnahmen kann die Direktivbehörde gestatten. Wenn verschieden tarifierte Weine und Spirituosen auf das Lager gebracht werden, so findet auf den gesamten Bestand des Lagers der höchste der in Betracht kommenden Zollsätze Anwendung. Auf besonderen Antrag kann auch hier die Direktivbehörde wieder Ausnahmen zulassen. Auch aus dem freien Verkehr können Weine und Spirituosen auf das Lager gebracht werden, dieselben nehmen dann aber die Eigenschaft unverzollter Waren an. Die Direktivbehörde bestimmt den Zollsatz, mit dem diese Lagergüter im Niederlagekonto anzuschreiben sind. Inländischer Branntwein, der noch unter steuerlicher Kontrolle steht, wird bei seiner Einlagerung ebenfalls wie unverzollter ausländischer Branntwein behandelt. Dasselbe gilt für solche Spirituosen, für die bei ihrer Aufnahme eine Rückvergütung der Maischbottich- bzw. Branntweinmaterialsteuer gewährt worden ist. Wenn derartige Branntweine nur zum Vermischen mit den eingelagerten Weinen oder Spirituosen bestimmt sind, so kann die Direktivbehörde schon bei der Einlagerung bestimmen, daß durch diese Flüssigkeiten der höhere Zollsatz für den ganzen Lagerbestand nicht begründet wird.

Alle Waren, die auf das Teilungslager kommen sollen, müssen der Zollbehörde angemeldet werden. Die An- und Abschreibung im Lagerbuche erfolgt nach dem Maßgehalt (Liter). Gehen die Weine in Fässern ein, die den Eichstempel eines deutschen Eichamtes tragen, so bedarf es einer besonderen Ermittlung des Inhaltes der einzelnen Fässer nicht, wenn die Fässer spundvoll sind. Ebenfalls bedarf es der Ermittlung der eingebrachten Menge nicht, wenn der Wein in amtlich geeichte Lagerfässer umgefüllt wird. Befinden sich die einzulagernden Weine nicht in geeichten Fässern, so ist zu unterscheiden, ob der Wein in den Transportfässern in das Teilungslager gebracht wird, oder ob bei der Aufnahme derselben in das Teilungslager eine Umfüllung aus den Transportfässern in besondere Lagerfässer stattfindet. Soll der Wein in den Transportfässern bleiben, so wird die Litermenge durch trockene Vermessung der Fässer festgestellt. Liegen bei Originalfässern spezielle Deklarationen vor, so genügt die Feststellung des Literinhaltes nach Stichproben. Findet dagegen eine Umfüllung statt, so wird die Litermenge je nach dem Antrage des Niederlegerers entweder durch nasse Vermessung mit geeichten Maßgefäßen oder durch Reduktion aus dem Nettogewicht des Weines ermittelt. Die Feststellung des Nettogewichtes des Weines erfolgt in der Weise, daß das Faß vor und nach der Umfüllung gewogen und das Gewicht des leeren Fasses von dem Gewichte des vollen Fasses abgezogen wird. Bei der Berechnung des Literinhaltes aus dem Nettogewicht wird in der Regel angenommen, daß ein Liter Wein 1 kg wiegt. Gelangen Weine und Spirituosen in Flaschen und Krügen von gleichem Inhalt zum Teilungslager, so wird nicht der Maßgehalt, sondern die Zahl der Flaschen jeder Gattung (ganze, halbe Flaschen usw.) ermittelt und im Lagerbuche an- und abgeschrieben.

Werden Stoffe, die zum „Schönen" des Weines bestimmt sind (Eier, Milch, Gelatine, Hausenblase, Ochsenblut, spanische Erde usw.) zum Teilungslager gebracht, so wird von einer vorherigen Anmeldung bei der Amtsstelle abgesehen, wenn dieselben nicht eine nennenswerte Vermehrung des Lagerbestandes herbeiführen. Es genügt vielmehr eine Anmeldung bei dem mit der Bewachung des Lagers beauftragten Beamten. Auch die Anmeldung der Entnahme oder der Einbringung von Proben in Flaschen kann statt bei der Amtsstelle bei dem mit der Bewachung des Lagers beauftragten Beamten bewirkt werden. Der Lagerhalter muß zu diesem Zweck im Lager ein Notizregister führen, in das die Proben nach Stückzahl und Maß der Flaschen einzutragen sind. Die Richtigkeit jeder Eintragung muß von dem aufsichtführenden Beamten bescheinigt werden. Von Zeit zu Zeit wird das Niederlagebuch, den Eintragungen im Notizregister entsprechend, berichtigt.

Sollen Weine und Spirituosen aus dem Teilungslager entfernt werden, so müssen sie bei der Zollbehörde abgemeldet werden. Dabei ist jedesmal anzugeben, ob der Wein in Flaschen eingelagert wurde, oder ob er in Gebinden eingelagert und auf dem Lager in Flaschen gefüllt worden ist. Der zollamtlichen Abfertigung der ausgelagerten Mengen wird das Auslagerungsgewicht zugrunde gelegt.

Alle Jahre findet wenigstens einmal (meistens im Juni) eine amtliche Revision des Teilungslagers statt, zu welchem Zweck der Lagerinhaber eine Bestandsdeklaration einreichen muß. In dieser Bestandsanmeldung müssen die Fässer nach dem Maßgehalt, die Flaschen nach der Stückzahl angegeben werden. Die Differenz zwischen dem Sollbestand und dem Istbestand des Lagers kommt unter Berücksichtigung der tarifmäßigen Tarazuschläge zur Verzollung. Dabei gilt der Zollsatz für Wein in Fässern, auch dann, wenn die Umfüllung in Flaschen erst auf dem Lager vorgenommen ist. Für die Berechnung des Zolles wird der Maßgehalt auf das Gewicht zurückgeführt, wobei für 1 l Maßgehalt 1,17 kg Gewicht zu rechnen ist. Die Berechnung des Maßgehaltes aus dem Bruttogewicht der Flaschen ist nicht statthalt. Ebenso wird bei Spirituosen der Maßgehalt auf das Gewicht zurückgeführt, um den Zoll berechnen zu können. Weintrüb, Weinhefe, sowie die auf dem Teilungslager verdorbenen Flüssigkeiten werden (erforderlichenfalls nach vorheriger Vernichtung) vom Konto zollfrei abgeschrieben. Haben zufällige Ereignisse, z. B. das Zerspringen von Fässern einen Lagerabgang bewirkt, so hat der Lagerinhaber hiervon sofort dem Amte Meldung zu machen, das demnächst die amtliche Feststellung der verloren gegangenen Menge und die zollfreie Abschreibung derselben veranlaßt. Entleerte Fässer und sonstige Umschließungen bleiben zollfrei, wenn sie aus dem Teilungslager gebracht werden.

Die Einhaltung der fünfjährigen Lagerfrist wird in der Weise kontrolliert, daß jede abgemeldete Post und die zollfrei belassenen Lagerabgänge auf die am längsten lagernden Mengen abgeschrieben werden.

Für die zollamtliche Bewachung des Zuganges des Teilungslagers wird von dem Lagerinhaber eine Gebühr von ℳ 1,50 für den Arbeitstag bis zu acht Stunden erhoben. Die Arbeitszeit kann mit Genehmigung des Hauptamtes auf zwölf Stunden verlängert werden; die Gebühr beträgt dann ℳ 2,25 für den Arbeitstag. Als Arbeitstag wird jeder Tag angesehen, an dem in dem Lager gearbeitet wird, ohne Rücksicht auf die Dauer der Arbeitszeit. Wird die Öffnung des Lagers nur begehrt, um Waren ein- oder auszulagern, so kann von einer Gebührenerhebung abgesehen werden, wenn damit keine eigentliche Arbeit im Lager verbunden ist. Die oberste Landesfinanzbehörde ist berechtigt, für die amtliche Bewachung eines jeden Lagerraumes bis zu einem Maximum von jährlich 30 Arbeitstagen Gebührenfreiheit zuzugestehen.

Wein-Teilungslager unterhalten u. a. folgende Berliner Firmen: F. W. Borchert, Jacob Knoop Söhne, Maurer & Bracht, Hermann Meyer & Co., Akt.-Ges., Schlieben & Co. usw.

Literatur:

Troje, Die Regulative zu den Zollgesetzen: Das Weinlager-Regulativ vom $\frac{\text{8. Juni 1887}}{\text{21. Juni 1888.}}$

Thiele, Das deutsche Zollabfertigungsverfahren, 1908.

c) Kreditlager.

Die Inhaber der Privatlager (Transitlager und Teilungslager) haben grundsätzlich der Zollbehörde für die gestundeten Eingangsabgaben Sicherheit zu leisten; bei einer Form des Privatlagers aber sieht die Zollbehörde von einer besonderen Sicherheitsleistung ab, die eingelagerten Waren bilden vielmehr selbst die Sicherheit. Da bei dieser Lagerform die Zollgefälle nicht nur gestundet, sondern in Wahrheit kreditiert werden, nennt man die Lager Kreditlager. Sie werden nur für den Handel mit Weinen bewilligt und sind an einen Mindestlagerbestand, der den Namen eiserner (fortlaufender) Zollkredit führt, gebunden. Nur solchen Weinhändlern wird ein Kreditlager gewährt, die regelmäßig mindestens 35 000 kg fremden Weines auf Lager haben. Neu entstehenden Weinhandlungen kann diese Vergünstigung schon gewährt werden, wenn dieselben die Verpflichtung übernehmen, innerhalb Jahresfrist den bedingungsgemäßen Lagerbestand herzustellen.

Die Lagerfrist darf in der Regel sechs Monate nicht überschreiten, die Zeit der Lagerung in andern Niederlagen wird dabei nicht mitgerechnet. In einzelnen Fällen kann die Direktivbehörde ausnahmsweise eine Verlängerung der Lagerfrist eintreten lassen; jedoch darf sich die verlängerte Lagerfrist nicht über das Kalenderjahr der Einlagerung hinaus erstrecken.

Für die dem Lagerbestande entsprechende Weinmenge bleibt nicht nur die Verzollung, sondern auch die Festsetzung des Zollbetrages ausgesetzt. Wird der eiserne Kredit für verschieden tarifierte Weine beantragt, so muß für jede Weinsorte die zu kreditierende Menge besonders angegeben werden, wenn nicht der Zoll seinerzeit nach dem Zollsatz der am höchsten tarifierten Sorte berechnet werden soll. Wein, der in Flaschen aus dem Auslande eingeht, ist von der Kreditierung nicht ausgeschlossen.

Auch hier sind die Lagerräume und deren Veränderung der Zollbehörde schriftlich anzumelden. Die fremden und inländischen Weine, sowie auch die verschieden tarifierten ausländischen Weine, für die ein besonderer eiserner Kredit bewilligt ist, müssen auf Verlangen der Zollbehörde in gesonderten Räumen getrennt gelagert werden.

Die Zollverwaltung ist jederzeit befugt, das Kreditlager einer Revision zu unterwerfen. In der Regel findet im Monat Juni eines jeden Jahres eine Lageraufnahme unter Leitung eines Oberbeamten statt, zu welchem Zweck der Geschäftsinhaber vorher eine Bestandsdeklaration einreichen muß. Diese Bestandsanmeldung muß auch die vom Auslande unmittelbar eingegangenen Flaschenweine nachweisen. Wird bei der Revision ein Bestand an fremden Weinen vorgefunden, der der angeschriebenen Weinmenge nicht mindestens gleichkommt, so wird der Kredit herabgesetzt. Von dem eventuellen Mehrbetrage wird der Zoll sofort erhoben, eine Stundung des Betrages ist ausgeschlossen. Eine zeitweise Erhöhung des Kredits kann eintreten, wenn der Kreditnehmer ausländische Weine in solcher Menge bezogen hat, daß der Eingangszoll von dem überschießenden Betrage mehr als ℳ 7500,— beträgt. Diese Erhöhung wird dann nach Maßgabe des Absatzes durch monatliche Zahlungen solange abgetragen, bis der zusätzliche Kredit gelöscht ist. Diejenigen eingeführten Weinmengen, die den bewilligten Kredit überschreiten, sind sofort zu verzollen; allerdings kann auch hier noch wieder Stundung der Zollgefälle beantragt werden.

Der Kredit wird abgelöst auf Antrag des Weinhändlers, durch Aufgabe des Geschäftes, durch Übertragung desselben auf einen andern, durch den Tod des Kreditnehmers, durch Konkurseröffnung, wenn nicht die Direktivbehörde den Übergang der Begünstigung auf den Rechtsnachfolger des Kreditnehmers zugesteht. Die Zollbehörde verfügt dagegen die Zurücknahme des bewilligten Kredits, wenn Bedenken gegen die Zahlungsfähigkeit des Kreditnehmers entstehen, oder wenn Ordnungswidrigkeiten oder Defraudationen begangen sind oder wenn der Lagerbestand auf weniger als 35 000 kg verringert worden ist. Im Falle der Erlöschung des Kredites aus einem der angeführten Gründe ist die Direktivbehörde ermächtigt, für die zu leistenden Zahlungen Stundung zu gewähren.

C. Fortlaufende Konten.

Eine ganz erhebliche Erleichterung für den Handel ausländischer Waren nach dem Auslande bietet die Anschreibung der unverzollt verabfolgten Auslandsware auf ein fortlaufendes Konto; allerdings werden die Auslandswaren zollfrei nur unter der Bedingung ausgeliefert, daß demnächst die Wiederausfuhr derselben nachgewiesen oder die Verzollung zum Eingang bewirkt werden muß. Die Erlaubnis, ein fortlaufendes Konto zu halten, wird nur solchen Großhandlungen erteilt, die im Rufe der Zuverlässigkeit und kaufmännischen Solidität stehen, einen erheblichen Handel mit ausländischen Waren nach dem Auslande betreiben, gewissenhaft Bücher führen und die erforderliche Sicherheit zu bestellen in der Lage sind. Die Genehmigung zur Führung eines fortlaufenden Kontos wird immer nur auf ein Jahr, die Kontierungsperiode, erteilt und kann, da sie lediglich ein Akt des Vertrauens ist, von der obersten Landesfinanzbehörde jeden Augenblick zurückgezogen werden.

Für die Kontierung sind nur bestimmte Waren zugelassen: Baumwollwaren, Waren aus Wolle oder andern Tierhaaren, Leinenwaren, seidene und halbseidene Waren, Kleider, Leibwäsche und Putzwaren; Gewebe aller Art mit Kautschuk überzogen, getränkt usw.; Kurzwaren; lederne Handschuhe, Hüte, Leder, Ledertuch, Wachstuch mit Ausnahme des groben unbedruckten, Wachsmusselin und Wachstaft; Fußdecken aus Kamptulikon, Linoleum usw.; gefüttertes Pelzwerk, feine Waren aus weichem Kautschuk; feine Eisenwaren; künstliche Zähne. Wenn ein Bedürfnis dazu vorliegt, kann die oberste Landesfinanzbehörde auch andere Waren zur Kontierung zulassen. Dagegen sind inländische oder überhaupt aus dem freien Verkehr des Inlandes stammende, ins Ausland übergegangene Waren, die bei ihrem Wiedereingange den fremden Waren bezüglich der Zollpflicht gleich zu achten sind, von der Anschreibung auf einem fortlaufenden Konto ausgeschlossen.

Aber auch die Kontierung der zugelassenen Waren ist noch von bestimmten Bedingungen abhängig. Für jede zugelassene Ware oder Warengruppe ist beziehentlich des Umsatzes eine Mindestgrenze festgesetzt. So muß beispielsweise die Menge der von einem jährlichen Kontoabschluß bis zum andern zur Anschreibung gelangten Baumwollwaren mindestens 7500 kg betragen, für feine Waren aus weichem Kautschuk sind nur 4000 kg, für seidene und halbseidene Waren nur 1500 kg und für künstliche Zähne nur 175 kg als Mindestmenge erforderlich. Neu eingerichtete

Großhandlungen können ausnahmsweise von der Führung dieses Nachweises entbunden werden, wenn besondere Umstände vorhanden sind, aus denen sich mit hinlänglicher Sicherheit darauf schließen läßt, daß der Warenumsatz den vorgeschriebenen Umfang erreichen wird. Auch beim Eintritt außergewöhnlicher Ereignisse, wie Krieg, Handelskrisen usw. kann auf Antrag von der Erreichung eines Mindestumsatzes abgesehen werden. Unter normalen Verhältnissen wird von Jahr zu Jahr die Entscheidung über den Fortbestand des Kontos nach den Ergebnissen des Vorjahres getroffen. Der Bestand wird auf das neue Konto übertragen.

Die kontierten Waren dürfen in der Regel nur in besonderen Räumen des eigenen Geschäftsgebäudes aufbewahrt werden. Reichen die eigenen Räumlichkeiten des Kontoinhabers zur Lagerung nicht aus, so können die Waren auch in fremden abgesonderten Räumen aufbewahrt oder in geschlossenen Packstücken Spediteuren zur Lagerung übergeben werden. Jedoch ist hierzu die Genehmigung der Zollbehörde erforderlich. Die zur Lagerung bestimmten Räume und jede Änderung derselben müssen dem Hauptamte drei Tage vor der Eröffnung des Kontos schriftlich angemeldet werden. — Für die Zollschuld ist Sicherheit zu leisten (siehe S. 19!).

Bei allen kontierten Waren findet eine b u ch m ä ß i g e F e st h a l t u n g d e r I d e n t i t ä t statt. Der Kontoinhaber muß deshalb jede Ware, die auf dem fortlaufenden Konto zur Anschreibung gelangen soll, auf einem besonderen Formular in doppelter Ausfertigung anmelden. Die Anmeldung muß das Land der Herkunft, aus dessen Eigenhandel die Ware stammt, das Folium des Fakturen- (Einkaufs-) Buches und die Bezeichnung der Ware nach Anleitung des Zolltarifes enthalten. Die amtliche Nummer der Anmeldung muß an der betreffenden Stelle des Fakturenbuches oder auf der entsprechenden Faktura vermerkt werden. Um die Festhaltung der Identität der Waren zu erleichtern, sind hinsichtlich der B u ch - f ü h r u n g der Konteninhaber besondere Vorschriften vorgesehen. Das Wareneingangsbuch muß für alle angeschriebenen Waren d i e Z e i t des Bezuges und die A b st a m m u n g (soweit tunlich unter Angabe der Handlung oder der Fabrik) enthalten. Im Verkaufsbuche müssen auch Name und Wohnort der Empfänger angegeben sein, wenn es sich nicht um Barverkäufe handelt. Die Oberbeamten der Zollbehörde sind berechtigt, jederzeit Einsicht in die Bücher der Konteninhaber zu verlangen und durch Vergleiche die Richtigkeit der Eintragung festzustellen.

Zur Anschreibung auf ein fortlaufendes Konto werden alle kontierungsfähigen Waren ohne Rücksicht auf ihre M e n g e zugelassen, jedoch kann die Direktivbehörde Mindestmengen vorschreiben.

Nachdem auf der eingereichten Eingangsanmeldung die Übereinstimmung mit den zollamtlichen Abfertigungspapieren bescheinigt ist, bewirkt das Hauptamt die

Übertragung der Anmeldung auf das betreffende Konto. Die Kontobuchhalterei vermerkt auf der Anmeldung die amtliche Nummer sowie das Bureau, das die Revision übernimmt, und gibt das eine Exemplar der Anmeldung dem Anmelder zurück.

Alsdann wird zur Revision der zu kontierenden Waren geschritten. Da die Waren nach dem Reingewicht eingelagert werden, muß die spezielle Revision stattfinden. Ist das Reingewicht für jedes Kollo von dem Anmelder angegeben oder erklärt der Anmelder, daß er mit der tarifmäßigen Abrechnung der Tara einverstanden ist, so sind Proberevisionen zulässig. Wenn die Revision zu Ausstellungen keinen Anlaß gibt, so erfolgt in der Anmeldung ein entsprechender Vermerk über den Revisionsbefund. Sodann bringt der Anmelder die Anmeldung wieder in die Kontobuchhalterei, die nun die Eintragung im Kontoregister ergänzt und darnach das andere Exemplar der Anmeldung vervollständigt, das nunmehr der Anmelder zurückerhält. Gegen Vorzeigung dieser Anmeldung wird die Ware, nachdem ihre Übereinstimmung mit der Anmeldung geprüft und anerkannt ist, von der Revisionsstelle abgelassen. Soweit die Natur der Ware es gestattet, werden Proben und Muster zur Vergleichung bei der späteren Abschreibung zurückbehalten, um dadurch die Identität der Ware leichter feststellen zu können.

Der Kontoinhaber hat das Recht, während der Lagerung die Waren zu teilen oder umzupacken; das ursprünglich angeschriebene Reingewicht der Zollgüter darf aber dadurch nicht vermehrt werden. Wünscht der Kontoinhaber oder der Käufer solche Umschließungen bei den Waren anzubringen, die nicht zum Nettogewicht mitangeschrieben sind, so muß er in der Ausgangsdeklaration einen entsprechenden Antrag stellen. Die Veränderung wird dann bei der Ausgangsabfertigung amtlich überwacht. In gleicher Weise wird verfahren, wenn der Zoll für entbehrlich gewordenes Packmaterial unerhoben bleiben soll. Dasselbe wird dann entweder unter amtlicher Aufsicht vernichtet oder es gelangt mit den Waren zur Ausfuhr. Im Lager ist auch eine Bearbeitung, Vervollkommnung oder Reparatur der kontierten Waren gestattet, wenn bei der Veredelung die Festhaltung der Identität in geeigneter Weise gesichert werden kann. Die Zollgüter, die zur Veredelung kommen sollen, werden vom Konto abgeschrieben und später nach Maßgabe ihrer Beschaffenheit im veredelten Zustande wieder angeschrieben.

Soll eine kontierte Warenmenge nach dem Auslande oder nach einer zollfreien Niederlage geführt werden, so muß der Kontoinhaber die Ware abmelden. Das geschieht durch ein bestimmtes Formular, Zertifikat genannt. Dasselbe muß die amtliche Kontonummer, die fortlaufende Nummer des bezüglichen Verkaufspostens, die Zahl der Stücke, Dutzende usw., das Reingewicht der Ware, sowie das Folium des Verkaufsbuches enthalten. Der Abmelder hat in dem Papier die ausdrückliche Versicherung abzugeben, daß seine Angaben der Wahrheit entsprechen und muß dies durch seine oder eines Bevollmächtigten Unterschrift unter Hinzufügung eines Abdruckes des Firmenstempels bestätigen. Zur Gegenkontrolle wird im Warenausgangsbuch bei der betreffenden Buchung die Nummer des Zertifikats eingetragen. Ein Zertifikat kann über jede beliebige Warenmenge ausgestellt werden; doch ist auch hier die Direktivbehörde ermächtigt, Mindestmengen vorzuschreiben. Über jede Warengattung, die ausgeführt werden soll, muß ein besonderes Zertifikat ausgestellt werden. Zollgüter, über die ein Zertifikat ausgestellt ist, dürfen nicht in verschiedenen Packstücken verpackt sein. Werden die Zertifikate nicht innerhalb vier Wochen, vom Tage der Ausstellung an gerechnet, dem Hauptamte vorgelegt, so verlieren sie ihre Gültigkeit. Die Zertifikate können auch an die Käufer der kontierten Waren weitergegeben werden.

Zum Zwecke der Ausgangsabfertigung hat der Besitzer der Zertifikate auf Grund derselben eine Ausgangsdeklaration in doppelter Ausfertigung einzureichen. Diejenigen Waren, die in einem Kollo verpackt sind, müssen in der Deklaration hintereinander aufgeführt werden. Sämtliche Zertifikate sind der Deklaration beizufügen. Die Packstücke müssen so eingerichtet werden, daß sie zur Revision ihres Inhaltes leicht geöffnet werden können. Die Waren können auch unverpackt zur Revision gestellt werden; die spätere Verpackung erfolgt dann aber unter amtlicher Aufsicht. Erfolgt der Weiterversand unter Raumverschluß oder unter amtlicher Begleitung, so ist auch eine lose Verpackung der kontierten Ware gestattet.

Die Ausgangsdeklaration wird der Amtsstelle zwecks Revision der Waren vorgelegt. Auch hier ist eine probeweise Revision zulässig. Entstammen aber die Waren nach Ausweis der Zertifikate verschiedenen Konten oder sind die Waren verschieden tarifiert, so bildet die Ermittlung des Reingewichtes die Regel. Der Deklarant muß die Waren dergestalt auseinanderlegen, daß jede Warenpost, über die ein Zertifikat ausgestellt ist, ohne Schwierigkeit herausgefunden werden kann.

Die Ausgangsdeklaration, in die der amtliche Revisionsbefund eingetragen worden ist, und die Zertifikate werden sodann der Begleitschein-Ausfertigungsstelle übergeben. Diese übernimmt die Ausfertigung der Begleitscheine, trägt in die Deklaration und in die Zertifikate einen entsprechenden Vermerk ein und übergibt alsdann sämtliche Papiere der Buchhalterei, die dadurch die Belege zu den Abschreibungen im Konto erhält. Dem Kontoinhaber wird von der erfolgten Abschreibung und von der Entlastung mit einem entsprechenden Zollbetrage Mitteilung gemacht.

Auf Antrag können den Sendungen von Kontenwaren inländische und andere Waren des freien Verkehrs beigepackt werden; doch müssen derartige Gegenstände im Packstück durch besondere Verpackung von den übrigen Waren getrennt sein, damit die Amtsstelle sie als solche ohne Schwierigkeit erkennen und im Begleitschein vermerken kann.

Sollen Waren von dem Konto des einen auf das Konto des andern Lagerinhabers übertragen werden, so ist auch die Ausstellung eines Zertifikates, das dem Nachmann ausgehändigt werden muß, erforderlich. Dieser reicht eine Anmeldung und das Zertifikat bei dem Amte ein, und dann erfolgt die Ab- bzw. Anschreibung. Auf eine Revision wird dabei in der Regel verzichtet.

Die Ermittlung und Feststellung des Zollbetrages von den nicht abgeschriebenen Waren erfolgt jährlich an einem von der Direktivbehörde bestimmten Zeitpunkt. Zu demselben muß der Kontoinhaber eine Abrechnungsdeklaration einreichen, auf deren Grundlage die amtliche Aufnahme des Lagers und die Abrechnung erfolgt. Der sich hierbei ergebende Zollbetrag ist sofort bar zu entrichten. Am Schlusse der ersten Hälfte eines jeden Jahres ist von jedem Kontoinhaber eine Abschlagszahlung auf die aufgelaufene Zollschuld zu leisten. Die Höhe derselben wird nach der im Vorjahre festgestellten Zollschuld des Kontoinhabers bemessen. Die Abschlagszahlung ist binnen drei Tagen nach dem Ablauf des Halbjahres bar zu entrichten.

Die Erlaubnis zur Führung eines fortlaufenden Kontos wird wieder eingezogen, wenn der Handelsbetrieb des Kontoinhabers sich so verringert, daß der Umsatz auf dem Konto die vorgeschriebene Mindestmenge nicht mehr erreicht. Bei Verübung von Zollvergehen, Zollhinterziehungen usw. erfolgt, abgesehen von dem Strafverfahren, Einziehung des Kontos. Beim Tode des Inhabers oder beim Austritt eines bisherigen Teilnehmers oder beim Eintritt eines neuen Gesellschafters oder bei Eröffnung des Konkurses über das Vermögen des Kontoinhabers steht der Direktivbehörde das Recht der Entscheidung über Auflösung oder Fortführung des Kontos zu. Binnen acht Tagen ist darum dem Hauptamte von jeder Veränderung in der Firma Mitteilung zu machen. Wird ein Konto eingezogen oder erfolgt die Aufgabe derselben freiwillig, so müssen sämtliche Restbestände verzollt werden.

Literatur:

Troje, Die Regulative zu den Zollgesetzen: Das Konten-Regulativ vom 15. Dezember 1887.
Thiele, Das deutsche Zollabfertigungsverfahren, 1908.

Von Berliner Firmen unterhalten:

Reine Transitgetreidelager: Humboldtmühle Akt.-Ges., F. W. Schütt, Dampfmühle usw.; Teilungslager (für andere Waren als Wein): Bostanjoglo-Ges., M. J. Garbaty, Garbaty-Rosenthal, Herrmann Gerson, N. Israel, Oppenheimer & Hartog, J. Salomonsen, Tee-Import-Compagnie Ordo usw.; Eisernen Zollkredit: Peter Becker, Paul Eggebrecht, M. Kempinski & Co., Theophron Kühn, Louis Rex, Siebenlist & Knothe, Steinert & Hansen usw.; Fortlaufende Konten: Louis Friebberg, Herrmann Gerson, Rudolf Hertzog, Gebr. Jlls, August Michels, Schmidt & Lorenzen usw.

II. Der deutsche Zolltarif.

1. Äußere Anordnung des Tarifes.

Der Zoll wird nach den Zollsätzen erhoben. Unter Zollsatz versteht man jene zwingende Vorschrift, die den für jede Ware oder Warengruppe zu erhebenden Zoll festsetzt, bezw. deren Zollfreiheit bestimmt.

Nach dem Vorbilde des preußischen Tarifs von 1818 zerfielen auch die Tarife des Zollvereins aus den Jahren 1837, 1838, 1839 in 43, lediglich nach der Buchstabenfolge geordnete Warengruppen. Die erste Gruppe (Tarif-Nr. 1) begann mit dem Worte Abfälle,. die letzte (Nr. 43) mit dem Worte Zinn. Innerhalb der einzelnen Gruppen fand sich dann eine mehr oder weniger große Anzahl von Unterabteilungen. An diesem Schema hielt auch das Vereinszollgesetz vom 1. Juli 1869 fest. Auch die für den Geist und den Inhalt unseres Tarifes so bedeutsame Reform vom 15. Juli 1879 änderte an der äußeren Anordnung des Zolltarifes nichts, obwohl die Frage der ferneren Beibehaltung schon damals Gegenstand der Erwägung war. Nur die Zahl der Unterabteilungen vermehrte sich im Laufe der Jahre. So ist die Zahl der Unterabteilungen im Tarif vom 15. Juli 1879 bereits auf zusammen 387 angewachsen.

Der Zolltarif vom 25. Dezember 1902 hat diese Einrichtung vollständig aufgegeben.

Nach der dem Gesetzentwurf beigegebenen Begründung gab die ungeheure Ausdehnung der Industrie hierzu Veranlassung. Die Zahl der von der Industrie erzeugten Waren war in den letzten zwei Jahrzehnten des 19. Jahrhunderts ganz erheblich gestiegen. Ebenso war eine bedeutende Verschiebung der Preise durch die industrielle Entwicklung eingetreten. Im alten Tarif waren nun vielfach Waren zusammengedrängt, die ihrer Natur nach nicht zusammengehörten. Das hatte zur Folge, daß einzelne wertvolle Waren zu niedrig und einzelne billigere Waren zu hoch belastet wurden. Die Begründung führt als Beispiel dafür besonders die Tarifierung von Eisenwaren an, die der alte Tarif in ganz grobe, grobe und feine teilte.

Bei der Entscheidung der Abfertigungsbeamten, welcher von den drei Gruppen eine Eisenware für die Verzollung überwiesen werden sollte, war die Art der Bearbeitung der Oberfläche maßgebend. Aber nicht immer bietet die Beschaffenheit der Oberfläche einen richtigen Maßstab für die aufgewendete Arbeit. Die Folge war, daß sich fortwährend Schwierigkeiten bei der Verzollung einstellten, und Beschwerden und Reklamationen nahmen kein Ende. Der Tarif von 1879 hatte unter der Position „Eisen und Eisenwaren" (Tarifnummer 6) 23 verschiedene Zollsätze und nahm $2^1/_2$ Druckseiten ein. In dem neuen Zolltarif ist im allgemeinen eine viel größere Spezialisierung durchgeführt. Dieser weist für Eisen und Eisenlegierungen 76 Nummern (Nr. 777—843) und 123 verschiedene Zollsätze auf, die 11 Druckseiten einnehmen. Dazu kommt noch, daß für Maschinen, elektrotechnische Erzeugnisse, Fahrzeuge, Feuerwaren im neuen Tarif besondere Abschnitte eingerichtet sind. Im alten Tarif fanden diese Güter unter Eisen und Eisenwaren ihren Platz. Der neue Tarif wollte durch die größere Spezialisierung eine Erleichterung der Zollabfertigung schaffen, und das ist ihm nach der Meinung sowohl der Zollbeamten, als auch vieler Kaufleute gelungen.

Der Zolltarif vom 25. Dezember 1902 sucht die Gruppierung der Waren nach dem wirtschaftlichen Zusammenhange herzustellen.[1]) Diejenigen Gewerbe, die gleiche oder ähnliche Rohstoffe verarbeiten oder hervorbringen oder die aus ähnlichen Rohstoffen hergestellte Halbfabrikate weiterverarbeiten, werden als verwandte Gewerbe betrachtet und darum soweit als möglich zusammengefaßt. Die Rohstoffe selbst sind in den auf diese Weise entstandenen Gruppen nicht aufgeführt. Die pflanzlichen und tierischen Rohstoffe erscheinen im ersten, die mineralischen und fossilen Rohstoffe im zweiten Abschnitte des Tarifs, der im ganzen 19 Abschnitte umfaßt.

Allerdings ist diese Gruppierung nicht ganz streng durchgeführt.

Abschnitt 1 ist überschrieben: „Erzeugnisse der Land- und Forstwirtschaft und andere tierische und pflanzliche Erzeugnisse"; Abschnitt 2: „Mineralische und fossile Rohstoffe, Mineralöle"; Abschnitt 3—19 verzeichnen die Erzeugnisse der einzelnen Industrien. Die Rohstoffe sucht man in diesen Abschnitten vergeblich; andererseits enthalten die Abschnitte 1 und 2 nicht ausschließlich Rohstoffe. Die Rückstände, die bei der Bearbeitung und Reinigung von Mineralölen sich bilden, sind auch im Abschnitt 2 verzeichnet, und im 1. Abschnitt wird zum Teil auch die Verarbeitung von Erzeugnissen aus dem Pflanzen- und Tierreich behandelt; das geschieht insoweit, als die Verarbeitung sich auf die Herstellung von Nahrungs- und Genußmittel bezieht, oder wo die Verarbeitung im Anschlusse an landwirtschaftliche oder forstwirtschaftliche Betriebe stattfindet. Die Nahrungs- und Genuß-

[1]) Trautvetter S. 35/41.

mittel, die die Überschrift des 1. Abschnitts erwähnt, sind darum hier nur dann zu finden, wenn sie aus den Erzeugnissen des Tier- und Pflanzenreiches hergestellt sind. Darum konnte ein sehr wichtiges Nahrungsmittel, das Salz, hier nicht Erwähnung finden, sondern es hat seinen Platz unter den Rohstoffen der chemischen Industrie (Abschnitt 4) gefunden.

Die Getreide- und Ölmühlen, die Stärke-, Zucker- und Branntweinfabrikation, sowie der Weinbau sind vollständig im 1. Abschnitt berücksichtigt, da sie ja Nahrungs- und Genußmittel herstellen. Die Erzeugnisse der Holzbearbeitung dagegen sind hier nur insoweit erwähnt, als sie in landwirtschaftlichen oder forstwirtschaftlichen Nebenbetrieben hergestellt werden (Sägemühlen, Köhlerei). Nutzholz, das in der Längsrichtung gesägt ist (Bretter), findet hier seine Erwähnung; dagegen wurden behobelte oder sonst irgendwie bearbeitete Bretter unter den Erzeugnissen der eigentlichen Holzwarenindustrie aufgeführt (Abschnitt 10). Die Produkte der Bearbeitung pflanzlicher Flecht- und Gespinststoffe sind wieder dem 8. Abschnitt zugewiesen.

Wenn man die einzelnen Abschnitte und Tarifnummern durchgeht, so lassen sich in bezug auf die Anordnung folgende allgemeine Gesichtspunkte erkennen:

1. Der Tarif ordnet die Waren nach der Art der zu ihrer Herstellung verwendeten Rohstoffe, einerseits zum Pflanzen- und Tierreich, anderseits zum Mineralreich;
2. er trennt die Rohstoffe von den Halb- und Fertigfabrikaten;
3. er faßt möglichst die von wichtigen Zweigen der Industrie hergestellten und weiter verarbeiteten Waren zusammen;
4. er erleichtert die Ermittlung des Zolles durch weitgehende Spezialisation.[1])

Der deutsche Zolltarif weist im ganzen 946 Tarifnummern auf, der russische hat 226, der österreichisch-ungarische 356, der italienische 370, der rumänische 576, der französische 654, der nordamerikanische 690 Nummern, und doch erreicht der deutsche Tarif nicht den Weltrekord; denn der von Peru umfaßt in 9 Gruppen nicht weniger als 4111 Tarifnummern.

Erwähnt mag noch sein, daß der Tarif sich bemüht, entbehrliche Fremdwörter auszuscheiden. Daß die Bezeichnungen animalisch und vegetabilisch durch die deutschen Ausdrücke tierisch und pflanzlich ersetzt worden sind, wird wohl allseitig mit Freuden begrüßt werden. Andere Verdeutschungen dürften weniger Anerkennung finden. Nach dem neuen Zolltarif gibt es nur noch Tonwerkzeuge, und nicht mehr Musikinstrumente; Zither und Harfe sind als Zupftonwerkzeuge, Klarinetten und Okarinas als Blastonwerkzeuge bezeichnet (Nr. 941/2), dagegen hat man für Klaviaturen und Klaviermechaniken (Nr. 940) keine rein deutschen

[1]) Trautvetter, S. 44.

Ausdrücke angewandt. Nach den Tarifnummern 935 und folgende gibt es garnierte und ungarnierte Hüte nicht mehr, sondern nur noch ausgerüstete und unausgerüstete. Die Ausdrücke Brutto- und Nettogewicht sind durch Rohgewicht und Reingewicht übersetzt. Es erscheint mindestens zweifelhaft, ob alle diese Verdeutschungen jemals in den Sprachgebrauch übergehen werden.

2. Die leitenden Grundsätze des Zolltarifs.

a) Der Tarif ist ein reiner Einfuhrtarif.

Nach der Begründung des Zollvereins wurden in Deutschland noch jahrelang Durchfuhrzölle erhoben. Aber allmählich kam man zu der Einsicht, daß die deutschen Verkehrsanstalten dadurch sehr geschädigt würden. Je mehr sich der Verkehr entwickelte, desto mehr war man in der Lage, dasjenige Land, das die Durchfuhr mit Abgaben belastete, einfach zu umgehen. So trugen die Durchfuhrzölle nicht mehr zur Erhöhung der Staatseinnahmen bei, sondern sie schädigten die deutschen Wirtschaftsinteressen ganz erheblich. Deshalb entschloß man sich, vom 1. März 1861 ab die Durchfuhrzölle abzuschaffen. Das Zollvereinsgesetz vom 1. Juli 1869 legte in § 6 den Grundsatz fest, daß bei der Durchfuhr von Waren Abgaben nicht mehr erhoben werden sollten. Und auch das Gesetz vom 15. Juli 1879 änderte hieran nichts. — Heute werden in keinem Kulturlande Durchfuhrzölle erhoben. Und so erscheint es selbstverständlich, daß auch das neue Zolltarifgesetz an diesem Prinzip festgehalten hat.

In einzelnen Ländern werden noch heute auf einzelne Artikel Ausfuhrzölle erhoben, z. B. Österreich-Ungarn, Italien, Rußland, Rumänien. Diese erstrecken sich auf solche Rohstoffe, die auch im Auslande zur Fabrikation verwendet werden, z. B. Lumpen. Um nun zu verhindern, daß dem heimischen Produzenten die Rohstoffe durch Abströmen in das Ausland im Preise erhöht wurden, legte man auf solche Rohstoffe einen Ausfuhrzoll. Im neuen Zolltarifgesetz gilt die Zollfreiheit für ausgehende Waren als Regel. So stellt sich der neue Tarif als ein reiner Einfuhrtarif dar.

b) Der Zollsatz ist nach der Beschaffenheit der Ware festgesetzt.

Maßgebend für die Verzollung ist die Beschaffenheit der Ware im Zeitpunkte des Eingangs. Ob die Ware alt oder neu ist, ist unerheblich. Oft wird in Beschwerden an die Zollbehörde geltend gemacht, daß die Höhe des Zolles in keinem Verhältnis stehe zur Verwendung, die die Ware im Zollinlande finden solle. Nach dem Zolltarifgesetz ist aber die Verwendung der Ware ebenso ohne Belang, wie das Land ihrer Herkunft. Dabei gibt es allerdings einige Ausnahmen.

Durch Bundesratsbeschluß sind zollfrei Geschenke fremder Staatsoberhäupter, ferner Waren, die für deutsche Botschafter und Gesandte eingehen. Zu diesen Ausnahmen sind auch zu rechnen: Retourwaren, Waren des kleinen Grenzverkehrs, inländische Strandgüter, Waren zur Verwendung von Ausstellungen, Messen usw.

Noch eine wichtige Ausnahme von dem Grundsatz, daß der Tarif auf alle Waren gleichmäßig, ganz gleichgültig, woher sie kommen, anzuwenden sei, kommt hier in Betracht. Durch die Handelsverträge sind die allgemein gültigen Tarifsätze (die autonomen Tarifsätze) vielfachen Änderungen unterworfen worden. Diese Zollermäßigungen finden auch ohne weiteres Anwendung auf die meistbegünstigten Länder. Da aber die der Ermäßigung unterliegenden Waren auch zum Teil in anderen Ländern erzeugt werden, mit denen wir nicht auf dem Fuße der Meistbegünstigung stehen, beschloß der Bundesrat 1892 Bestimmungen über beizubringende Ursprungszeugnisse. Nach diesen Bestimmungen sollte bei einer Reihe von Waren, nämlich den wichtigsten Getreidesorten, Ursprungszeugnisse, beglaubigt durch deutsche Konsule oder durch behördliche Atteste des Heimatlandes, beigebracht werden. Als aber mit Rußland, Serbien und Rumänien Handelsverträge abgeschlossen wurden, konnte man diese Vorschriften wieder bedeutend einschränken. Während des Zollkrieges mit Spanien 1894/96 erfuhren sie wieder einige Erweiterung, da Südfrüchte auch aus einem Vertragslande (Italien) zu günstigeren Bedingungen eingeführt wurden. Als aber Deutschland von Spanien die Karolinen und andere Inseln erworben hatte, wurde auch diesem Lande die Meistbegünstigung zugestanden. Jahrelang haben dann diese Bestimmungen nur praktische Bedeutung gehabt für Wein aus Portugal, einem nicht meistbegünstigten Lande. — Das neue Zolltarifgesetz hat das, was bis dahin üblich war, festgelegt: Eine Erklärung über die Herkunft der Waren ist abzugeben. Es kann aber (bei Zollkriegen) ein Ursprungszeugnis verlangt werden.

Eine einzige Ware aber, der Zucker, unterliegt anderen Bestimmungen. § 80 des Zuckersteuergesetzes schreibt vor, daß der Ursprung des Zuckers bei der Einfuhr nachzuweisen ist. Mit dieser Bestimmung wollte man dem Prämienwesen wirksam entgegentreten. Als ein ferneres Mittel, die Zuckerprämien zu verhindern, hat man es angesehen, auf Zucker, der aus einem Prämien gewährenden Lande kommt, einen Zollzuschlag zu legen.

Erwähnt sei noch eine Ausnahme von dem Grundsatz, daß die Herkunft des Landes ohne Einfluß sei auf die Höhe des Zolles. § 1 des Gesetzes redet von der Erhebung des Zolles nach Maßgabe des Tarifes, „soweit nicht für die Einfuhr aus bestimmten Ländern andere Vorschriften gelten.“ Hierbei ist in erster Linie an das Retorsionsrecht, an dus Recht der Kampfzölle zu denken. Es sei hier an den Zollkrieg mit Spanien 1894/96 (Sprit einerseits — Orangen andererseits) und an den Zollkrieg mit Haiti (von 1891 bis zum 1. September 1908) erinnert (siehe S. 96!). Für solche Fälle bestimmt § 10 des Gesetzes:

1. Zollpflichtige Waren, die aus Ländern herstammen, in denen deutsche Schiffe und deutsche Waren ungünstiger behandelt werden, als diejenigen anderer Länder, können neben dem tarifmäßigen Zollsatz einem Zuschlage bis zum doppelten Betrage dieses Satzes oder bis zur Höhe des vollen Wertes unterworfen werden.

2. Tarifmäßig zollfreie Waren können mit einem Zoll von 50% des Wertes belegt werden.

Der Tarif von 1879 setzte noch für einzelne Güter (Salz, Steine, Steinwaren) die Höhe des Zolles fest mit Rücksicht auf den Eingangsweg. Gingen die Waren auf dem Seewege ein, so trat eine Ermäßigung des Zolles ein. — Im Interesse der Einfachheit hat der neue Tarif mit dieser Komplizierung gänzlich aufgeräumt.

c) Die Höhe des Zolles der einzelnen Waren. Zollfreiheit.

§ 3 des Vereinszollgesetzes von 1869 bestimmte, daß alle nicht im Zolltarif genannten Gegenstände zollfrei seien. Diese Bestimmung entsprach den damals herrschenden Grundsätzen des Freihandels. Der Tarif von 1879 aber näherte sich wieder sehr den schutzzöllnerischen Tendenzen. Der Zoll für Eisen, Getreide, Vieh, Fleisch wurde wieder eingeführt. Verschiedene Tarifsätze wurden erhöht; die Zollfreiheit für die meisten Waren wurde beseitigt. Aber die Bestimmung des § 3 des Vereinszollgesetzes blieb bestehen.

Das neue Zolltarifgesetz hat auch diese Bestimmung beseitigt. Es führt unter den 946 Tarifnummern alle Warengattungen und Waren auf und gibt gleichzeitig die Höhe des Zolles oder die Zollfreiheit an.

Der Entwurf unseres neuen Gesetzes verfolgte 3 Hauptziele:

1. Die Verstärkung des Schutzes der Landwirtschaft.

2. Eine kaum mehr als verschämt zu nennende Verstärkung des Schutzes unserer Industrie.

3. Die Vorbereitung langfristiger Handelsverträge.

Die Absicht, der Landwirtschaft einen erhöhten Schutz zu sichern, ist aus vielen Positionen des Gesetzes mit aufdringlicher Deutlichkeit zu erkennen. In bezug auf die Getreidezölle hat sich im Laufe der Jahre eine merkwürdige Wandlung vollzogen. Der Entwurf der Regierung vom Jahre 1868 bedeutete einen vollständigen Bruch mit den Grundsätzen des Schutzzolles. Im Parlament ging man auf die freihändlerischen Neigungen der Regierung gern und willig ein. Im Jahre 1873 wurden die Zölle auf Getreide abgeschafft und die gänzliche Beseitigung der Eisenzölle für den 1. Januar 1877 beschlossen. Und es nimmt uns heute wunder, daß gerade die Vertreter des ostelbischen Grundbesitzes die Anhänger der Freihandelspolitik waren. Aber schon im Jahre 1877 ist die Stimmung umgeschlagen. Die Grundbesitzer verbinden sich mit den Vertretern der Industrie zur Herbeiführung der Wiedereinführung eines Schutzzolles für Getreide, der allerdings nur ℳ 1,— pro dz betragen sollte. „Als dann unter dem Eindruck der Attentate auf Kaiser Wilhelm I. ein Reichstag von ganz anderer Zusammensetzung gewählt wurde, ging Bismarck zu einer Tarifreform über, der sich Bundesrat und Reichstag, beeinflußt von der wirtschaftlichen Depression, gern geneigt zeigten[1])." Durch den Tarif vom Jahre 1879 wurde der Getreidezoll auf Weizen und Roggen auf ℳ 5,— erhöht. Dieser Satz wurde dann vertragsmäßig auf ℳ 3,50 ermäßigt.

An dem seit dem Jahre 1879 bestehenden Rechtszustande nimmt der Tarif vom 25. Dezember 1892 eine grundsätzliche Änderung vor. Nach dem neuen Zolltarif besteht für die beiden wichtigsten Brotfrüchte, Roggen und Weizen, nicht mehr der gleiche Zoll. Er beträgt für Roggen ℳ 7,— für Weizen ℳ 7,50 für den dz; diese Sätze sollen durch vertragsmäßige Abmachungen nicht unter ℳ 5,— für Roggen und für Weizen nicht unter ℳ 5,50 herabgesetzt werden.

Auch in der Behandlung der Erzeugnisse des Gartenbaues ist eine wesentliche Änderung eingetreten. Nach dem Tarif von 1879 waren frische Küchengewächse, lebende Erzeugnisse der Ziergärtnerei, frisches Obst, mit Ausnahme der Weintrauben, zollfrei. Der Entwurf der Regierung wollte hierin im allgemeinen nichts ändern. Es sollte ein mäßiger Zoll auf die Erzeugnisse der Ziergärtnerei und ein Zoll von ℳ 20,— auf die Cykaswedel, die zu Trauerschmuck Verwendung finden, gelegt werden. Außerdem war eine Unterscheidung von Tafelobst und gewöhnlichem Obst, das zur Obstweinbereitung und zur Branntweinbrennerei dient, vorgesehen. Der schutzzöllnerische Reichstag ging über diese Vorschläge bedeutend hinaus. Die Zölle auf lebende Pflanzen wurden um ein mehrfaches des vorgeschlagenen Betrages erhöht; der Zoll für Cykaswedel wurde von ℳ 20,— auf ℳ 250,— festgesetzt. Für frische Küchengewächse ist ein Zoll eingeführt, der aber in der Praxis nur für Rotkohl, Weißkohl und Wirsingkohl (Tarif-Nr. 33, ℳ 2,50 pro 100 kg) bestehen geblieben ist. Durch die Verträge mit Italien ist die Zollfreiheit für Spargel, Blumenkohl gesichert, obwohl der Tarif einen autonomen Satz von ℳ 20,— angibt (Nr. 33).[2])

Die Verhandlungen aber über den Obstzoll führten zu einer Neuheit in der Tarifierung, zu der Einführung des Saisonzolles. Äpfel, Birnen und Quitten (Nr. 47) gehen in der Zeit vom 25. September bis 25. November in un-

---

[1]) Trautvetter, S. 29.

[2]) Traulvetter, S. 67/71.

verpacktem Zustande zollfrei ein, während sie in der übrigen Zeit des Jahres einem Zollsatz von *M* 2,50 unterliegen, für verpacktes Obst dagegen beträgt der Zollsatz *M* 10,—.

Auch für frische Kartoffeln (Nr. 23) hat der neue Tarif einen Saisonzoll eingeführt. In der Zeit vom 1. August bis 14. Februar gehen frische Kartoffeln zollfrei ein. Vom 15. Februar bis zum 31. Juli aber müssen sie mit *M* 2,50 verzollt werden. Mit dieser Maßnahme wollte man die wohlhabenden Kreise treffen. Durch die Handelsverträge ist an diesen Saisonzöllen grundsätzlich nichts geändert worden. Wenn auch die Zeit der zollfreien Einfuhr für Kartoffeln, Äpfel, Birnen und Quitten vertragsmäßig verlängert worden ist, so haben die Saisonzölle noch nach einer Richtung hin eine Erweiterung erfahren. Im Vertrage mit Österreich-Ungarn ist nämlich bestimmt, daß Hauszwetschen für die Zeit vom 1. September bis 30. November zollfrei, für die übrige Zeit aber zollpflichtig sind.

Bezüglich der Verzollung eingehender Hölzer weist der neue Tarif eine wesentliche Neuerung auf (Nr. 74—83). Der Zolltarif unterscheidet grundsätzlich hartes und weiches Holz. Zu den weichen Hölzern werden alle Nadelhölzer, von den Laubbäumen die Erlen, Pappeln, Weiden, Linden, Kastanienbäume gerechnet. Die harten Hölzer haben ein höheres Gewicht und sind wertvoller als die weichen Hölzer. Der neue Tarif unterscheidet nämlich für Hölzer Maß- und Gewichtszölle. Die harten Hölzer haben ein höheres Gewicht und sind wertvoller als die weichen. Gäbe es nun im Tarif nur Gewichtszölle, so wäre diese Unterscheidung überflüssig, da das schwerere und wertvollere Holz auch dem Gewichte entsprechend höher belastet würde. Anders aber ist es mit der Verzollung nach Maß, nach Festmetern. Bei weichen Hölzern wiegt ein Festmeter rund 6 dz, bei harten 9 dz. Nach dem Maßstab des früheren Tarifes hätte man nun den Festmeterzoll auf das sechsfache des Gewichtszolles festsetzen müssen. Das hätte aber die Importeure veranlaßt, stets die Verzollung nach Festmetern zu beantragen. Dadurch wäre nicht nur den ausländischen Hölzern der Wettbewerb erleichtert worden, sondern es wäre auch ein erheblicher Zollausfall die Folge gewesen. Beiden Übelständen will der neue Tarif abhelfen.[1])

Was die Viehzölle anlangt, so hatte der Entwurf schon eine erhebliche Erhöhung der Zollsätze vorgesehen. Der Reichstag ging über diese Vorschläge bedeutend hinaus. Der frühere Tarif sah für jedes Pferd ohne Rücksicht auf seinen Wert *M* 20,— Zoll vor; der neue Tarif unterscheidet 3 Klassen (Nr. 100):

1. Pferde im Werte bis zu 1000 *M* = *M* 90,— Zoll pro Stück,
2. Pferde im Werte von über 1000—2500 *M* = *M* 180,— Zoll pro Stück,
3. Pferde im Werte von mehr als 2500 *M* = *M* 360,— Zoll pro Stück.

---

[1]) Trautvetter S. 72.

Durch die Handelsverträge mit Österreich-Ungarn, Belgien und Rußland sind diese Bestimmungen durch Rücksichtnahme auf die verschiedenen Pferderassen sehr kompliziert worden.

Eine wesentliche Änderung ist auch bei der Verzollung des Weines eingetreten. Bisher kannte man bei stillen Weinen (im Gegensatz zu Schaumweinen) nur eine Abstufung nach der Art der Füllung. Man ging von der Annahme aus, daß der wertvollere Wein der Regel nach in Flaschen versandt würde, und darum unterlag er dem doppelten Zoll gegenüber dem in Fässern eingeführten Wein. Im Jahre 1885 wurde durch eine Novelle zum Tarif für Flaschenweine eine Unterscheidung in Schaumweine und andere Weine eingeführt. Durch diese Novelle wurde im Interesse der deutschen Schaumweinfabrikation ein höherer Zollsatz für Schaumweine eingeführt, der dann noch wieder im Jahre 1900 gelegentlich der Flottenvermehrung erhöht wurde. Diese Einteilung hat der neue Tarif beibehalten. Daneben aber ist für die in Fässern oder Kesselwagen eingehenden stillen Weine (Nr. 180) eine Abstufung nach dem Weingeistgehalte eingetreten.

So beträgt der Zoll bei nicht mehr als 14% Weingeistgehalt ℳ 24,—, bei mehr als 14%, aber nicht mehr als 20% Weingeistgehalt ℳ 30,—, von mehr als 20%igen ℳ 160,— pro dz.

In der Praxis kommen die beiden letzten Klassen nur für Südweine in Betracht, während die französischen Bordeaux-Weine in die billigste Klasse gehören.

d) Grundsätze für die Festsetzung der industriellen Zölle.

In bezug auf die Festsetzung der zahlreichen industriellen Zölle sind nach der Begründung des Gesetzentwurfes 3 Grundsätze maßgebend gewesen:

1. Diejenigen Rohstoffe und Hilfsstoffe der Industrie, die im Inlande entweder gar nicht oder in nicht genügender Güte und Menge hergestellt werden, bleiben zollfrei.

2. Gewerbliche Erzeugnisse, die von Ausfuhrindustrien weiter verarbeitet werden (z. B. Garn für Weberei und Wirkerei), dürfen durch den Schutzzoll nicht so belastet werden, daß die Ausfuhrfähigkeit der verarbeitenden Industrien gefährdet wird.

3. Fertigfabrikate von feinerer Arbeit und höherem Werte sind mehr als bisher mit angemessenen Zöllen zu belegen.[1])

1. Grundsatz: Rohstoffe und Hilfsstoffe, die im Inlande gar nicht oder in nicht genügender Menge und Güte hergestellt werden, gehen zollfrei ein.

Deshalb besteuert der Tarif Farbhölzer (Nr. 91), Baumwolle (Nr. 28), Terpentin und Gummiharze (Nr. 97), Schellak (Nr. 97) und Kautschuk (Nr. 98) gar

[1]) Trautvetter S. 75/78.

nicht. Das gleiche gilt trotz des agrarischen Widerspruchs für Schafwolle (Nr. 144), für Felle und Häute (Nr. 153) und für Flachs (Nr. 28). Diese zuletzt genannten Stoffe werden zwar in Deutschland gewonnen, aber doch nicht in genügender Menge und Güte. Andere Rohstoffe dagegen, die fast ausschließlich außerhalb Deutschlands erzeugt werden, wie Petroleum (Nr. 239), Tee (Nr. 65), Kakao (Nr. 63), Gewürze (67), roher Kaffee (61), unterliegen trotz des vorhin erwähnten Grundsatzes einem ziemlich hohen Zoll. Die Begründung motiviert diese Zollsätze einmal damit, daß es sich hier nicht um Schutzzölle, sondern um Finanzzölle handele, zum andern mit sozialpolitischen Rücksichten. Es wird ausgeführt, daß die aus diesen Rohprodukten hergestellten Waren (z. B. Kakao) fast nur von den wohlhabenderen Klassen verbraucht würden.

Eine wichtige und vielumstrittene Ausnahme von dem Grundsatz 1 stellt die Behandlung der Gerbrinden und des Quebrachoholzes dar. Damit tritt gleichzeitig eine wichtige Neuerung gegenüber dem alten Tarif in Kraft. Nach dem früheren Tarif waren Gerbrinden und zerkleinertes Quebrachoholz mit 50 Pf pro dz zollpflichtig, unzerkleinertes Quebrachoholz und andere Gerbstoffe aber waren frei. Dieser niedrige autonome Zollsatz war durch die Vertragsverhandlungen beseitigt, so daß tatsächlich alle Gerbstoffe zollfrei waren. Um einerseits den Eichenschälwaldbetrieb (im Aachener, Koblenzer und Trierer Bezirk) zu schützen und andererseits die deutsche Lederindustrie nicht zu sehr zu belasten, schlug die Regierung vor, auf Quebrachoholz und anderes zerkleinertes und unzerkleinertes Färbholz einen mäßigen Zoll von ℳ 1,— pro dz zu legen, die übrigen Gerbstoffe aber zollfrei einzulassen. Der Reichstag ging trotz des Widerspruchs der Regierung über diese Vorschläge weit hinaus und setzte den Zoll für Gerbrinden (Nr. 92) auf ℳ 1,50, den für Quebrachoholz und anderes Gerbholz aber auf ℳ 7,— pro dz fest. Andere Gerbstoffe, die bisher zollfrei gewesen waren, (z. B. Galläpfel Nr. 94) wurden mit einem Zollsatz von ℳ 3,— belegt.

Diese autonomen Sätze sind nun zwar durch die Vertragsverhandlungen mit Italien, Österreich-Ungarn, Belgien erheblich ermäßigt, so daß Gerbrinden tatsächlich zollfrei, dagegen Quebrachoholz (zerkleinertes und unzerkleinertes), sowie die meisten vom Reichstag mit ℳ 3,— belegten Gerbstoffe mit ℳ 2,— pro dz zollpflichtig sind.

2. Grundsatz: Gewerbliche Erzeugnisse (Halbfabrikate), die von Ausfuhrindustrien weiter verarbeitet werden, sollen durch den Schutzzoll nicht so belastet werden, daß ihre Exportfähigkeit gefährdet werde.

Nach dem bisherigen Zolltarif waren ungefärbte Florettseidengespinste zollfrei gewesen. Um nun den Seiden-, Sammet-, Seidenplüsch- und Seidenbandwebereien, deren Erzeugnisse in großen Mengen ins Ausland gehen, nicht die Produktion zu sehr zu verteuern, sah man trotz des Drängens einiger Kreise davon ab, ungefärbte Florettseidengespinste (Nr. 396—97) mit einem Zoll zu belegen. Der Reichstag lehnte auch die zugunsten der Wollkämmereien beantragte Erhöhung des Zolles auf gekämmte Wolle (Nr. 396—97) ab.

Eine weitere wesentliche Erleichterung bietet den Ausfuhrindustrien der zollfreie Veredelungsverkehr, der beispielsweise für die Textilindustrie, die Färbereien, Druckereien und Appreturanstalten von größter Bedeutung ist. Es sollen z. B. Wollenstoffe, die aus dem Auslande kommen, hier gefärbt werden und dann wieder in das Ausland zurückgehen. Da müßte nun zunächst für die Wollenwaren, ehe sie zur Veredelung in die Fabrik kommen, der Zoll bezahlt werden, der doch immerhin etwa 10 bis 20 % des Wertes betragen dürfte. Naturgemäß müßte dann die Fabrik die Ausführung des Auftrages ablehnen, da der Preis zu hoch sein würde. Hier setzt nun der zollfreie Veredelungsverkehr ein, indem Zollfreiheit gewährt wird für den Fall, daß die bearbeitete Ware innerhalb einer bestimmten Zeit wieder ins Ausland geht. Die Zahl aber derartiger Lohnbetriebe, die die Bearbeitung von Waren für ausländische Rechnung ausführen, ist immerhin gering. Viel größer ist die Zahl derjenigen Lohnbetriebe, die auf eigene Rechnung ihre Rohstoffe und Halbfabrikate kaufen und diese zu Fertigfabrikaten umgestalten. Solche Betriebe müssen ihre Rohstoffe oder Halbfabrikate oft aus dem Auslande beziehen, z. B. eine Weberei ihre Garne, eine Kesselschmiede die Bleche. Nun wird in der Regel ein zollgeschützter Artikel im Inlande teurer sein als im Auslande. Also müßten die Industrien ihre Rohstoffe und Halbfabrikate teurer bezahlen als beispielsweise England, das solche Zölle nicht hat. Will nun der Fabrikant exportieren, so muß er mit der Konkurrenz des Auslandes, das die Halbfabrikate hat billiger beziehen können, rechnen. Hier setzt nun wieder der zollfreie Veredelungsverkehr ein, der jetzt die Bezeichnung Eigenveredelung, im Gegensatz zu der vorhin erwähnten Lohnveredelung trägt.

In beiden hier angeführten Fällen ist Deutschland bei der Veredelung aktiv tätig. Man spricht deshalb vom aktiven Veredelungsverkehr.

Ihm gegenüber steht der passive Veredelungsverkehr.

Beispiel: Angenommen, es ist eine bestimmte Art der Appretur sehr in Mode; diese Appretur ist aber Fabrikgeheimnis etwa in Frankreich, sie kann in Deutschland nicht hergestellt werden. Will der deutsche Fabrikant der Mode Rechnung tragen und seine Ware absetzen, so muß er die Appretur in Frankreich vornehmen lassen. Auch in diesem Falle hilft man sich durch Zollerlaß; man kontrolliert die Ausfuhr des Stoffes und gewährt, wenn er im veredelten Zustande zurückkommt, die Zollfreiheit. Bei diesem Veredelungsverkehr, der sich im Auslande vollzieht, spielt Deutschland eine passive Rolle, er heißt der passive Veredelungsverkehr. Der Veredelungsverkehr mit fremden Staaten ist in den meisten Fällen durch Handelsverträge geregelt. So ist z. B. in dem neuen Deutsch-Belgischen Vertrage bestimmt, daß deutsche Handschuhe, welche mit der „belgischen Naht" versehen werden, unter gewissen Voraussetzungen nach Deutschland zollfrei zurückgebracht werden können.

Sowohl beim aktiven wie beim passiven Veredelungsverkehr muß der Zollbehörde gegenüber der Nachweis erbracht sein, daß die ins Inland zurückgekommene Ware auch wirklich der ausgegangenen entspricht. Man nennt das die Festhaltung der Identität[1]). Die Feststellung der Identität erfolgt auf die verschiedenste Weise: durch Blaustempel (Möbel, Treibriemen und Gewebe), durch Bleiplomben (Maschinen und Maschinenteile), durch genaue Beschreibung und Zurückbehaltung eines Musters (Besäumen von Taschentüchern), durch Überwachen des Arbeitsvorganges (Roheisen), durch amtlichen Mitverschluß der Zollbehörde (Wachswaren), durch dauernden Zollverschluß (Exportfabriken: Schokolade).

3. Grundsatz: Fertigfabrikate von feinerer Arbeit und höherem Werte sind mehr als bisher mit angemessenen Zöllen belegt.

Die Festsetzung höherer Zölle für Fertigfabrikate von feinerer Arbeit und höherem Werte ist im neuen Tarif häufig durch Zollzuschlag erfolgt. Der Zollzuschlag ist teils in Prozenten, teils in festen Zahlen ausgedrückt. So unterliegt imprägniertes Holz (Nr. 26) einem festen Zuschlag von ℳ 2,40 für einen Festmeter. Stickereien aber, bei denen Metallfäden (Nr. 411) verwandt worden sind, bedingen einen Zollzuschlag von 50%. Ein fester Zuschlag findet sich auch vorgeschrieben für appretierte und gebleichte, für gefärbte, bedruckte und buntgewebte Baumwollengewebe (Nr. 456—57). Der Zoll für diese Gewebe setzt sich zusammen aus dem Zoll der rohen Gewebe und einem Zuschlag von ℳ 20,—, bezw. ℳ 50,—. Diese Form der Zuschläge hat lediglich den Zweck, den Tarif zu vereinfachen.

Um aber Fertigfabrikate von feinerer Arbeit und höherem Werte stärker belasten zu können, hat der neue Tarif sich nicht auf die bisher üblichen Abstufungen beschränkt. Die vermehrte Arbeit und die erhöhte Verfeinerung, die beispielsweise beim Färben und Lackieren, im Vergolden, Versilbern, Vernickeln, Bronzieren der Waren, in ihrer Verbindung mit anderen Waren, in der Herstellung mehrdrähtiger, statt eindrähtiger Garne usw. zum Ausdruck gelangt, ist natürlich auch im neuen Tarif im erheblichen Umfang zur Abstufung der Zölle benutzt worden.

Der neue Tarif hat also das Prinzip der Staffelzölle ganz bedeutend ausgebaut. Von Staffelzöllen spricht man dann, wenn innerhalb einer Tarifnummer für eine Ware je nach ihrem Wert ein verschieden hoch bemessener Zoll eingesetzt wird. Einige Beispiele mögen das erläutern:

---

[1]) Dieses Fremdwort ist jetzt aus der amtlichen Sprache ausgeschaltet. In den Zollpapieren heißt es jetzt stets: „Die ‚Nämlichkeit' ist nachgewiesen".

Tafelglas steigt erheblich im Wert mit der Größe der Tafeln. Darum stuft sich auch der Zoll (Nr. 741) je nach der Größe der Tafeln auf ℳ 8,10 und ℳ 12,— per dz ab. — Auch für bestimmte Gewebe ist eine Staffelung der Zölle vorgesehen. Maßgebend ist die Zahl der Fäden, die auf eine bestimmte Fläche entfällt. So unterliegen rohe Fußbodenteppiche (Nr. 488) einem Zoll von ℳ 80,—, wenn in Kette und Schuß auf eine Fläche von 2 qcm bis 120 Fäden kommen; der Zoll erhöht sich aber auf ℳ 105, wenn mehr als 120 Fäden auf dieselbe Fläche kommen.

Schon im alten Tarif stufte man die Zölle für einzelne Wollstoffe in der Weise ab, daß leichtere Stoffe einem höheren Zolle unterlagen als schwerere. Dieser Gedanke ist im neuen Tarif sehr erweitert worden. Man ist dabei von der Erwägung ausgegangen, daß leichtere Waren oft einen höheren Arbeitswert darstellen und darum wertvoller als schwerere sind. Dafür nur einige Beispiele: Staffelzölle treten ein bei verschiedenen Arten von Leder (Nr. 543—47), bei ledernen Schuhen mit andern als Holzsohlen (Nr. 556), bei andern Lederwaren (Nr. 560), bei nicht schmiedbarem und schmiedbarem Eisenguß (Nr. 782—83, 788—99), bei Dampfkesseln und Zubehörteilen dazu (801, 804—5), bei landwirtschaftlichen, gewerblichen und hauswirtschaftlichen Geräten (z. B. Pflügen, Eggen, Wagen zum Wiegen, Bügeleisen (Nr. 816) usw. und bei zahlreichen Maschinen (Nr. 892—94, 904, 906, 907, 915).

Doch ist auch hier wieder eine Ausnahme zu erwähnen. Offene Kutsch- und Jagdwagen unterliegen bei einem Reingewicht von mehr als 1,5 dz einem Zoll von ℳ 100,—; beträgt das Reingewicht aber weniger als 1,5 dz, so ermäßigt sich der Zoll auf ℳ 60,— pro Stück. Mit dieser Maßnahme hat man erreichen wollen, daß die Ponnywägelchen eine Vergünstigung vor den größeren Kutschwagen genießen.

e) Wie wird der zur Erhebung gelangende Zoll bemessen?

Nach dem Vereinszollgesetze erfolgte die Erhebung der Zölle nach Gewicht, nach Maß, nach der Stückzahl oder nach dem Werte. Dieser Erhebungsmaßstab hat grundlegende Bedeutung gewonnen. Überwiegend sind stets die Gewichtszölle gewesen, während die Maß- und Wertzölle nur eine untergeordnete Bedeutung erlangt haben.

Der neue Tarif sieht außer den Gewichtszöllen vor:

1. Maßzölle.
   a) Bei Bau- und Nutzholz, jedoch nicht ausschließlich, sondern neben den Gewichtszöllen. Erhoben wird der Maßzoll nach Festmetern.
   b) Bei gesalzenen Heringen nach Faß (Tonnen) (Nr. 116).
2. Stückzölle.
   a) Für Personen- und Lastwagen (Nr. 917—18).
   b) Für Männer- und Frauenhüte (Nr. 533—42).

c) Für Uhren (Nr. 929—31).

d) Neben dem Gewichtszoll für Vieh (Nr. 100—107).

3. Nach Wertklassen gestaffelte Stückzölle (Pferde) oder nach Wertklassen gestaffelte Gewichtszölle (Garne).

Die Stückzölle haben eine erhebliche Einschränkung erfahren; Pferde, Maulesel, Maultiere werden auch jetzt noch nach der Stückzahl verzollt. Dagegen wird der Zoll für Rindvieh, Schafe und Schweine grundsätzlich nach Einheitssätzen berechnet, die für ein dz Lebendgewicht festgesetzt sind. Bei Federvieh, das bisher zollfrei war, darf wahlweise der Zoll entweder nach der Stückzahl oder nach dem Gewicht (bei Gänsen) erhoben werden, während für Hühner aller Art und sonstiges Federvieh ein Gewichtszoll vorgesehen ist (ℳ 6,— pro dz).

Zu dem Zoll nach Wahl hat man sich nach dem stenographischen Bericht der Reichstagsverhandlungen entschlossen, um die Abfertigung zu vereinfachen. Werden Gänse in Herden auf Landwegen eingeführt, so kommt der Stückzoll in Anwendung, bei Waggonladungen dagegen der Gewichtszoll. Hühner und anderes Federvieh gehen regelmäßig in Körben oder Käfigen ein; die Ermittelung des Bruttogewichtes bereitet somit keine Schwierigkeit. Darum hat man hier den Gewichtszoll vorgesehen.

Mit den Wertzöllen dagegen hat man im neuen Tarif ganz aufgeräumt. Wegen der vielen Scherereien, die die Ermittelung des Wertes stets zur Folge hat (Amerika, Belgien), hat man die Wertzölle, die nach dem alten Tarif nur noch für Eisenbahnwagen bestanden, ganz fallen lassen und sie durch gestaffelte Gewichts- oder Stückzölle ersetzt.

Hiervon gab es bis zum 1. September 1908 eine Ausnahme.

Seit dem Jahre 1891 bestanden im Verkehr zwischen Deutschland und Haiti Kampfzölle. Die Ursache des Zollkrieges war, daß Haiti Frankreich gegenüber Zollermäßigungen gewährt hatte, ohne sie auch auf Deutschland auszudehnen. Die Folge davon war, daß Deutschland Waren, die aus Haiti bezogen wurden (Kaffee, Kakao, Blauholz), mit hohen Zöllen belastete. So wurde für Blauholz, einem für die deutschen Tuchfärbereien sehr wichtigen Artikel, 20% vom Werte als Zoll erhoben. Seit dem Abschluß eines Handelsvertrages mit Haiti (1. September 1908) kommen die erhöhten Zölle auf haitianische Erzeugnisse nicht mehr zur Anwendung.

Die Verzollung nach dem Gewicht spielt jedenfalls auch im neuen Tarif die Hauptrolle.

Die Erhebung erfolgt entweder nach dem Brutto- (Roh-) Gewicht oder nach dem Netto- (Rein-) Gewicht.

Nach § 3 des Gesetzes bildet:

1. die Verzollung nach dem Nettogewicht die Regel;
2. Waren, für die der Zoll ℳ 6,— pro dz nicht übersteigt, werden brutto verzollt;

3. Waren, für die der Tarif es vorschreibt, werden nach dem Bruttogewicht verzollt.

Wenn die Nettoverwägung besonders schwierig ist und für die Waren ohne Gefahr der Beschädigung nicht ausgeführt werden kann, schreibt der Tarif Bruttoverwägung vor, d. i. beispielsweise der Fall bei Austern (119), Schildkröten (Nr. 121), Hummer (Nr. 123), Glaswaren (Nr. 741—51).

Literatur:

Trautvetter, Das neue deutsche Zolltarifrecht, 1905 (eine sehr wertvolle Arbeit, die in die Grundsätze des Tarifs vorzüglich einführt).

Stenographische Berichte des Reichstages, 1902.

Bericht der XI. Kommission des Reichstages über den Entwurf eines Zolltarifgesetzes.

Havenstein, Die Zollgesetzgebung des Reiches, 1906.

Lusensky, Der zollfreie Veredelungsverkehr, 1905.

III. Die Zollabfertigung.

Das Zollabfertigungsverfahren lehnt sich naturgemäß an die großen Verkehrsanstalten, die Post, die Bahn und an den Schiffsverkehr, an.

Es können folgende Möglichkeiten eintreten:

1. Ware geht ins Ausland a) per Post, b) per Bahn, c) per Schiff;
2. Ware kommt aus dem Auslande a) per Post, b) per Bahn, c) per Schiff.

A. Im Postverkehr.

I. Ware wird per Post ins Ausland versandt.

a) Aus dem freien Verkehr.

Wer je in früher Morgenstunde bei einem Berliner „Postzollamt" vorübergegangen ist, der wird erstaunt sein über die ungeheure Zahl der Postpakete, die die Post an die Zollbehörde Tag für Tag zur Verzollung ausliefert. Man erkennt sofort die gewöhnlich unterschätzte Bedeutung des internationalen Warenaustausches in verhältnismäßig kleinen Mengen durch die Post. Auch die Versendung kleiner verkaufter Warenmengen als Postpakete spielt im Geschäftsverkehr eine immerhin bedeutende Rolle. Oft handelt es sich auch um den Versand von Mustern und Warenproben, die als „Muster ohne Wert" nicht versandt werden können, weil das Gewicht der Sendung 350 g übersteigt.

Es ist in allen Fällen Sache des Absenders, sich genau zu erkundigen, ob die zu versendenden Gegenstände in die betreffenden Länder eingeführt oder durch die etwaigen Zwischenländer durchgeführt werden dürfen.

So verbietet die Türkei beispielsweise die Einfuhr elektrotechnischer Erzeugnisse überhaupt. Freilich weiß der exportierende Kaufmann oft Wege zu finden, diese den Verkehr einschränkenden Bestimmungen zu korrigieren. Er muß nicht selten im Verkehr mit den Balkanländern Teile von elektrotechnischen Maschinen als Zubehörteile zu Heizkesseln, für Krankenhauseinrichtungen usw. bezeichnen, um Aufträge von dorther mit den Zollbestimmungen in Einklang zu bringen. Durch solche nicht genauen Deklarationen können allerdings erheblich hohe Zollstrafen verwirkt werden. — Häufig ist auch die Einfuhr von besonderen Voraussetzungen abhängig. Wer z. B. Felle nach den Niederlanden senden will, muß an der Grenze eine Erlaubnisbescheinigung des Kgl. Niederländischen Provinzial-Kommissars beibringen.

Nach den meisten Ländern darf das Gewicht eines Postpaketes 5 kg nicht übersteigen, nach einigen Ländern beträgt das Höchstgewicht sogar nur 3 kg (z. B. Brasilien, Bolivien; über Frankreich und Spanien nach Portugal). Alle dieses Gewicht übersteigenden Sendungen werden als Postfrachtstücke behandelt, die im allgemeinen denselben Vorschriften unterliegen wie die Postpakete.

Im Verkehr mit einigen Ländern (z. B. Belgien, Dänemark, Frankreich, Großbritannien, Niederlande, Norwegen, Österreich-Ungarn, Schweden, Schweiz) können die Zollgebühren vom Absender entrichtet werden. Auf dem Paket und der Begleitadresse ist dies durch den in die Augen fallenden Vermerk „à remettre franc de droit", d. h. „gebührenfrei zuzustellen", anzugeben. Der Absender muß in diesem Falle einen Betrag in der schätzungsweise festgestellten Höhe des Zolles hinterlegen und sich schriftlich verpflichten, eventuell den Betrag später zu berichtigen.

Briefe und Mitteilungen, die den Charakter einer eigentlichen Korrespondenz tragen, dürfen in Postpakete nicht aufgenommen werden, dagegen können Rechnungen beigefügt werden. — Postpakete müssen, ausgenommen nach Luxemburg und Österreich-Ungarn, frankiert sein. Nachdem die internationale Begleitadresse ausgefüllt ist, sind die Zollvorschriften zu erfüllen. In der Regel muß jede Sendung nach dem Zollauslande von Zollinhaltserklärungen (Zolldeklarationen) (s. Form. S. 103!) begleitet sein. Die Deklarationen können sich auch auf mehrere Pakete beziehen, wenn mehrere Pakete zu einer Paketadresse gehören. In diesem Falle ist jedoch der Inhalt jedes Pakets besonders anzugeben. Die Beifügung einer Inhaltserklärung ist nicht erforderlich bei Zeitungspaketen, Drucksachen, Geschäftspapieren und bei Mustern und Warenproben, die ein geringeres Rohgewicht als 350 g haben. Werden Pakete oder Kästchen mit Wertangabe versandt, so muß zu jeder Inhaltserklärung ein Formular auf grünem Papier (s. Form. S. 104!) in deutscher Sprache ausgefüllt werden. Bei gewöhnlichen Paketen können ausschließlich Formulare auf weißem oder gelblichem Papier beigegeben werden. Diese grünen Zettel dienen der Warenverkehrsstatistik. Bezüglich der Zahl der Inhaltserklärungen und der Sprache, in der sie auszufüllen sind, bestehen genaue Vorschriften, die peinlichst beachtet werden müssen. Einige Beispiele seien hier angeführt:

Nach Frankreich: auf direktem Wege 2 Deklarationen in französischer Sprache, über Belgien 3 Deklarationen in französischer Sprache.

Nach England: 2 Deklarationen in deutscher, englischer oder französischer Sprache.

Nach Italien: über Österreich 3 in französischer Sprache, über die Schweiz 2 in französischer Sprache.

Nach Österreich-Ungarn: 3 in deutscher Sprache.

Nach Spanien: 5 in französischer Sprache.

Nach Portugal: über Hamburg oder Bremen 2 in französischer Sprache, über Frankreich und Spanien 5 in französischer Sprache.

Nach der Schweiz: 2 in deutscher oder französischer Sprache.

Nach Rußland: 3 in deutscher oder in französischer Sprache.

Nach Schweden und Norwegen: 2 in deutscher Sprache.

Nach den Vereinigten Staaten: 3 in deutscher oder englischer Sprache.

Es müssen deshalb mehrere Deklarationen ausgefüllt werden, weil die Durchgangsländer je eine Deklaration zurückbehalten. Von Postsendungen, die durch das deutsche Zollgebiet durchgeführt werden sollen, brauchen der Eingangszollstelle nur diejenigen vorgeführt zu werden, die auf die Zulässigkeit der Durchfuhr geprüft werden müssen; eine Vorführung bei der Ausgangszollstelle findet nicht statt. Die Beifügung einer Inhaltserklärung ist nicht erforderlich.

Bei Gegenständen des freien Verkehrs, die mit der Post aus Orten des Zollgebietes durch das Zollausland nach Orten des Zollgebietes befördert werden, bedarf es der Beifügung von Inhaltserklärungen ebenfalls nicht. Die Sendungen werden von der Ausgangszollstelle unter amtlichen Verschluß gesetzt, was auf den Ladezetteln oder Frachtkarten bescheinigt wird. Die Eingangszollstelle prüft die Unverletztheit des amtlichen Verschlusses, worauf die Sendungen in den freien Verkehr gesetzt werden. An Stelle des Verschlusses kann auch amtliche Begleitung erfolgen.

Bezüglich der Deklaration des Inhalts des Postpaketes ist zu bemerken, daß allgemein gehaltene Angaben wie Kolonialwaren, Kurzwaren, Manufakturwaren usw. unzulässig sind. Bei der Versendung von Messern muß beispielsweise angegeben werden: stählerne Messer mit Holzgriff oder stählerne Messer mit Horngriff usw. Mit besonderer Sorgfalt müssen die Inhaltserklärungen in der Konfektion ausgefüllt werden. Hier bestehen detaillierte Vorschriften über die Beschaffenheit der Waren. So muß beispielsweise in der Deklaration angegeben werden: a) Damenmäntel aus Seidenstoff ohne Pelzbesatz (evtl. mit Pelzbesatz), b) Damenmäntel aus wollenem Stoff ohne Pelzbesatz (evtl. mit Pelzbesatz) usw.

Die Postzolldeklarationsformulare, sowie die grünen statistischen Zettel für den Postverkehr sind in kleinerer und größerer Ausführung bei den Postanstalten erhältlich.

(Fortsetzung des Textes S. 105)

(Muster einer internationalen Paketadresse [zu S. 101].)

Abschnitt.
Coupon.
Kann vom Empfänger abgetrennt werden.
Peut être détaché par le destinataire.

Post-Annahmestempel.
Timbre du bureau d'origine.

Name und Wohnung (Wohnort, Straße und Hausnummer) **des Absenders:**
Nom et domicile de l'expéditeur:

Gebrüder Singer
Berlin W.
Werderscher Markt 14.

fr.

Deutschland. — Administration des postes d'Allemagne. *Via Goch-Vlissingen.*

Post-Paketadresse. — Bulletin d'expédition.

Zum Aufkleben der Freimarken.

Anbei *2 Pakete* — **Anzahl der Zoll-Inhaltserklärungen** *2*
Ci-joint — Nombre de déclarations en douane

Wertangabe Valeur assurée	
Nachnahme Remboursement	**G. S.**

An *300/301.*
A

Messrs Th^s Smith & Co Lm^td.

(**Bestimmungsort**) **in** *London E. C.*
(**Lieu de destination**) **à**
Wohnung *20. Old Change.*
(**Straße und Hausnummer**)

Postgewicht Poids ... kg ... g	**Zollgebühren.*)** Droits de douane.(*)	**Post-Leitvermerk:** Acheminement:
... „ ... „		
... „ ... „		

*) Von der Grenz-Eingangs-Postanstalt des Bestimmungslandes auszufüllen.
(*) Cadre à remplir par le bureau d'échange d'entrée du pays de destination.

Eingangsverzeichnis bz. Lagerbuch
Registre d'arrivée.

No. ....

Postvermerk über die Aushändigung.
Indication de la personne à laquelle le colis a été remis.

....

Quittung des Empfängers (bei Wertsendungen).
Quittance du destinataire (lorsqu'il s'agit de valeurs déclarées).

Die umstehend bezeichnete Sendung empfangen zu haben, bescheinigt durch Unterschrift
Reçu l'envoi désigné ci-contre

.... den / le 1

Name / Nom ....

....

(Muster einer Zoll-Inhaltserklärung *[zu S. 99].)*

Absendungsort. Lieu de départ. *Deutschland*

Absendungsland: Deutschland. Pays d'origine: Allemagne.

Bestimmungsort. Lieu de destination. *London*

Bestimmungsland. Pays de destination. *England*

Zollinhaltserklärung. Déclaration en Douane.

Empfänger Destinataire *Messrs Ths. Shmith & Co Lmtd* in à *London E C. 20 Old Shange*

Zahl, Art der Verpackung und Bezeichnung der Sendungen. Nèmbre, nature de l'emballage et désignation des colis.	Bezeichnung des Inhalts. Désignation du contenu. [Wenn nicht Vorschriften des Bestimmungslandes weitergehende Angaben erfordern, genügt allgemeine Angabe der Gattung der Waren, auch wenn verschiedene Waren zusammengepackt sind.]	Rohgewicht. Poids brut. [Stets auszufüllen.]		Gesamtwert. Valeur totale. [Stets auszufüllen.]		Reingewicht. Poids net. [Nur auszufüllen, wenn die Vorschriften des Bestimmungslandes es erfordern.]		Wert im einzelnen. Valeur par espoce. [Nur auszufüllen, wenn die Vorschriften des Bestimmungslandes es erfordern.]		Bemerkungen. Observations.
1	2	3		4		5		6		7
		kg	g	M.	Pf.	kg	g	M.	Pf.	
G. S. 300 301	6 } Wollene Damenmäntel	3	600	50	—	2	800	29	—	via Goch-Vlissingen
	5 } ohne Pelzbesatz	2	400			1	600	21	—	

Ort Lieu *Berlin* **den** le *16. Juni* 1907.

Name des Absenders Nom de l'expéditeur. *Gebrüder Singer.*

Zur Beachtung. 1. Es ist in allen Fällen **Sache des Absenders,** sich genau zu erkundigen, ob die zu versendenden Gegenstände in das Bestimmungsland eingeführt und durch die etwaigen Zwischenländer durchgeführt werden dürfen. **Die aus mangelhafter oder unrichtiger Abfassung der Zollinhaltserklärungen entstehenden Folgen fallen dem Absender zur Last.**

2. **Ein Doppel** der Zollinhaltserklärung **muß** bei Paketen und Kästchen **mit Wertangabe** und **kann** bei Paketen **ohne Wertangabe** auf grünem Papier ausgefertigt werden.

(Muster einer Zollinhaltserklärung für die Zwecke der Warenverkehrsstatistik (in grüner Farbe).)

Zollinhaltserklärung.

Bestimmungsland.

(Für Zwecke der deutschen Warenverkehrsstatistik.)

Frankreich.

[Eine solche Inhaltserklärung **muß** den Paketen und Kästchen **mit Wertangabe** und kann den Paketen ohne Wertangabe beigefügt werden. Die Angaben in dieser Inhaltserklärung brauchen mit den Angaben in den Inhaltserklärungen für das Ausland nicht übereinzustimmen.]

Empfänger *Messieurs A. Mout & Vaxelaire* in *Paris.*

Zahl, Art der Verpackung und Bezeichnung der Sendungen.	Bezeichnung des Inhalts. [Es genügt allgemeine Angabe der Gattung der Waren, auch wenn verschiedene Waren zusammengepackt sind.]	Rohgewicht.		Gesamtwert. [Es ist der wirkliche Wert anzugeben.]		Bemerkungen.
1	2	3		4		5
		kg	g	M.	Pf.	
E. W. 410	*Goldene Uhrketten*	*2*	*100*	*424*	—	

Ort *Berlin,* den *16. Juni* 190*9*

Name des Absenders *Eduard Schramm.*

Werden also Waren aus dem freien Verkehr per Post ins Ausland versandt, so ist für die allermeisten Länder nur die Ausfüllung der internationalen Paketadresse (s. Form. S. 101!) und der Zolldeklarationen erforderlich. Die Post befördert die Poststücke bis an die Grenze des betreffenden Auslandes und übergibt die Pakete dort dem deutschen Grenzzollamte. Hier findet eine Vorabfertigung statt. Das deutsche Grenzzollamt vergleicht die Packstücke mit den Angaben der Inhaltsdeklaration und vermerkt auf dieser die Übereinstimmung. Fehlt aber die Inhaltserklärung, so wird der Inhalt des Paketes von dem deutschen Grenzzollamte festgestellt. Das Grenzamt fertigt dann eine Revisionsnote aus, in der der Inhalt der Sendung aber nur insoweit bescheinigt wird, als er unzweifelhaft aus der äußeren Beschaffenheit der Ware zu erkennen ist. In der Revisionsnote werden noch diejenigen Angaben vermerkt, die aus der Paketadresse ersichtlich sind. Diejenigen Pakete, die von Inhaltserklärungen begleitet sind, werden denjenigen, bei denen die Inhaltserklärung fehlt, bei der Vorabfertigung vorgezogen. Nach der Vorabfertigung werden die Pakete mit einem roten Zettel, der die Aufschrift „Zollstück" trägt, beklebt und der Post zur Weiterbeförderung ins Ausland zurückgegeben. — Eine Vorabfertigung findet nicht statt, wenn die Pakete in einem zollamtlich verschlossenen Wagen (mit Zollverschluß) an die Grenze gebracht werden.

b) Aus dem gebundenen Verkehr.

Im Interesse der Hebung des inneren Verkehrs gestattet der Staat, daß Güter, die aus dem Auslande in das deutsche Zollgebiet eingehen oder durch Deutschland durchgeführt werden, für eine beschränkte Zeit im deutschen Zollgebiet lagern können, ohne daß die Zollgefälle entrichtet werden. Alle Waren, die in einer Niederlage (s. S. 29 u. folgd.!) lagern, befinden sich im gebundenen Verkehr. Gehen sie aus einer Niederlage wieder ins Ausland, so brauchen sie nicht verzollt zu werden. Sollen sie aber aus dem gebundenen Verkehr in den freien Verkehr übergehen, so sind die Zollgefälle zu entrichten. Wenn unverzollte Waren von Niederlagen oder Konten in das Zollausland verschickt werden, oder wenn Waren, auf denen noch ein Zollanspruch haftet, im Inlande versandt werden, so ist der Sendung ein Begleitschein beizufügen. Der Absender muß alsdann auf der Begleitadresse und in der Aufschrift der Sendung vermerken: „Nebst Begleitschein". Auf einen Begleitschein können nur Postpakete oder nur Postfrachtstücke versandt werden. Die Angabe eines Erledigungsamtes in den Begleitscheinen ist nicht gestattet; die Wahl der Zollstelle, bei der die Sendung zum Nachweise der Ausfuhr vorgeführt werden muß, behält sich die Postverwaltung vor. Für den auf den Sendungen ruhenden Zollbetrag haftet der Absender (Begleitscheinnehmer).

Beispiel: Meyerhoff & Nathorf unterhalten auf dem Kgl. Hauptzollamt Berlin Packhof ein Teilungslager für Samt. Sie erhalten den Auftrag, an Hermann Jlenfeld, Kolberg, 2 m blaugrauen Samt Nr. 5203 zu senden. Der Versand dieses Postpaketes kann vom Teilungslager nur mit Begleitschein (neben der Paketadresse) geschehen. Soll Hermann Jlenfeld die Schlußabfertigung in Kolberg selber besorgen, so reist das Paket mit Begleitschein I. Alsdann wird auf dem Zollamt in Kolberg die Ware revidiert. Nachdem der Zoll bezahlt ist, geht der Samt in den freien Verkehr über. Begleitschein I (und natürlich die internationale Paketadresse) ist auch auszufertigen, wenn vom Teilungslager Ware ins Ausland gehen soll.

Soll aber die Schlußabfertigung der Ware hier in Berlin, die Zahlung des Zollbetrages aber an einem anderen Orte des deutschen Zollgebietes, z. B. in Kolberg, erfolgen, so müßten Meyerhoff & Nathorf in Berlin Abfertigung auf Begleitschein II beantragen. Dann würde die Ware hier vom Teilungslager vollständig abgefertigt, der Zoll berechnet und nur die Erhebung des Zolles einem andern deutschen Zollamte überwiesen. Indessen ist die Abfertigung auf Begleitschein II im Postverkehr außerordentlich selten.

2. Ausländische Ware geht per Post in das deutsche Zollgebiet ein.

a) Gewöhnliche Pakete.

§ 5 des Zolltarifgesetzes bestimmt: „Von der Verzollung befreit sind die mit der Post eingehenden Warensendungen von 250 g Rohgewicht oder weniger. Der Bundesrat ist ermächtigt, im Falle des Mißbrauchs für einzelne Warengattungen oder für einzelne Grenzstrecken Beschränkungen anzuordnen."

Tatsächlich hat diese Vergünstigung so viele mißbräuchliche Anwendungen erfahren, daß durch Bundesratsbeschluß vom 28. Januar 1909 erhebliche Einschränkungen festgesetzt sind. Nach diesem sind von der Zollfreiheit ausgeschlossen:

1. alle aus den Zollausschlüssen und über die Grenze Österreich-Ungarns eingehenden Warensendungen von 50 g und darüber, wenn sie einem Zollsatz von ℳ 100,— oder mehr unterliegen; ausgenommen sind Proben von Rum, Arrak oder Kognak im Rohgewicht von 250 g oder weniger, die aus Zollausschlüssen eingehen;

2. die über die Grenzen gegen die Zollausschlüsse, Österreich-Ungarn, die Schweiz, Frankreich, Belgien oder die Niederlande eingehenden Sendungen, die Taschenuhren oder Gehäuse zu solchen enthalten;

3. feingeschnittener Tabak in Mengen von 50 g und darüber oder Zigaretten in Mengen von mehr als 30 g, wenn sie verpackt eingebracht werden, oder von mehr als 25 Stück, wenn sie unverpackt eingebracht werden. — Dagegen ist die

Zollfreiheit zugestanden den mit der Post eingehenden Proben und Mustern von Kaffee, Kakao, Zucker, Rohtabak und getrockneten Früchten im Rohgewicht von 350 g oder weniger.

Die Zollfreiheit wird ohne Rücksicht auf die Zahl der für denselben Empfänger gleichzeitig eingehenden Sendungen gewährt. Sie wird begrenzt durch das Rohgewicht von 250 und 350 g; Sendungen, deren Rohgewicht diese Grenze übersteigt, sind auch dann zollpflichtig, wenn das überschießende Gewicht weniger als 50 g beträgt und deshalb bei der Zollberechnung außer Betracht bleiben würde. Die Sendungen, die zollfrei eingehen können, sind von der Vorführung bei der Zollstelle und von jeder zollamtlichen Behandlung befreit. Die Muster und Pcoben von Kaffee, Kakao, Zucker, Rohtabak und von getrockneten Früchten brauchen nur dann nicht der Zollstelle vorgeführt zu werden, wenn ihr Inhalt äußerlich zweifelsfrei zu erkennen ist.

Alle Sendungen im Rohgewicht von mehr als 250 g müssen von einer deutlich geschriebenen, offen beiliegenden Inhaltserklärung begleitet sein, aus der zu ersehen ist:

a) der Name des Empfängers,
b) der Bestimmungsort,
c) die Zahl der einzelnen zu der Inhaltserklärung gehörigen Poststücke,
d) die Gattung der in jedem Poststück enthaltenen Gegenstände nach ihrer handelsüblichen oder sonst sprachgebräuchlichen Benennung,
e) der Ort und Tag der Ausstellung der Inhaltserklärung,
f) der Name des Absenders.

Die Inhaltserklärung kann in deutscher, französischer oder englischer Sprache abgefaßt sein. Im Falle des Bedürfnisses können die Zolldirektivbehörden die Anwendung anderer Sprachen, insbesondere der holländischen und der italienischen, sowie der skandinavischen und der spanischen Sprache gestatten. Der Absender muß auf der Begleitadresse oder, falls eine solche nicht beigegeben wird, auf der Sendung selbst vermerken, daß eine Inhaltserklärung beigelegt worden ist. Ebenso ist die etwaige Beifügung von Reblausattesten, Ursprungszeugnissen nach Artikel 2 des Viehseuchenübereinkommens mit Österreich-Ungarn, sowie der sonstigen für die Prüfung der Einfuhrfähigkeit erforderlichen Zeugnisse zu vermerken.

Die Beifügung einer Inhaltserklärung ist nicht erforderlich bei Zeitungspaketen, Drucksachen, Geschäftspapieren und Warenproben im Rohgewicht von 350 g oder weniger, vorausgesetzt, daß die Verpackung so beschaffen ist, daß über den Inhalt der Sendungen kein Zweifel entstehen kann. — Die Inhaltserklärung kann bis zur Vornahme der speziellen Revision vom Empfänger vervollständigt oder berichtigt werden.

Seit dem 1. April 1909 fällt die zollamtliche Vorabfertigung der eingehenden Postsendungen an der Grenze fort. Den Grenzzollstellen brauchen jetzt nur noch diejenigen Poststücke vorgeführt zu werden, die vor der Weiterversendung in das Reichsgebiet auf die Zulässigkeit der Einfuhr geprüft werden müssen. Das sind Pflanzen und Gegenstände des Wein- und Gartenbaues, ferner zahmes Geflügel aus Österreich-Ungarn. Wird von der Grenzzollstelle die Unzulässigkeit der Einfuhr einer Sendung festgestellt, so hat die Postverwaltung für die alsbaldige Rücksendung oder Vernichtung (nach den hierfür geltenden Vorschriften) zu sorgen.

Sendungen aus dem Auslande, die nicht mit der Post die Grenze überschritten haben, werden mit der Post nur weiter befördert, wenn ihnen Begleitadressen, wie sie für den Verkehr von Deutschland nach dem Auslande vorgeschrieben sind, beigegeben sind (s. Form. S. 101!). Diese Begleitadressen und die Sendungen selbst müssen die Aufschrift oder den Aufdruck tragen: „In Deutschland zollpflichtig".

Der Absender hat das Recht, auf der Begleitadresse und auf der Sendung den Ort der zollamtlichen Abfertigung im Innern des Zollgebietes vorzuschreiben. Ist das nicht geschehen, so werden die eingehenden Sendungen von der Postverwaltung derjenigen Zollstelle überwiesen, bei der nach der Bestimmung der Postverwaltung die Abfertigung erfolgen soll. Mit den Sendungen müssen der Zollstelle die dazu gehörigen Inhaltserklärungen übergeben werden. Fehlt eine Inhaltserklärung oder ist die Inhaltserklärung in einer nicht zugelassenen Sprache abgefaßt, so stellt die Poststelle, die die Sendung vorführt, eine Notinhaltserklärung aus, die die vorgeschriebenen Angaben enthalten muß. Die Zollstelle erteilt über den Empfang der Postsendungen eine Bescheinigung. Bei der Übernahme der Sendungen prüfen die Zollbeamten, ob die äußere Verpackung unverletzt ist, und bei Wertsendungen außerdem, ob das Gewicht mit dem von der Postanstalt des Bestimmungsorts oder Grenzeingangsortes ermittelten Gewicht übereinstimmt. Die Zollbeamten übernehmen die Sendungen nur dann ohne Beanstandung, wenn die äußere Verpackung unverletzt und bei Wertsendungen auch das Gewicht unverändert ist.

Für die Vornahme der endgiltigen Zollabfertigung gelten verschiedene Vorschriften, je nachdem der Empfänger am Orte der Zollstelle wohnt oder nicht. Wohnt der Empfänger am Orte der Zollstelle, so kann er die zollamtliche Abfertigung entweder selbst oder durch einen Beauftragten bewirken. Die Postverwaltung ist berechtigt, auf Wunsch des Empfängers dessen Vertretung bei der Zollabfertigung zu übernehmen. Bei Sendungen nach Orten ohne Zollstelle wird die zollamtliche Abfertigung von der Postverwaltung bewirkt, ohne daß sie hierzu einer besonderen Ermächtigung des Empfängers bedarf. Der Empfänger kann jedoch durch eine Erklärung, die bei der Postanstalt des Bestimmungsortes abgegeben werden muß, die Vermittelung der Post ein für allemal oder für bestimmte Einzelfälle ausschließen. Sendungen, für die der Absender den Zoll zu entrichten wünscht (Sendungen mit „Zollfrankozetteln") oder für die er den Ort der Abfertigung vorgeschrieben hat, werden stets durch Vermittlung der Post abgefertigt. Dasselbe gilt, wenn der Absender die Verzollung durch die Post vorgeschrieben hat. Befindet sich aber die Umhüllung des Postpaketes nicht in tadelfreiem Zustande, so lehnt die Post die Verzollung ab, und der Empfänger oder ein Bevollmächtigter desselben muß der Revision beiwohnen. Die Anwesenheit des Empfängers oder seines Bevollmächtigten bei der Schlußabfertigung ist auch dann unbedingt erforderlich, wenn sich entweder aus der Inhaltserklärung oder bei der Revision ergibt, daß das Kollo leicht zerbrechliche Gegenstände enthält, die einer besonders kunstvollen Verpackung bedürfen. Auch Sendungen, die mit einer Wertangabe von mehr als ℳ 1000,— im einzelnen versehen sind, müssen in Gegenwart des Empfängers oder dessen Bevollmächtigten verzollt werden, ebenso Zigaretten. — Die Abfertigung von Warenproben dagegen (bis zu 250 g) wird im Interesse der Beschleunigung des Verkehrs stets von der Post besorgt.

Hat der Empfänger Verzollung durch die Post beantragt, so erhebt diese für die Erfüllung der Zollformalitäten 20 Pf. Gebühr für das Paket und zieht die entstandenen baren Auslagen an Zoll und etwaigen Verpackungskosten als Nachnahme vom Empfänger ein.

Die zollamtliche Abfertigung der Postsendungen erfolgt nach den allgemeinen gesetzlichen Vorschriften, die Verzollung nach Maßgabe des Revisionsbefundes. Zollfreie Waren (frische Blätter, geschnittene Blumen usw.) können auf Grund probeweiser Revision abgefertigt werden.

Beispiel: Fast alle größeren Berliner Kolonial- und Delikateßwarengeschäfte beziehen die feinen französischen Käsesorten (Camenbert, Fromage de brie, Roquefort, Gervaise usw.) als Postkolli direkt aus Paris, meistens mit 30tägiger Regulierung und 1% Skonto gegen Tratte.

Die Post übergibt das angekommene Paket und die Inhaltserklärung dem Postzollamte. Dieses beklebt die Begleitadresse mit dem Zollavis, einem farbigen Zettel[1]), auf dem die wichtigsten Bestimmungen für die Verzollung vorgedruckt sind (s. Form. S. 110!). Die Begleitadresse erhält die Post zur Bestellung an den Empfänger wieder zurück.

Aus dem Vordruck des Zollavises kann der Empfänger ersehen, daß er entweder selbst die Verzollung der angekommenen Ware übernehmen oder sie durch

[1]) Die einzelnen Berliner Postzollämter haben je verschiedene Farben, das Postzollamt Packhof hat grüne Zollavise.

Zollavis (zu S. 109!).

Das Paket liegt bei der Post-Zollabfertigungsstelle, Hauptdienstgebäude des Packhofs, hier NW. 40, Alt-Moabit 145, behufs Verzollung und Abholung bereit. Innerhalb 2 Tagen hat der Empfänger selbst oder durch einen Stellvertreter **unter Vorlegung der Begleitadresse** der zollamtlichen Schlußabfertigung beizuwohnen.

Die Abfertigung des Publikums erfolgt **ohne Unterbrechung**

an Werktagen { von 8 Uhr vorm. / bis 8 „ nachm.,

an Sonntagen und gesetzlichen Feiertagen sowie am Geburtstage Seiner Majestät des Kaisers { von 9—11 Uhr vorm., an diesen Tagen jedoch nur für Pakete mit leicht verderblichem Inhalt, Reisegut und Eilpakete, für andere Pakete nur, soweit die Zollbeamten nicht durch die Abfertigung der vorgedachten Sendungen in Anspruch genommen sind.

Auf zollamtliche Abfertigung kann an demselben Tage mit Sicherheit nur für diejenigen Pakete gerechnet werden, welche an Werktagen **bis 7½ Uhr nachmittags (bei Paketen in größerer Zahl bis 7 Uhr nachmittags)** und an Sonn- und Feiertagen bis 10½ Uhr vormittags zur Revision gestellt werden.

Wünscht Empfänger*) seine Vertretung durch die Post — wofür eine Verzollungsgebühr von 20 Pfg. für jedes Paket zu entrichten ist — so hat er die untenstehende Erklärung zu vollziehen und die Begleitadresse dem überbringenden Briefträger mitzugeben, oder bei Zollstücken ohne Wertangabe an die **Post-Verzollungsstelle,** Hauptdienstgebäude des Packhofs, hier NW. 40, Alt-Moabit 145, unter Briefumschlag mit der Bezeichnung „Hierin Zolladressen" abzusenden; hierfür wird Porto nicht berechnet.

Die Bestellung des Pakets erfolgt gegen das gewöhnliche Bestellgeld. Bei Paketen bis 5 kg ist in der Verzollungsgebühr von 20 Pfg. das Bestellgeld einbegriffen. Die Verzollungsgebühr wird bei Aushändigung der Sendung an den Empfänger eingezogen.

Erklärung.

(Zutreffendenfalls vom Empfänger zu unterschreiben.)

Ich erkläre mich damit einverstanden, daß das zu der beifolgenden Begleitadresse gehörige Paket in meiner Vertretung durch die Post verzollt werde, und verpflichte mich zugleich, die etwaigen Zoll- und Steuerbeträge nebst der Verzollungsgebühr sowie der etwaigen Kosten für die Wiederverpackung der verzollten Gegenstände zu entrichten.

(Name des Empfängers)

*) Anmerkung. Die Anwesenheit des Empfängers oder eines Bevollmächtigten bei der zollamtlichen Revision ist erforderlich bei Sendungen, welche
1. mit einer Wertangabe von mehr als 1000 M. im einzelnen versehen sind.
2. sich nicht in tadelfreiem äußeren Zustande befinden,
3. leicht zerbrechliche oder solche Gegenstände, deren Wiederverpackung mit besonderen Schwierigkeiten verbunden ist, und
4. zu versteuernde Zigaretten enthalten.

die Post besorgen lassen kann. Im ersteren Falle schickt er innerhalb zwei Tagen einen Hausdiener oder einen Lehrling zur Post-Zollabfertigungsstelle. Am Schalter wird nun gegen Rückgabe der Begleitadresse das Postpaket in Empfang genommen. Nach Aufruf hat der junge Mann das Paket zu öffnen und den Inhalt den Beamten vorzuführen. Die Ware wird revidiert und gewogen. Seitens des Beamten wird nun an der Hand des „Amtlichen Warenverzeichnisses" der Zoll berechnet und auf dem Postabschnitt der Begleitadresse ausgeschrieben.

Nachdem an der Kasse der Zoll bezahlt ist (franz. Käse ℳ 30,— per 100 kg), erhält man den Quittungsvermerk. Gegen Vorzeigung des quittierten Postabschnittes darf man das Zollgebäude verlassen und die Ware in den freien Verkehr bringen.

Solange eine vom Auslande eingegangene Postsendung nicht aus den Händen der Post- oder Zollbehörde gekommen ist, steht es dem Empfänger frei, die Annahme abzulehnen. Sendungen, auf denen eine Postnachnahme haftet, kann sich der Empfänger vor Entrichtung des Nachnahmebetrages und vor der Abfertigung zur Besichtigung des Inhaltes von der Zollstelle vorzeigen lassen. Er bedarf dazu aber eines Ausweises, den die Post ausgestellt hat. Erklärt sich der Empfänger zur Annahme bereit, so erfolgt die Aushändigung der Sendung nur, wenn er durch die Vorlegung der Begleitadresse usw. die Entrichtung des Nachnahmebetrages nachweist. Kann ihm die Sendung nicht sofort ausgehändigt werden, oder verweigert er auf Grund der Besichtigung die Annahme, so hat er für die Wiederverpackung Sorge zu tragen. Wird bei Sendungen, deren Abfertigung der Empfänger herbeizuführen hat, binnen 7 Tagen kein Antrag auf Abfertigung gestellt, so benachrichtigt die Zollstelle die Postanstalt schriftlich davon. Die Postverwaltung läßt alsdann die Sendungen ihrerseits abfertigen und nimmt sie zur weiteren Verfügung zurück. — Sendungen, die nicht am Abfertigungsorte bestellt, sondern von der Post nach dem Wohnorte des Empfängers weiterbefördert werden, werden von der Zollstelle mit der grünen „Zollmarke" beklebt, die den schwarzen Abdruck des Dienststempels der Zollstelle und die Aufschrift „Zollamtlich abgefertigt" trägt.

Ist der Empfänger nicht zu ermitteln oder verweigert er die Annahme, e h e d i e A b f e r t i g u n g s t a t t g e f u n d e n h a t, so ersucht die Postanstalt die Zollstelle um Rückgabe der Sendung. Die Zollstelle versieht nun die Inhaltserklärung oder die Notinhaltserklärung mit einem entsprechenden Vermerk und gibt sie mit der Sendung gegen Empfangsbescheinigung an die Poststelle zurück, die die Rücksendung besorgt. — Wenn der Empfänger einer bereits zollamtlich a b g e f e r t i g t e n Ware nicht zu ermitteln ist, oder wenn die Abnahme der abgefertigten Sendung verweigert wird oder die Sendung aus einem andern Grunde nach ihrem Übergang in den freien Verkehr nicht bestellt werden kann, so gibt die Poststelle das Poststück mit allen Papieren wieder an die Zollstelle zürück. Der verauslagte Zoll wird der Poststelle nach erfolgter Empfangsbescheinigung auf der Zollquittung zurückgegeben.

Trifft der Inhalt einer Postsendung in verdorbenem oder zerbrochenem Zustande ein, so kann auf Antrag des Empfängers mit Zustimmung der Poststelle die Ware unter zollamtlicher Aufsicht vernichtet oder durch Zerkleinern usw. in eine zollfreie oder mit einem niedrigen Zollsatz belegte Ware umgewandelt werden.

Häufig gehen Auswahlsendungen als Postpakete ins Ausland und die Sendung wird später ganz oder teilweise als Postpaket retourniert.

Beispiel: Das Konfektionshaus Alfred Giffhorn in Fribourg bezieht seine Damenmäntel regelmäßig von Gebr. Singer, Berlin. Von Größe 43, Nr. 2468, hat Giffhorn keinen Mantel am Lager, da diese Größe selten bei ihm verlangt wird. Bei eintretendem Bedarf bittet er telegraphisch um eine Auswahlsendung von Größe 43. Gebr. Singer senden nun Giffhorn als Postpaket (Karton) 4 Mäntel. Aus Erfahrung aber wissen sie, daß mindestens drei davon retourniert werden. Um nun den Mänteln bei der Rücksendung in das deutsche Zollgebiet zollfreie Einfuhr zu sichern, stehen Gebr. Singer für die spätere Abfertigung zwei Wege offen, und zwar: 1. sie beantragen bei der Versendung Abfertigung auf Zollvormerkschein, oder 2. sie fertigen die zurückgesandten Mäntel als Retourware ab.

aa) Abfertigung auf Zollvormerkschein.

Gebr. Singer fertigen zwei gleichlautende Zollvormerkscheine aus (s. Form. S. 137/38!). Die Formulare sind in dem Formular-Magazin des Kgl. Hauptzollamtes, Berlin, Alt-Moabit, zu kaufen. In diesem Formulare geben Gebr. Singer die Versicherung ab, daß die zur Probe nach der Schweiz gesandte Ware innerhalb dreier Monate hier wieder zurückgeführt wird, und sie beantragen demnächstige Wiedereinlassung. Die beiden Vormkercheine werden mit dem Karton in dem Bureau für Veredelung auf dem Packhof abgegeben. Nach Aufruf wird die Ware ausgepackt und das Gewicht der Mäntel festgestellt. Jeder Mantel erhält nun ein Nämlichkeitszeichen, eine Bleiplombe, wird wieder verpackt, evtl. Brutto gewogen und kreuzverschnürt; auch das Schnur-Ende erhält eine Bleiplombe. Der Befund wird ausführlich von den Beamten auf dem Zollvormerkschein vermerkt. Beide Scheine müssen nun von dem Versender zum Ober-Revisor gebracht werden, der durch seine Unterschrift die Genehmigung zur späteren Wiedereinfuhr der Ware gibt. Die Papiere werden jetzt zu der Güterabfertigungsstelle befördert, wo die Vormerkscheine eine Nummer erhalten. Ein Schein wird dort zurückbehalten; der andere begleitet mit der Paketadresse die Sendung. Am Grenzamt tragen die Beamten nach einer allgemeinen Revision folgenden Vermerk in den Vormerkschein ein:

Das umstehend richtig benannte Paket wurde heute nach Abnahme des unverletzten Verschlusses unter unsern Augen nach der Schweiz ausgeführt (siehe S. 139!).

Wollen sich aber Gebr. Singer die zollfreie Einfuhr der Mäntel in die Schweiz sichern, so beantragen sie „zollamtliche Vormerkung" auf dem Zollamt in Fribourg.

Das geschieht (oben) auf der Paketaufschrift und oben auf der Begleitadresse und auf der Deklaration in der Rubrik: Bemerkungen. Beispiel:

Zollamtlich in Fribourg vorzumerken!
G. L. 250

Herrn

Alfred Giffhorn
rue de Lausanne

franco!

Fribourg
Schweiz

In Fribourg wird nun das Paket der schweizerischen Zollbehörde vorgeführt. Nachdem die Gattung der Ware und das Gewicht festgestellt ist, erhält jeder Mantel ein Identitätszeichen der Schweizer Zollbehörde, und die Ware geht alsdann zollfrei in den Schweizer Verkehr über.

Nach drei Tagen sendet Giffhorn drei Mäntel zurück. Für den zurückbehaltenen vierten Mantel entrichtet er den für die Schweiz festgesetzten Zoll. Die Schweizer Zollbehörde prüft nur die Identitätszeichen der zurückgesandten Ware. Finden sich dieselben unverletzt vor, so kann der Karton zum Postversand kommen.

bb) Abfertigung als Retourware.

Nach einer Verfügung des Finanzministers hat derjenige, der eine Sendung als Retourware abfertigen will, eine Versicherung beizubringen des Inhaltes:

a) daß die Ware im freien Verkehr in seinem Geschäftsbetriebe hergestellt sei, oder
b) daß er sie für den freien Verkehr von ihrem ausländischen Hersteller bezogen hat.

Die Versicherung hat der Empfänger, sowie ein mit dem Sachverhalt vertrauter Angestellter zu unterzeichnen.

Eines weiteren Nachweises des inländischen Ursprungs bedarf es nicht.

Der Versicherung sind beizufügen:

a) Buchauszüge oder sonstige Schriftstücke, aus denen die Versendung der betreffenden Ware nach dem Auslande hervorgeht,
b) die Urschrift der vom Auslande über die Rücksendung eingegangenen Schriftstücke,
c) im Falle, daß die Ware nicht in Deutschland hergestellt, sondern aus dem Auslande bezogen ist, auch Buchauszüge oder sonstige Schriftstücke, die den Bezug der Ware vom Auslande dartun.

Bei Vorlegung des Buchauszuges hat der Empfänger oder ein Angestellter, der Zollvollmacht (siehe S. 19/20!) hat, die Übereinstimmung des Auszuges mit den Büchern zu versichern. Einer Vorlegung der Bücher selbst oder einer sonstigen Beglaubigung der Buchauszüge bedarf es nicht. Die Zollbehörde kann nach freiem Ermessen zur Aufklärung des Sachverhaltes weitere Erhebungen anstellen.

Antrag
der Firma **Gebr. Damm,** Berlin,
auf zollfreie Ablassung von Retourwaren (zu S. 115).

Nähere Bezeichnung der Ware.	~~Ich~~ / Wir versichern, daß die an ~~mich~~ / uns von *Herrn J. Bock in Zürich* zurückgekommenen Waren nämlich *2 Damenmäntel* *(laut Buchauszug)* in ~~meinem~~ / unserm Geschäftsbetriebe hergestellt worden sind .... und beantragen deren Zollfreilassung. *Berlin, den 20. Februar 1909.* *Gebr. Damm.* Die Richtigkeit vorstehender Versicherung kann ich als Angestellter des Antragstellers hierdurch bestätigen. *Berlin, den 20. Februar 1909.* *Willi Bernson.*

(Rückseite des Formulars.)

Angabe, aus welcher Veranlassung die Waren nach dem Auslande versendet worden sind.	Die Waren sind versandt worden *auf Bestellung.*
Angabe der Veranlassung der Rücksendung.	Die Waren sind zurückgesandt worden, weil *fehlerhaft.* Als Beweisstücke werden vorgelegt: Erhaltene Briefe, Abschriften geschriebener Briefe, Auszüge aus Geschäftsbüchern. *Buchauszug, Retouradresse und Briefe.* 1. Für die Versendung nach dem Auslande: *Buchauszug.* 2. Für die Rücksendung vom Auslande: *Retour-Adresse und Avis.* *Berlin, den 20. Februar 1909.* *Gebr. Damm.*

Neben den im Antrage genannten Schriftstücken reichen Gebr. Damm folgenden Buchauszug ein:

Buchauszug
aus Kladde Schweiz, Fol. 212
14478/78805 1 Delila.
79/84481 1 Brutus.

Die Richtigkeit obiger Angaben bescheinigt als Angestellter der Firma Gebr. Damm.
Willi Bernson.

Beispiel: Die Firma Gebr. Damm erhält unvermutet zwei Mäntel als Postpaket aus dem Auslande zurück, da der Käufer Mängel an ihnen entdeckt hat. Damit nun für dieses deutsche Fabrikat kein Eingangszoll zu entrichten ist, muß der Empfänger auf einem besonderen Formulare folgenden Antrag auf „zollfreie Abfertigung als Retourware" stellen (s. nebenstehendes Formular S. 114!):

Haben die Zollbeamten nach Prüfung des Sachverhaltes und der eingereichten Schriftstücke die Überzeugung gewonnen, daß die beiden Mäntel tatsächlich Retourware sind, so erhalten die Papiere in der Buchhalterei den Stempel „Abzulassen", und die Ware geht wieder in den freien Verkehr über.

b) Retouren zur Änderung und späteren Rücksendung.

Beispiel: F. Martin, Interlaken, meldet beim Zollamt Basel durch besonderen Antrag eine Retourware an, die von Gebr. Damm in Berlin hergestellt ist und zur Änderung an diese Firma zurückgehen soll. Diese Sendung geht ab und wird bis zur Rückkehr auf dem Zollamt in Basel im Deklarationsregister unter Nr. 116 vorgemerkt.

Eine von dem Grenzamt Basel vollzogene Deklaration begleitet nun das Paket. In Berlin angekommen, übergibt die Post das Paket dem Kgl. Hauptzollamt Berlin Packhof, und Gebr. Damm erhalten die mit dem Zollavis beklebte Paketadresse von der Post zugestellt. Gegen Vorzeigung der Paketadresse erhalten Gebr. Damm die Deklaration zum Wareneingang. Da aber Gebr. Damm bei der Zollbehörde ein „fortlaufendes Konto", auf dem alle aus dem Auslande kommenden Waren, sowie die wieder ins Ausland versandten Waren genau verbucht werden, unterhalten, so müssen sie aus der Deklaration einen „Auszug" in doppelter Ausfertigung ausschreiben und in diesem den Antrag zur „Anmeldung zum Kontoregister über Veredelung im Inlande" stellen (siehe Formular S. 116!).

In diesem Auszuge geben Gebr. Damm die Versicherung ab, daß der auf die Waren entfallende Zoll bezahlt werden wird, wenn nicht bis zu einer bestimmten Frist die Ware dem Kgl. Hauptzollamt mit unverletzten amtlichen Kennzeichen zur Ausgangsablieferung gestellt sind.

Auf der Innenseite des Auszuges muß nun eine Reihe von Angaben gemacht werden, die die Ware betreffen. Dazu gehört eine ganz genaue Beschreibung der Ware, z. B. ein schwarzer Damenpaletot aus Wollenstoff (Astrachan), mit grünem Samtkragen und mit grünen Stulpen, mit schwarzweiß gestreiftem Seidenfutter versehen. Ferner muß der Grund der Retoursendung angegeben (soll enger gemacht werden) und eine Frist beantragt werden, bis zu der die Wiederausfuhr erfolgen soll.

Abgegeben, den 20. Februar 1909.

Auszug

aus der Zolldeklaration Nr. *116* des Zollamtes zu *Basel* über die von *F. Martin* in *Interlaken* zum Zwecke *der Änderung,*

Veredelung

eingegangenen Waren für die

Anmeldung zum Kontoregister über Veredelung im Inlande (zu S. 115).

Wir unterwerfen uns der sofortigen Zahlung der auf den gedachten Waren haftenden Eingangsabgaben von ..... M. .... Pf., wenn wir die Ware nicht bis zum *20. Mai 1909* dem *Königl. Hauptzollamt Berlin Packhof* mit unverletzten amtlichen Kennzeichen zur Ausgangsabfertigung stellen.

Berlin, den 20. Februar 1909.

Gebr. Damm.

(Rückseite des Formulars.)

	Zahl und Art	Zeichen und Nummer	Bruttogewicht	Verschluß und Zahl der Siegel	Nähere Bezeichnung	Nettogewicht	Stückzahl	a) Angabe der Bearbeitung b) Frist für die Wiederausfuhr	a) Herkunftsland b) ob zur Veredelung für inländ. oder ausländ. Rechnung	Angabe der Steuerstelle, über welche die Ware gehen soll
1	Papp-Karton	E. M. 102	2 kg	Zoll-marke	Ein schwarzer Damenpaletot aus Wollenstoff (Astrachan) mit grünem Samtkragen und Stulpen, und mit schwarz-weiß gestreiftem Seidenfutter versehen	1 kg	1	a) Der Paletot soll enger gearbeitet werden. b) 20. Febr. 1909	a) Schweiz b) für ausländische Rechnung	Basel

Nachdem der Mantel ein Nämlichkeitszeichen, eine Bleiplombe, erhalten hat, kam er zur Reparatur in die Werkstatt genommen werden.

Auf dem fortlaufenden Konto ist natürlich dieser Mantel zugeschrieben worden. Ist die Reparatur ausgeführt, so stellen Gebr. Damm einen Antrag auf „Abmeldung vom fortlaufenden Konto". Die Zollbehörde überzeugt sich nun von der Identität der Ware und von der Beschaffenheit der Nämlichkeitszeichen; nachdem der Mantel vom fortlaufenden Konto abgeschrieben ist, geht er mit der vom Grenzamt vollzogenen Deklaration über Basel nach Interlaken.

Literatur:

Postzollordnung, herausgegeben vom Reichsschatzamt, Berlin 1909 (R. v. Deckers Verlag).

(Stempel.)

№[1])	Wagen Вагоновъ Eigentümer. Собственникъ.	Ladegewicht. Подъемная сила.	Ladefläche. Площадь пола.

№ Pos. пор. } der Frachtkarte. Доножной въдомости.

[1]) Wenn die Wagen vom Absender verladen sind, muß dieser die Wagennummern hier eintragen.

[1]) Если нагрузка вагоновъ произведена отправителемъ, онъ долженъ указать здѣсь ихъ номера.

I n t e r n a t i o n a
Международн

Zolldokument.
Таможенный документъ.

Fr

Ge

An[2]) *Herrn Joseph Jirous*

Г.[2])

Sie empfangen die nachstehend verzeichn den Eisenbahnfrachtverkehr, sowie in den Reglem enthaltenen Festsetzungen, welche für diese Send

Вы получите нижепоименованные груз желѣзнымъ дорогамъ, а равно постановлений которые примѣняются къ данной отправкѣ.

[2]) Name und Adresse des Empfängers (Stadt oder Italien ist anzugeben, ob sie auf den Bahnhof od

[2]) фамилія и адресъ получателя (город францію и Италію слѣдуетъ обозначить, выда

Zeichen und Nummer. — Знакъ и №	Anzahl. — Число.	Art der Verpackung. — Родъ упаковки.	Inhalt. — Наименованіе груза.	Wirkliches Brutto-Gewicht. — Дѣйствительный вѣсъ въ: Kilogr. Кило-гр.	Pud. Пуд.
S. W. 1343	*1*	*Kiste*	*Kopiermaschine*	*101*	

Stempel der **Versandstation.**
Штемпель станціи отправленія.

Wiegestempel.
Штемпель вѣсовщика.

Stempel der Emp
Штемпель станці

)

hntransport.

ая перевозка.

ef.

ht.

Warschau

der in dem internationalen Übereinkommen über
er betreffenden Bahnen beziehungsweise Verkehre
mmen.
дународной конвенціи о перевозкѣ грузовъ по
зныхъ дорогъ и желѣзнодорожныхъ группъ,

Hausnummer, Land). Bei Sendungen nach Frankreich
sind.
номеръ дома, страна). При отправкахъ во
нціи или на мѣстѣ жительства получателя.

Versandbahn
Дорога отправленія

Kgl. Preuß. Staats-Bahn

Empfangsbahn
Дорога назначенія

Warschau-Wiener Eisenbahn

Empfangsstation
Станція назначенія

Warschau

klärung wegen der etwaigen zoll- und steuer-
tlichen oder polizeilichen Behandlung; Be-
chnung der betr. Dokumente und sonstigen
ilagen inkl. Bleiverschlüsse. Sonstige gesetz-
h oder reglementarisch zulässige Erklärungen.
явленіе на случай предстоящаго ис-
лненія таможенныхъ, акцизныхъ и
лицейскихъ обрядностей, обозначеніе
кументовъ и иныхъ приложеній, въ
мъ числѣ и пломбъ. Иныя предвид-
ныя законами и правилами заявленія.

Angabe der anzuwendenden Tarife und Routenvorschrift.

Означеніе тарифовъ, подлежащихъ примѣненію, и указаніе пути.

Betrag d. Frankatur. Франкировано.	
Deklariertes Interesse an der Lieferung. Сумма вознагражденія за недоставку или неисправную доставку груза.	In Buchstaben — Прописью.
Summe d. Nachnahme. Итого. — Barvorschuß. Издержекъ дороги.	
Summe d. Nachnahme. Итого. — Nach Eingang. наложеннаго платежа.	

Spezifikation obiger Nachnahme. Подробное обозначеніе издержекъ дороги и наложеннаго платежа.	Betrag. Итого.

Frankaturvermerk des Absenders.
Отмѣтка о провозной платѣ, внесенной отправителемъ.

Berlin, {den / аго} *20. Januar* 19*09.*

Unterschrift und Adresse des Absenders.
Подпись и адресъ отправителя.

Brasch & Rothenstein
Lüneburger Straße 43.

B. Im Eisenbahnverkehr.

I. Ware wird als Bahngut ins Ausland versandt.

a) Der Absender ist zugleich Versender.

Durch die Post können nach fast allen außerdeutschen Ländern Postpakete und Postfrachtstücke gesandt werden. Die Bahn dagegen übernimmt die Versendung von Gütern nach außerdeutschen Ländern nur insoweit, als Anschlußgeleise an deutsche Eisenbahnen vorhanden sind. Das ist der Fall bei Holland, Belgien, Frankreich, Spanien und Portugal (durch Frankreich), Italien, den Balkanstaaten und Rußland. Von diesem Grundsatz gibt es allerdings einige Ausnahmen. Nach Dänemark[1]), Schweden und Norwegen können Güter mit direktem Frachtbriefe versandt werden. Direkte Frachtbriefe gibt es auch für die deutsche Levante-Linie in Hamburg[2]) und für den Deutsch-Ostafrika-Verkehr[3]) über Hamburg. In den beiden letzteren Fällen verliert der Frachtbrief in Hamburg aber seine Kraft; denn hier werden auf Grund des Frachtbriefes für den Seeversand Konnossemente ausgeschrieben, für die der Frachtbrief als Grundlage dient. Darum müssen die Angaben des Frachtbriefes so ausführlich sein, daß nach ihm die Konnossemente und die Zolldeklaration ausgefertigt und die Seeversicherung gedeckt werden können. Die Frachtbriefe für die Levante- und für die Ost-Afrika-Linie nehmen auch insofern eine Sonderstellung ein, als sie „an Order" gestellt werden können. Das erklärt sich eben daraus, daß die Angaben des Frachtbriefes auch für die See-Konnossemente bestimmt sind, die Orderpapiere kraft Gesetzes sind (§ 363 HGB.).

Wollten wir aber bei der Eisenbahn ein Frachtgut nach London aufliefern, so würde sie die Annahme eines direkten Frachtbriefes nach England ablehnen. Der Levante- und Ost-Afrika-Linie gegenüber hat die Eisenbahnverwaltung gewisse Erleichterungen geschaffen, um den Verkehr zu heben.

Bei denjenigen außerdeutschen Ländern, bei denen ein direkter Verkehr möglich ist, brauchen wir mit der Einlieferung des Gutes bei der Eisenbahn nur den Frachtbrief, einen statistischen Anmeldeschein und die Zolldeklaration zu übergeben.

Bezüglich der Frachtbriefe ist zu bemerken, daß für die einzelnen Länder besondere Formulare erforderlich sind. So gilt ein Formular, das nur deutschen Text aufweist, im Verkehr mit Österreich-Ungarn, Rumänien, Türkei, Niederlande,

---

[1]) Die Güterwagen werden mittels einer Fähre von Warnemünde nach Gjedser oder von Saßnitz (Rügen) nach Trelleborg befördert.

[2]) Die Levante-Linie berührt beispielsweise; Alexandrien, Malta, Odessa, Smyrna usw.

[3]) Delagoa-Bay, Mozambique, Dar-es-Salaam, Zanzibar, Mombassa, Tanga usw.

Luxemburg, Schweden, Norwegen und Dänemark. Für den Verkehr mit Frankreich, Belgien und der Schweiz gilt ein anderes Formular, das in deutschem und französischem Text abgefaßt ist. Ebenso sind besondere Frachtbrief-Formulare notwendig für Sendungen nach Rußland, nach Italien, nach Orten, die die Levante-Linie berührt, und nach deutsch-ostafrikanischen Plätzen.

Für jede Frachtbriefsendung nach außerdeutschen Ländern muß nach den Bestimmungen des Gesetzes, betreffend die Statistik des Warenverkehrs vom 7. Februar 1906, ein „statistischer Anmeldeschein für die Ausfuhr" (s. Form. S. 119!) beigegeben werden. Diese grünen Scheine bieten die Unterlagen für die Statistik des Warenaustausches Deutschlands mit anderen Ländern (Handelsbilanz). Die Rückseite der statistischen Zettel weist die wichtigsten Bestimmungen zur Ausfüllung derselben auf. Diese Scheine müssen mit der größten Sorgfalt ausgefüllt werden, da die maßgebende Behörde an der Zollgrenze jede Sendung zurückweist, die nicht von ordnungsmäßig ausgefertigten statistischen Anmeldescheinen begleitet ist. Werden beispielsweise verschiedene Lederwaren nach der Schweiz versandt, so genügt für den statistischen Schein nicht etwa die Angabe: „Lederwaren", sondern es muß jede Ware besonders nach ihrer genauen Bezeichnung (etwa Portemonnaies, Handtaschen, Zigarrentaschen) nach ihrem Nettogewicht und nach ihrem Werte in Franks angegeben werden. Werden nach der Schweiz Mäntel und Kostüme versandt, so müssen die Angaben erkennen lassen, ob die Waren mit oder ohne Pelzbesatz, oder ob sie mit eventuell ohne Stickerei besetzt sind; die Stickerei muß zutreffendenfalls noch genau bezeichnet sein. — Der statistische Anmeldeschein muß von dem Absender der Ware unterschrieben sein; Stempelabdruck genügt nicht. Erfolgt die Versendung der Ware durch einen Spediteur, so darf dieser auf keinen Fall den statistischen Anmeldeschein ausfüllen oder gar die Unterschrift des Absenders vollziehen. Werden solche Fälle bekannt, so wird der Angestellte des Spediteurs (nicht etwa die Firma!) in Strafe genommen. Um die Kosten für die Warenstatistik zu decken, müssen die Anmeldescheine mit Stempelmarken beklebt sein. Der Tarif für die Stempelung findet sich auf der Rückseite des Scheines.

Wenn der Spediteur die Versendung der Ware nach außerdeutschen Ländern in Sammelladung übernommen hat, so muß er die statistischen Anmeldescheine, die zu einer Warenladung gehören, sammeln, sie mit fortlaufenden Nummern versehen, mit einer Klammer zusammenheften und dann den „Anmeldeschein der Spediteure für die Ausfuhr" ausfertigen. Das ist nur eine Zusammenstellung der statistischen Anmeldescheine. In diese Zusammenstellung werden dann die Anmeldescheine hineingelegt und so der Anmeldestelle übergeben.

Waren, die mit Begleitschein reisen, z. B. Waren aus der Niederlage oder aus dem Teilungslager, bedürfen eines statistischen Anmeldescheines nicht, da der Begleitschein die nötigen Angaben enthält.

(Fortsetzung des Textes S. 126)

(Stempel.)

Statistik des Warenverkehrs

(zu S. 118).

Anmeldeschein für die Ausfuhr.

Zahl und Art der Packstücke, Wagen, Schiffe usw.; Marke und Nummer der Packstücke.	Land der Bestimmung der Waren.[2])	Nummer des Statistischen Warenverzeichnisses.[3])	Gattung der Waren.[4])	Menge der Waren.			Wert in *M*[7])
				Reingewicht.[5]) kg	Rohgewicht kg	Anderweiter Maßstab.[6])	
1) *1 Ballen B. W. 24589*	*Holland*		*Konfektionierter Filzstoff aus Halbwolle, gefärbt, Meter 206,20, unter 300 g per qm*	*56,550*			*197,55*
1 Ballen B. W. 24590	*„*		*dito, Meter 292,5 unter 300 g per qm*	*77,350*	*139*		*299,20*
							496,75

Berlin, den *31* ten *Oktober* 190*8*
(Ort.)

Bockow & Waldstein.
Unterschrift (Geschäftsname [Firma]) des Ausstellers (Versenders).[10])

(Raum zum Aufkleben der Stempelmarken für die statistische Gebühr.) (Siehe die Erläuterungen auf der Rückseite.)

5 Pf.
(Statistische Marke.)

Erläuterungen.

[1]) In einer jeden Querspalte darf immer nur eine Warengattung verzeichnet werden.

[2]) Als Land der Bestimmung ist dasjenige Land anzugeben, für dessen Verbrauch die Ware bestimmt ist. Ist dieses Land nicht bekannt, so ist dasjenige Land anzugeben, das als Endziel der Sendung bekannt ist. — Die Zollausschlüsse Bremen, Bremerhaven, Cuxhaven, Emden und Geestemünde, sowie die Freibezirke Brake, Altona, Stettin und Neue fahrwasser dürfen als Bestimmungsland überhaupt nicht angegeben werden. Der Freihafen Hamburg ist als Bestimmungsland nur dann anzugeben, wenn die dahin ausgehende Ware daselbst gelagert, verbraucht oder be- oder verarbeitet werden soll, oder wenn zur Zeit der Ausfuhr in den Freihafen eine Bestimmung über die Weiterversendung der Ware noch nicht getroffen ist. Im letzteren Falle ist in der Spalte „Land der Bestimmung der Waren" der Vermerk „vorläufig Freihafen Hamburg" und der Name des Empfängers anzugeben, der das Bestimmungsland vor Weiterbeförderung der Waren von dem Warenführer unter Beifügung seiner Unterschrift in den Anmeldeschein einzutragen hat. — Allgemeine Bezeichnungen, wie Deutschland, Amerika, Südamerika, Nordamerika, Westindien, sind unzulässig.

[3]) Die dritte Spalte wird von dem Aussteller des Anmeldescheins ausgefüllt. Ist dieser dazu nicht imstande, dann geschieht die Ausfüllung durch die Anmeldestelle.

[4]) Zur richtigen Anwendung des Statistischen Warenverzeichnisses dient das Alphabetische Verzeichnis dazu. Das letztere ist in der Regel der Anmeldung zugrunde zu legen. Sofern eine Ware in dem Alphabetischen Verzeichnisse nicht genannt ist, ist sie mit ihrer handelsüblichen oder sonst sprachgebräuchlichen Benennung anzumelden. Läßt sich hieraus die statistische Nummer noch nicht bestimmen, so ist außerdem der Stoff, aus dem die Ware hergestellt ist, die Art der Bearbeitung und der Verwendungszweck zu bezeichnen.

[5]) Bei den nach Gewicht anzumeldenden verpackten Waren ist das Reingewicht anzugeben. Wenn in den einzelnen Packstücken nur eine Warengattung enthalten ist, genügt die Angabe des Rohgewichts und der Verpackungsart. Bei Flüssigkeiten wird die unmittelbare Umschließung zum Reingewichte gerechnet. Verdichtete Gase sind mit ihrem Eigengewichte — sonach ohne Stahlflaschen usw. — anzumelden. Flüssige tierische und pflanzliche Fette, fette Öle und Mineralöle sind mit ihrem Eigengewichte — sonach ohne das Gewicht der Umschließungen und der zur Beförderung dienenden Behältnisse — anzugeben.

[6]) Die nach anderen Maßstäben als nach Gewicht anzumeldenden Waren sind nach diesen Maßstäben zu bezeichnen. Die neben dem Gewichte nach anderen Maßstäben anzumeldenden Waren sind nach beiden Maßstäben anzugeben.

[7]) Der Wert ist in der Weise zu berechnen, daß zu dem Preise am Versendungsorte die Kosten der Beförderung bis zur Grenze des Zollgebiets, die Versicherungs- und sonstigen Kosten zugeschlagen werden.

[8]) Übereinstimmung des im Meldeschein angegebenen Bestimmungslandes mit dem Bestimmungsorte des Frachtbriefs ist nicht erforderlich.

[9]) Wenn ein Vordruck nicht ausreicht, um damit die zu einem Frachtbriefe gehörigen Waren anzumelden, so können ihm weitere Vordrucke angeheftet werden. Sämtliche Vordrucke werden alsdann als ein Anmeldeschein angesehen und die statistische Gebühr ist nach den gebührenpflichtigen Gesamtmengen zu berechnen.

[10]) Die Unterschrift des Ausstellers eines Anmeldescheins ist handschriftlich zu vollziehen und kann durch einen bloßen Stempelabdruck oder Vordruck des Geschäftsnamens (Firma) des Ausstellers nicht ersetzt werden.

[11]) Die statistische Gebühr beträgt:

1. bei Waren, die ganz oder teilweise verpackt sind, für je 500 kg . . . . 5 Pfennig,
2. bei Waren, die unverpackt sind, für je 1000 kg . . . . 5 „
3. bei Kohlen, Koks, Torf, Holz, Getreide, Kartoffeln, Erzen, Steinen, Salz, Roheisen, Zement, Düngungsmitteln, Rohstoffen zum Verspinnen und anderen, vom Bundesrate zu bezeichnenden Massengütern in Wagenladungen, Schiffen oder Flößen, verpackt oder unverpackt, für je 10 000 kg 10 „
4. bei Pferden, Maultieren, Eseln, Rindvieh, Schweinen, Schafen und Ziegen für je fünf Stück . 5 „

Von anderen nicht in Umschließungen verwahrten lebenden Tieren wird eine Gebühr nicht erhoben. Für Bruchteile der Mengeneinheiten kommt die volle Gebühr in Anrechnung.

[12]) **Die Angaben in den Anmeldescheinen dürfen nur für die Zwecke der amtlichen Statistik benutzt werden.** (§ 10 des Gesetzes vom 7. Februar 1906 [Reichs-Gesetzbl. S. 109].)

[13]) **Der Versender ist berechtigt, bei der Versendung von Waren nach dem Ausland Angaben, die er zur Wahrung geschäftlicher Beziehungen geheim halten will, dem Ausfuhranmeldeschein in verschlossenem, an die Anmeldestelle, über die die Waren ausgehen sollen, gerichteten Briefumschlage beizufügen. Derartige Briefumschläge müssen mit den Anmeldescheinen fest verbunden sein. In den Ausfuhranmeldescheinen selbst ist in diesem Falle auf den beigefügten Brief Bezug zu nehmen.**

(3. **Für die Schweiz** [zu S. 126].)
Nr. 2.

Hamburg den 8. Dezember 1908

Deklaration für die **Einfuhr.**

Nr der Zollquittung

Land der Erzeugung	Zeichen	Nummer	Anzahl	Verpack.-Art	Gattung der Ware	Netto-Gewicht Kg. oder Literzahl	Brutto-Gewicht Kg. oder Stückzahl	Wert*) Fr.	Gebrauchs-tarif Nr.	Zollansatz Fr.	Zollansatz Ct.	Einfuhrzoll, etc. Fr.	Einfuhrzoll, etc. Ct.
Schweden	F. R.	712	1	Faß	Anchovis		50						
										Total			

Name und Wohnort des Deklaranten:

Uhlmann & Co.

L. S.

Für das Zollamt:

Raum zum Aufkleben der Wertzeichen für die statistische Gebühr.

Der kontrollierende Beamte:

☞ Instruktion für die Ausstellung der Deklaration, s. Rückseite.

*) Die Wertdeklaration ist erforderlich bei denjenigen Positionen, für welche dieselbe im Gebrauchstarif vorgeschrieben ist.

Instruktion für die Ausstellung der Einfuhr-Deklaration.

Die **Deklaration zur Einfuhr** (Verzollung oder zollfreie Einfuhr) hat folgende Angaben zu enthalten: **a.** Gattung der Ware; **b.** Menge (Brutto- und Nettogewicht in Kilogrammen, Stück- oder Literzahl, je nach Vorschrift des Gebrauchstarifs); **c.** Verpackungsart (Kiste, Faß, Korb, Ballen, Sack, Kübel, Harrasse etc.); **d.** Zeichen, Nummern, Anzahl der Warenstücke; **e.** Erzeugungsland; **f.** Wert: bei denjenigen Tarifnummern, für welche im neuen Gebrauchstarif vom 1. Januar 1906 die Wertdeklaration vorgeschrieben ist; **g.** Unterschrift des Deklaranten; **h.** Datum der Ausstellung.

Die **Gattung der Ware** ist nach Nummer und Wortlaut des Gebrauchstarifs zu deklarieren.

Die **Mengen**-Angabe hat, außer dem für die Verzollung, bzw. für den Bezug der statistischen Gebühr, maßgebenden Bruttogewichte, für die Statistik auch das Nettogewicht der Waren in Kilogrammen zu liefern.

Die Angabe der **Stückzahl** ist erforderlich für Tiere, Bienenstöcke, Lokomotiven, Maschinen für die Stickerei, Fuhrwerke, Fahrräder, Eisenbahnwagen, Taschenuhren sowie fertige Werke und Gehäuse zu solchen.

Die Angabe der **Literzahl** ist erforderlich für Bier, Wein, Sprit und Branntwein: in Fässern (Nr. 114 a/b, 117 a/b, 118, 122, 125 und 126).

Wo das **Land der Erzeugung** nicht hinlänglich sicher ist, soll das entfernteste bekannte Durchgangsland, bzw. der europäische Landungs- oder Zwischenhandelsplatz, mit der Bezeichnung „Transit" deklariert werden, z. B. Marseille-Transit, Antwerpen-Transit, Mannheim-Transit, Triest-Transit, etc.

Für die nach dem Werte zu deklarierenden Waren (s. litt. *f* hiervor) ist der **wirkliche Wert** (Marktpreise am Versendungsort) **unter Zuschlag der Transportkosten bis zur Schweizergrenze** anzugeben.

Bei Zusammenpackung verschiedener Warengattungen sind die oben erwähnten Angaben für jede Warengattung besonders zu geben.

Für die Kontrollierung der die schweizerische Zollgrenze überschreitenden Waren ist die in Art. 14 des Bundesgesetzes, betreffend den schweizerischen Zolltarif, vom 10. Oktober 1902, vorgeschriebene **statistische Gebühr** zu entrichten; dermalen beträgt dieselbe **1 Rappen per q. brutto**, bzw. **für Hunde und nicht genannte Tiere** (Nr. 148 a/b) **1 Rappen per Stück**.

Steinkohlen, Braunkohlen, Coaks und **Brikette** (Nr. 643 a, 644, 645, 646) **unterliegen einer ermäßigten statistischen Gebühr von ½ Rappen per q. brutto.**

Die statistische Gebühr soll für je eine Abfertigung, bzw. Sendung, nicht weniger als 5 Rappen betragen.

Für die Entrichtung dieser Gebühr haftet der Warenführer.

Von der Bezahlung derselben sind ausgenommen:

a. Waren, für welche ein Zoll entrichtet wird;
b. Waren, welche im Grenzverkehr oder im kleinen Marktverkehr eingehen;
c. Postsendungen;
d. leere Fässer, Säcke u. dgl. nach Art. 148 der Vollziehungsverordnung zum Zollgesetz.

Die statistische Gebühr ist somit **bei der Einfuhr in den freien Verkehr** zu entrichten.

Die Entrichtung der statistischen Gebühr geschieht durch Aufkleben von Postwertzeichen im erforderlichen Betrage auf der Deklaration.

Für die Richtigkeit und Vollständigkeit der Angaben der Deklarationen ist gegenüber der Zollverwaltung der Deklarant verantwortlich (Art. 22 und ff. und 58 des Zollgesetzes); ihm bleibt jedoch der Regress gegen den Aussteller der Begleitpapiere vorbehalten, sofern letztere Anlaß zu unrichtiger Deklaration gegeben haben.

Länderverzeichnis.

1. **Deutschland** (**Germ.**)
2. **Oe**sterreich-Ungarn (**Au.**)
3. **Frankreich**
4. **Italien**
5. **Belgien**
6. **Niederlande**
7. **Groß-Britannien**; Malta
8. **Russland**
9. Schweden (**Sd.**)
10. **Norwegen**
11. Dänemark (**Dk.**)
12. **Portugal**
13. **Spanien**
14. **Griechenland**
15. Serbien, Bulgarien, Montenegro (**Bulg.**)
16. **Rumänien**
17. Europ. Türkei (**T. E.**)
18. **Egypten**
19. **Algier, Tunis, Tripolis, Marokko**
20. Britisch Südafrika und portugiesische Ostküste (**Cap.**)
21. Übriges Afrika (**Congo**)
22. Asiatische Türkei, Arabien, Aden (**T. A.**)
23. **Persien, Afghanistan**
24. Britisch Indien (**I. B.**)
25. Siam, französisch Hinterindien (**I. F.**)
26. Niederländisch Indien (**I. N.**)
27. **Philippinen**
28. **China**
29. **Japan**, Formosa, Korea
30. Britisch Nordamerika (**Can.**)
31. Vereinigte Staaten von Nordamerika (**U. St.**)
32. **Mexiko**
33. Centralamerika und Westindien (**A. C.**)
34. Columbien, Venezuela, Guyana
35. **Brasilien**
36. **Argentinien** und Falklands-Inseln
37. **Chile**
38. Übriges Südamerika: Ecuador, Peru, Bolivia, Paraguay, Uruguay (**A. S.**)
39. Australien, Neuseeland, Oceanien (**Oc.**)

NB. Für die Bezeichnung des Erzeugungslandes ist es zulässig, sich der durch fette Buchstaben angedeuteten Abkürzungen zu bedienen.

(4. Für Österreich-Ungarn [zu S. 126].)

1. Abgegeben am 1
2. a. Eingetragen im ....
unter Nr. ....
b. $\frac{\text{Eingelagert}}{\text{Post}}$ im Magazin ....
3. Prüfung der Waren-Erklärung. Vergleichung mit den $\frac{\text{Unicate}}{\text{Duplicate}}$ derselben und mit den übrigen Papieren.

Erklärung

für die

Waren- { ~~Einfuhr~~ ~~Ausfuhr~~

Anweisung

(Begleitschein-Abfertigung.)

4. Die Revision übernehmen:
5. Weitere Bemerkungen des Oberbeamten zur Beachtung bei der Revision:

Transport-Bescheinigung.

Gültig im Grenzbezirke über .... nach .... binnen .... Stunden und im innern Zollgebiete über .... nach .... binnen .... Tagen, mit der Verpflichtung zur Stellung bei ....

bis 1

K. K. .... Zollamt ....
am .... 1 .... um .... Uhr .... Mittags

Ausgelagert am .... 1 und verladen durch aus auf

1. Der unterzeichnete Versender von **Berlin** meldet dem k. k. Haupt-Zollamte die innen verzeichneten Waren unter Anschluß von 1 Stück Frachtbriefen und *2* Stück anderen Dokumenten an, welche sich auf dem Eisenbahnwagen befinden, und haftet für die Richtigkeit und Vollständigkeit seiner Angabe.
2. Übergibt 2 Stück abgesonderte Waren-Erklärungen, bezeichnet mit Unicat & Duplicat samt dazu gehörigen 1 Stück Frachtbriefen und anderen Dokumenten mit dem Bemerken, daß er außer diesen keine weiteren, der Warenladung zur Ausweisung dienenden Papiere habe, und daß die darin verzeichneten Waren die Ladung vollständig erschöpfen.

Berlin, am *4. Nov.* 1908.

Jacob & Valentin.

Hierzu der angestempelte Begleitschein
Nr. vom 19

I. Waren-Erklärung.

Fort-laufende Zahl	Fort-laufende Litt.	Name und Wohnort des Versenders.	Name und Wohnort des Empfängers.	Der Waren: Verpackung der Kollien: Anzahl	Verpackung der Kollien: Gattung	Verpackung der Kollien: Zeichen und Nummern	Menge, Kilogramm: sporco	Menge, Kilogramm: netto	Stückzahl Kubikfuß, Tonnen-Tragfähigkeit.	Benennung nach Anleitung des Zolltarifes.	Angabe aa. über die Bestimmung der Ware; bb. der Ämter, wo der Ein- oder Austritt, oder die Schlußamtshandlung stattfinden soll; cc. der ausgestellten Frachtbriefe, Deckungs-Urkunden, Bewilligungen u. s. w.
1.		2.	3.	4.	5.	6.	7.	8.	9.	10.	11.
		Jacob & Valentin, Berlin O. **Holzmarktstr. 65.**	*Meißner & Co. Wien*	*1*	*Verschlag*	*N. R. B. 157*	*53*			*Wollene Plüsche*	**Aus dem freien Verkehr des Zollvereins zur speziellen Revision am Bestimmungsort.**

II. Beschau-Befund.										III. Gebühren-Berechnung.				IV. Nachweisung		Anmerkung.
Der Waren						Verschluß- und Waren-Bezeichnung										
Verpackung.	Menge				Benennung nach dem Zolltarife.	Abgenommene	Angelegte			Zollsatz von der Einheit.		Entfallender Betrag.		im Register		
Anzahl, Gattung, Zeichen, Nummern der Kollien.	Zollgewicht			anderer Maßstab.			Blei-	Wachs-	Verzollungs-Wachs-							
	nach Abwage		nach Abzug der Tara													
	sporco		netto													
	Kilogramm.					Siegel.				*K*	*h*	*K*	*h*	Gattung.	Zahl.	
12.	13.	14.	15.	16.	17.	18.	19.	20.	21.	22.		23.		24.	25.	26.

Alle ins Ausland gehenden Sendungen müssen ferner von den Zollpapieren begleitet sein. In den meisten Fällen sind das Zoll-Deklarationen, in anderen Fällen werden die Deklarationen durch beglaubigte Fakturen ersetzt (Konsulatsfakturen). Das für den internationalen Dienst vorgesehene Deklarations-Formular gilt für die meisten Länder (siehe Anlage!); nur einige Länder verlangen besondere Formulare, z. B. Italien (siehe Anlage!) und die Schweiz (s. Forml. S. 121). Für Rußland ist ein Zoll-Dokument (siehe Anlage!), das in seinem Vordruck dem russischen Frachtbrief genau entspricht, erforderlich. Bei Sendungen nach Österreich-Ungarn ist nicht eine Zollinhaltserklärung, sondern eine „Erklärung für die Einfuhr" vorgeschrieben (s. Form. S. 123!). Schweden und Norwegen verlangen keine Zolldeklaration, eine Abschrift des Frachtbriefes ersetzt dieselbe. Nach Dänemark (Jütland) über Schleswig-Holstein ist nur ein Frachtbrief und keine Deklaration erforderlich.

b) Der Versender bedient sich eines Spediteurs als Absender.

In allen Fällen kann sich der Kaufmann beim internationalen Eisenbahn-Güterversand der Vermittelung eines Spediteurs bedienen. Das empfiehlt sich aus mehrfachen Gründen. Der Spediteur ist über alle Versandvorschriften und über alle Versandformalitäten der einzelnen Länder genau unterrichtet; er kennt vor allen Dingen die Zollordnungen der einzelnen Länder ganz genau, und er hat an allen wichtigen Plätzen des Grenzverkehrs Vertreter oder Korrespondenten, die die Zollformularitäten an der Grenze gewissenhaft erfüllen. Den verhältnismäßig geringen Spesen, die der Spediteur für seine Mühewaltung erhält, steht eine ziemlich sichere Gewähr vor Zeitverlust und vor Vermeidung von erheblich hohen Zollstrafen gegenüber. Nach den einzelnen Ländern unterhalten die größeren Speditionshäuser täglich einen direkten Verkehr, den sogenannten Spezialverkehr. Von Berlin befördern sowohl nach Holland, wie auch nach England die Speditionsfirmen Brasch & Rothenstein und Jacob & Valentin täglich Sammelladungen, nach Italien unterhält die Firma Gontrand & Mangili einen Spezialverkehr. Auf diese Weise ist es möglich, daß Sendungen, die am Montag Abend bis 5¾ Uhr als Eilgut bei einer von diesen Firmen in Berlin aufgeliefert werden, schon am Mittwoch während der Vormittagsstunden in London City im Besitz der Empfänger sind.

Für den holländischen Verkehr besorgt ein Agent der Niederländischen Eisenbahn-Gesellschaften im Auftrage der Absender in allerkürzester Zeit die Zollformalitäten.

Wenn ein Spediteur den Transport von Gütern übernimmt, so ist er im Sinne des Handelsgesetzbuches Absender, während der Auftraggeber des Spediteurs der Versender (Primaversender) ist.

Zusammenstellung der für den internationalen Eisenbahn-Güterversand erforderlichen Begleitpapiere

(zu S. 126).

Anmerkung. Die Frachtbriefe für die Sendungen nach den meisten Ländern können entweder in deutscher oder in französischer Sprache ausgefüllt werden. Üblich ist allgemein die Ausfüllung in deutscher Sprache unter Anwendung der lateinischen Schriftzeichen.

1. **Belgien**: 1 Frachtbrief mit Duplikat, 1 Zolldeklaration, 1 statistischer Anmeldeschein für die Ausfuhr.
2. **Dänemark**: 1 Frachtbrief, 1 statistischer Anmeldeschein für die Ausfuhr.
3. **Deutscher Levante-Verkehr**: 2 Frachtbriefe (besonderes Formular), 1 statistischer Anmeldeschein.
4. **Deutscher Ost-Afrika-Verkehr** über Hamburg: 1 Frachtbrief (besonderes Formular), 1 statistischer Anmeldeschein.
5. **England**: 1 Frachtbrief, 2 Zolldeklarationen in französischer Sprache, 1 statistischer Anmeldeschein.
6. **Frankreich**: 1 Frachtbrief mit Duplikat, 2 Zolldeklarationen in französischer Sprache*), 1 statistischer Anmeldeschein.
7. **Italien**: 1 Frachtbrief mit Duplikat (besonderes Formular), 3 italienische Zollerklärungen bei der Brennerroute, oder 2 italienische Zollerklärungen und 1 Schweizer Zollerklärung bei der Gotthardroute,
   1 statistischer Anmeldeschein, 1 Ursprungszeugnis.
8. **Luxemburg**: 1 Frachtbrief mit Duplikat; da Luxemburg zum deutschen Zollverein gehört, ist weder eine Deklaration, noch ein statistischer Anmeldeschein erforderlich.
9. **Niederlande**: 1 Frachtbrief mit Duplikat, 1 statistischer Anmeldeschein; Zolldeklaration ist nicht erforderlich.
10. **Österreich-Ungarn**: } 1 Frachtbrief mit Duplikat, 2 Erklärungen für die Einfuhr, 1 statistischer Anmeldeschein.
11. **Rumänien**: }
12. **Rußland**: 1 Frachtbrief mit Duplikat (besonderes Formular), 1 Zolldokument, 1 statistischer Anmeldeschein.
13. **Schweden und Norwegen**: 1 deutscher Frachtbrief, 1 Duplikat als Zolldeklaration, 1 statistischer Anmeldeschein.
14. **Schweiz**: 1 Frachtbrief mit Duplikat, 1 Zollinhaltserklärung (besonderes Formular), 1 statistischer Anmeldeschein.
15. **Serbien, Bulgarien und Türkei** (über Österreich-Ungarn):
    Serbien: 1 Frachtbrief, gedruckt in deutscher und serbischer Sprache, } 2 Erklärungen für die Einfuhr,
    Bulgarien: 1 Frachtbrief, gedruckt in deutscher und bulgarischer Sprache, } 1 statistischer Anmeldeschein.
16. **Spanien und Portugal**: 1 Frachtbrief mit Duplikat, 1 statistischer Anmeldeschein.
    Spanien: 3 Zolldeklarationen in französischer Sprache.
    Portugal: 5 Zolldeklarationen in französischer Sprache.

---

*) Für eine etwaige Durchfuhr durch Belgien; wird der Transportweg durch Holland beantragt, so bedarf es der Deklaration nicht.

Jetzt hat der Spediteur für die Richtigkeit der Begleitpapiere Sorge zu tragen, und er haftet für alle Mängel nach dieser Richtung. Schreibt z. B. ein Angestellter des Spediteurs in den russischen Frachtbriefen den Namen des Empfängers (Szerwinski) nach Vorschrift, in dem entsprechenden Zolldokument aber aus Versehen einen Buchstaben anders (Szerwinsky), so verhängt die russische Zollbehörde eine empfindliche Zollstrafe. Ist in der Hast des Geschäftes gar vergessen worden, das Zolldokument der Sendung beizufügen, so hat der Spediteur schon eine Zollstrafe von mindestens 100 Rubel (etwa *M* 216,—) verwirkt.

2. Ausländische Ware wird als Bahngut nach Deutschland gesandt.

1. Als Stückgut.

a) Die Zollformalitäten erledigt die Bahn an der Grenze des deutschen Zollgebietes.

Beispiel: Eine Berliner Werkzeugfabrik bestellt bei Jubert fils in Paris Gewindeschneider und Bohrer. In dem Bestellbriefe spricht sie den Wunsch aus, daß sie am liebsten mit der Verzollung nichts zu tun haben möchte. Die Firma Jubert fils schreibt deshalb auf dem Frachtbriefe vor, daß die Verzollung an der Grenze durch die Bahn zu erfolgen habe. Diesem Auftrage kommt die Bahn nach. An der Zollgrenze führt sie dem Grenzzollamt die Ware vor und verauslagt den Zoll. Für die Erfüllung der Zollformalitäten berechnet die Bahn natürlich eine Gebühr, die sie mit den übrigen Gebühren und dem verauslagten Zollbetrage in Form von Nachnahme einzieht.

Die Bahn übernimmt also auf besonderen Antrag die Zollabfertigung eingehender Waren an der Grenze des deutschen Zollgebietes. Zu einem solchen Antrag können einmal Bequemlichkeitsgründe, zum andern auch Zeitersparnis Anlaß geben.

Im umgekehrten Falle erfolgt bei Waren, die von Deutschland nach Frankreich versandt werden, die Zollabfertigung regelmäßig am Grenzamte, wenn der Versender nicht ausdrücklich die Verzollung am Bestimmungsorte gewünscht und im Frachtbriefe und in der Deklaration vorgeschrieben hat. Das geschieht beispielsweise durch die Worte: en douane à Paris.

b) Die Zollabfertigung erfolgt am Bestimmungsorte der Ware innerhalb des deutschen Zollgebietes.

In den meisten Fällen aber hat der Empfänger einer ausländischen Ware ein Interesse daran, daß er selber oder ein mit der Behandlung der Ware vertrauter

Bevollmächtigter die Zollabfertigung überwacht. Darum bildet die Verzollung am Bestimmungsorte die Regel, die Verzollung durch die Bahn am Grenzorte die Ausnahme.

Beispiel: Die Gesellschaft für Innenarchitektur in Berlin bezieht aus Paris fein geschnitzte Möbel, die der Spediteur R. Jonemann in Paris versendet. In den Begleitpapieren schreibt der Spediteur Verzollung am Bestimmungsorte vor. An dem Grenzamte Cöln übergibt die Eisenbahn dem Grenzzollamte einen Begleitschein I und führt dem Zollamte die Ware vor. Dieses nimmt eine allgemeine (generelle) Revision der Ware vor, verschnürt den Verschlag über Kreuz, versieht die Enden der Schnur mit einer Bleiplombe und beklebt das Kollo mit einem roten Zettel, der die Aufschrift „Zollgut" trägt. Der ganze Befund wird im Begleitschein vermerkt. Jetzt erst erfolgt die Weiterversendung des Gutes nach Berlin. Hier angekommen, übergibt die Eisenbahn das Kollo der Zollbehörde, die sofort das Rohgewicht des Verschlages feststellt und in dem Begleitschein vermerkt.

Die Eisenbahn teilt nun der Empfängerin durch eine Postkarte mit bestimmtem Vordruck, dem sogenannten Avis, die Ankunft des Gutes mit.

Avis.

Zur Post gegeben am 17 *ten* 11. 190*8* ~~*vor*~~ *nach-mittags* 6 *Uhr.*

Es sind für Sie folgende Güter unter Zollverschluß angekommen, welche Sie innerhalb der am 19. 11. 7 **Uhr** *vorm.* **ablaufenden Frist, in Empfang nehmen wollen. Andernfalls erfolgt Berechnung des tarifmäßigen Lager- und Wagenstandgeldes. Die Auslieferung der Güter erfolgt gegen Rückgabe dieses mit der Quittung des Empfängers zu versehenden Benachrichtigungsschreibens.**

Zeichen und Nummer	Anzahl	Art der Verpackung	Inhalt	kg	Fracht usw. M	Fracht usw. ₰	Versender und sein Wohnort.
R. J.	1	Verschlag	Möbel	252		5	R. Jonemann,
4618							Paris

Güter-Abfertigungsstelle Berlin, Anh. Dresd. Bhf., den 17 ten 11. 190*8*
Yorck- und Möckernstr.-Ecke.

Zur Nachricht.

1. Die Zollbehörde ist berechtigt, Güter, die nach 3 Tagen noch nicht abgenommen sind, zum Packhof zu senden.
2. Die Güter werden nur an den Wochentagen von 8 Uhr morgens bis 4 Uhr nachmittags ausgegeben.
3. Der Frachtbrief liegt zur Abforderung bei der Frachtbriefausgabe auf dem Zollspeicher bereit.
4. Die Bahnamtliche Rollfuhrgesellschaft m. b. H., Geschäftsstelle G, Anhalt-Dresdner Güter-Bahnhof, S. W. Möckernstr. 26, übernimmt auf Wunsch die Zollabfertigung zu bestimmten mit der Eisenbahnverwaltung vereinbarten Sätzen.

Bescheinigung.

Den Empfang obiger Güter bescheinigt

(Ort) *Berlin,* den *19* ten *Nov.* 190*8*

(Name) *Gesellschaft für Innenarchitektur.*

Nagel.

An der Eisenbahngüterkasse wird nun gegen Abgabe dieses Avises der Frachtbrief eingelöst, d. h. gegen Zahlung der auf dem Gute ruhenden Fracht und der sonstigen Gebühren erhält man den Frachtbrief. Gegen Vorzeigung des Frachtbriefes wird dem Bevollmächtigten der Gesellschaft für Innenarchitektur in der Buchhalterei des Kgl. Zollamtes I Berlin, Anhalter Bahnhof, der Begleitschein ausgehändigt (s. Form. S. 131/34!). Auf der linken Innenseite des Begleitscheines ist der Antrag zu stellen:

Herstellungsland Frankreich.
Zur Verzollung nach dem Reingewicht.
Berlin, den 18. November 1908.
für Gesellschaft für Innenarchitektur.
Krause.

Auf dem Begleitschein hat die Zollbehörde (auf der ersten Seite, oben rechts) vermerkt, daß die Verzollung in Bureau 2 (abgekürzt B 2) erfolgen solle. In diesem Bureau legt man nun den Begleitschein, in den vorher der Frachtbrief hineingetan ist, in ein dazu bestimmtes Fach. Nach Aufruf wird zunächst von einem Arbeiter der vereinigten Packhofs-Arbeiter-Kompagnie das Blei entfernt und dann der Verschlag geöffnet. Da der Verschlag 10 gleichartige Sessel-Gestelle enthält, können die Beamten das Nettogewicht der ganzen Sendung durch Verwägung eines Gestelles feststellen. Sie können aber auch verlangen, daß alle Gestelle ausgepackt und gewogen werden. Nach dem amtlichen Warenverzeichnis Nr. 631 f unterliegen nicht gepolsterte Möbel, die fein geschnitzt sind, einem Zollsatz von *M* 30,— pro dz. Die ausgeschriebene Zollquittung, der Frachtbrief und der Begleitschein sind nun an der Zollkasse abzugeben. Nach Aufruf ist der Zoll zu entrichten. In dem Revisionsbureau erhält alsdann der Frachtbrief den Stempel: „Abzulassen". Den Begleitschein behält das Revisionsburau zurück. Nachdem durch Stempelaufdruck bescheinigt ist, daß der Arbeitslohn an die Arbeiter-Kompagnie bezahlt ist, kann der inzwischen wieder vollständig verschlossene Verschlag abgerollt werden.

c) Die Verzollung wird durch einen Spediteur besorgt.

Beim internationalen Eisenbahnversand bedienen sich die Kaufleute oft vorteilhaft der Spediteure.

Sind dem Spediteur R. Jonemann in Paris von derselben Firma gleichzeitig Kolli nach Berlin übergeben, die für mehrere Empfänger bestimmt sind, so vereinigt R. Jonemann die Güter zu einer Frachtbriefsendung und adressiert dieselbe an ein Berliner Speditionshaus, nehmen wir an, an Brasch & Rothenstein. Diese erhalten natürlich per Post von R. Jonemann Anweisung, für wen die Güter be-

(Fortsetzung des Textes S. 135)

Deutsches Zollgebiet.

Königreich Preußen. | **Direktivbezirk:** *Rheinprovinz.*

Begleitschein I.

No. *1007.* *B 2*

Ausfertigungsamt: *Cöln.*
Transportfrist: Bis zum
Verlängert bis zum

Empfangsamt: *Berlin*
überwiesen auf

Annahmeerklärung des Begleitscheinextrahenten: *Wir* überneh*men* diesen Begleitschein mit den sich aus demselben nach §§ 44 und 46 des Vereinszollgesetzes ergebenden Verpflichtungen und die Haftung für den auf den Waren ruhenden Lagerausgleich.

Cöln, den *15. November* 1908
Im Auftrage der Kgl. Eisenbahn-Direktion Cöln
(gez.) Mehnert.

Vorregister:
~~Deklarationsregister Nr.~~
~~Begleitzettel-Empfangsregister Nr.~~
Begleitschein-Empfangsregister Nr. *5682*
~~Niederlageregister Konto Nr.~~

(Stempel).

Cöln, den *15. November* 1908
Kgl. Zollamt I
Schulze, Erledigungsschein Nr. Ziffer
Zollsekretär. (Unterschrift.)

Erledigungsbescheinigungen.

1. Der Begleitschein ist abgegeben am *19. Nov.* 1908
Müller,
Zoll-Inspektor.

2. Derselbe ist eingetragen im Begleitschein-Empfangsregister *A* unter Nr. *401.*
Mathes,
Zoll-Sekretär.

3. Revisionsbefund
a) in betreff des Verschlusses:

b) in bezug auf Gattung und Menge der Waren:

Die Richtigkeit dieser Angaben bescheinigen:

4. Nachweis des Ausgangs über die Grenze*).

A. Umstehend genannte Waren wurden nach Abnahme des unverletzt befundenen Verschlusses:

a) in den Eisenbahngüterwagen Nr. der Eisenbahn verladen und nach Verschließung des Wagens mit Schlössern der Serie dem amte in überwiesen.
, den . 190
amt.

b) auf das des verladen und dem Ansagepoften in
unter { Begleitung durch d Grenzaufseher / Verschluß mittelst }
überwiesen.
, den 190
amt.

c) unter unseren Augen in das Ausland geführt.
, den . 190
amt.

B. D oben bezeichnete wurde nach Abnahme des unverletzt befundenen Verschlusses

a) d Grenzaufseher zur Begleitung über die Grenze übergeben.
, den . 190

b) unter unseren Augen in das Ausland ausgeführt.
, den . 190

Die Erledigung des Begleitscheins bescheinigt.
, den . 190
amt.

---

*) Der Vordruck unter Nr. 4 der Erledigungsbescheinigungen (Nachweis des Ausgangs über die Grenze) kann den örtlichen Bedürfnissen entsprechend geändert werden.

Abgegeben am 190 Die Revision übernehmen *):

I. Deklaration, Auszug aus der Deklaration, dem Begleitschein oder dem Niederlageschein.											II.	III.
Nummer der einzelnen Positionen.	Name und Wohnort der Empfänger.	Der Packstücke: Zeichen und Nummern.	Der Packstücke: Zahl und Art.	Gattung und Menge der Waren — nach der noch nicht geprüften Angabe des Deklaranten: Benennung der Waren nach Anleitung des Zolltarifs.	Menge: Rohgewicht **) kg $\frac{1}{100}$	Menge: Reingewicht kg $\frac{1}{100}$	nach stattgehabter amtlicher Ermittelung: Tarifmäßige Benennung der Waren mit Angabe der Tarifnummer und der Nummer des statistischen Warenverzeichnisses.	Menge. Rohgewicht **) kg $\frac{1}{100}$	Menge. Reingewicht kg $\frac{1}{100}$	Angabe, ob und bei welchem Amte ein Verschluß angelegt ist und Zahl der angelegten Bleie usw.	Anträge u. Bemerkungen des Warendisponenten (Deklaranten, Begleitscheinextrahenten, Warenführers rc.).	Angabe: a) Herkunftsland; b) Bestimmungsland; c) ob zur oder nach Veredelung im 1. Inland für inländische oder ausländische Rechnung; 2. Ausland; d) ob aus Niederlage, Freibezirk od. fortlaufend. Konto; und — bei lagerausgleichspflicht. Waren — e) 1. ob zu einem offenen Lager und zu welchem angeschrieben gewesen, 2. ob u. während welches Zeitraums in Verschlußlagern gelagert.
1.	2.	3.	4.	5.	6.	7.	8.	9.	10.	11.	12.	13.
1	*Gesellschaft für Innen-Architektur*	*R. I. 4618*	*Ein Verschlag*	*Möbel*			*O. R. †)*	*252 zweihundert und zweiundfünfzig*		*Raumverschluß*	*per Bahn* Mit Begleitschein I. *O. R. †* auf *Amt Berlin* an *Gesellschaft für Innenarchitektur, Berlin.*	*a) Frankreich* *b) Deutschland*

Cöln, den 13. November 1908. Im Auftrage der Kgl. Eisenbahn-Direktion. Mehnert.

Herstellungsland Frankreich. Zur Verzollung nach dem Reingewicht.
Berlin, den 18. November 1908. Für Gesellschaft für Innenarchitektur Krause.

Mit dem ~~Frachtbriefe~~ / ~~Begleitscheine~~ / ~~Niederlageregister~~ übereinstimmend.

Sommer, Zoll-Assistent.

Ich Unterschriebener, der melde dem amte zu vorstehend verzeichnete, auf geladene Waren an und hafte für die Wahrheit und Vollständigkeit dieser meiner Angabe.
, den 190
(Dieser Vordruck ist zu durchstreichen, wenn die Anmeldung nicht als Waren-Eingangsdeklaration dient.)

*) Nur für den Fall des lokalen Bedürfnisses auszufüllen.
**) Zu Spalte 6, 9 und 17. Bei Waren, welche nicht nach dem Gewicht verzollt werden, ist die Menge unter entsprechender Bezeichnung der Mengeeinheit (Tonne, Stück rc.) in die für die Angabe des Rohgewichts vorgesehene Spalte einzutragen.

Anmerkung des Herausgebers: †) O. R. = Ohne Revision. ††) O. V. = Ohne Verwiegung.

IV. Revisionsbefund. Der Packstücke: Zeichen und Nummern.	IV. Der Packstücke: Zahl und Art.	IV. Der Waren: tarifmäßige Benennung mit Angabe der Tarifnummer und der Nummer des statistischen Warenverzeichnisses.	IV. Der Waren: Menge. Durch Verwiegung ermitteltes Gewicht. Roh**) kg, 1/100	IV. Der Waren: Menge. Rein kg, 1/100	V. Berechnung der Zollgefälle und des Lagerausgleichs: Reingewicht durch Abrechnung der tarifmäßigen Tara, mit Angabe des Tarasatzes kg, 1/100	V. Tarifsatz Mark	V. a) Zollbetrag, b) Lagerausgleich Mark, Pf.	VI. Weiterer Nachweis der Waren. Der Hebe- und Kontrollregister: Benennung	VI. Der Hebe- und Kontrollregister: Blatt Nr.	VI. Der Verkehrsnachweisung: Nummer Blatt lfd. Nr.	VII. Bemerkungen über vorhandenen, beibehaltenen oder angelegten Verschluß, Zahl der Bleie usw.
14.	15.	16.	17.	18.	19.	20.	21.	22.	23.	24.	25.
Wie Spalte 3 u. 4	Ein Verschlag	O. R. †)	O. V. ††)		Verladen in dem mit zwei Bleien verschlossenen Güterwagen Hannover 10674 Cöln, den 15. November 1908. Ebert, Zoll-Assistent.		Hecht, Zoll-Aufseher.				
									Berlin, den 17. November	Ernst.	Gut und abgenommen. 1908.
					Schlußabfertigung.						
Wie Spalte 2→4.		Holzwaren mit feiner Schnitzarbeit, ohne Polsterung, nicht vergoldet, zehn Sesselgestelle									
		— 631 f —	252 — zweihundert zwei und fünfzig kg	154 — hundert vier und fünfzig kg		30.—	46 20 Sechs und vierzig Mark 20 Pf.				Kreuzverschnürt, ein Blei, gut und abgenommen.

Berlin, den 18. November 1908.

Stephan, Zoll-Assistent. Wolff, Zoll-Aufseher.

Vermerke über veränderte Bestimmung der Waren usw.

(Vereinszollgesetz §§ 46, 49, 50 und 96.)

1. beantrage den Begleitschein hier zu erledigen.

, den 190

Genehmigt.

, den 190

amt.

2. beantrage diesen Begleitschein zum Zweck der Weiterversendung der Waren an
in auf das amt
zu überweisen, indem in Beziehung auf den weiteren Transport die Verpflichtungen des Begleitschein-extrahenten übernehme.

, den 190

Eingetragen unter Nr. des Begleitschein-Ausfertigungsregisters und auf das amt mit Gültigkeitsfrist bis zum überwiesen.

Verschluß:

, den 190

amt.

stimmt sind. Das kann auch in der Weise geschehen, daß R. Jonemann Brasch & Rothenstein Teilfrachtbriefe übersendet. Das Grenzamt fertigt nun für diese eine Frachtbriefsendung auch nur ein Begleitpapier, einen Begleitschein I, aus. Das Bahn-Avis erhalten Brasch & Rothenstein, die den Frachtbrief einlösen und gegen Vorzeigung desselben den Begleitschein I erhalten. Aus diesem Begleitschein müssen Brasch & Rothenstein nun soviel „Auszüge" anfertigen, als Empfänger für die Sendung vorhanden sind. Die Auszüge sind genaue Teilabschriften des Begleitscheines (siehe diese!). In dem Begleitschein wird nun die Verteilung der Sendung von dem Spediteur bescheinigt. Das geschieht etwa in folgender Weise:

> *Wir überweisen:*
> *1) A. B. 485/87 an G. Hake, Berlin*
> *2) A. B. 312/16 „ J. Schäfer, „*
> *3) H. S. 1254 „ Dittmer & Co., „*
> *Berlin, den 24. November 1908.*
> *für Brasch & Rothenstein*
> *Prüss.*

Hat R. Jonemann den Spediteuren Brasch & Rothenstein keine Teilfrachtbriefe, sondern nur ein Bordereau übersandt, so werden von Brasch & Rothenstein Teilfrachtbriefe ausgeschrieben. Jeder Begleitschein trägt vorn die amtliche Nummer

(Fortsetzung des Textes S. 136)

Avis (zu S. 136).

Herrn G. Hake, Berlin C., Neue Friedrichstr. 25.

Von Sendung *R. Jonemann* in *Paris*
für Sie eingetroffene

Signatur	No.	Der Kolli Zahl	Art	Kilo	Inhalt	Bemerkungen
A. B.	*485/87*	*3*	*Verschläge*	*625*	*Möbel*	

lagern auf dem Königl. Packhof und ist der Frachtbrief in unserm Kontor **Königl. Packhof, Südhalle, Zimmer 10,** gegen Zahlung von *M* *44.60* und Rückgabe dieses quittierten Avises in der Zeit von 8 Uhr vorm. bis 2 Uhr nachm. in Empfang zu nehmen.

Die Abnahme des Gutes muß binnen **24 Stunden** erfolgen, widrigenfalls das tarifmäßige Lagergeld erhoben oder nach den Bestimmungen des Reglements verfahren wird

Bordereau-No. *01325/6*

Brasch & Rothenstein
Berlin NW. Königl. Packhof, Südhalle.

Oben verzeichnetes Gut empfangen zu haben, bescheinigt
Berlin, den 190

Oben verzeichnetes Gut ist zu verzollen und .... zuzuführen.
Zollsatz M. p. 100 kg.
Berlin, den 190

des Begleitschein-Empfangsregisters, beispielsweise 725—1. Dieselbe Nummer müssen auch die Auszüge und auch die Teilfrachtbriefe erhalten. Da wir aber hier je drei Auszüge und je drei Frachtbriefe haben, hat die Zollbehörde fortlaufende Nummer vorgeschrieben: 725—1—**1**; 725—1—**2**; 725—1—**3**.

Sämtliche Papiere, Begleitscheine, Auszüge, Teilfrachtbriefe, werden nun zur Vergleichung in der Buchhalterei abgegeben, wo die Richtigkeit und Übereinstimmung mit dem Begleitschein bescheinigt wird. Die Teilfrachtbriefe erhalten einen Stempelabdruck, wodurch sie amtlichen Charakter erhalten. Begleitschein und Auszüge werden in der Buchhalterei zurückbehalten, während die Teilfrachtbriefe dem Bevollmächtigten von Brasch & Rothenstein zurückgegeben werden. Brasch & Rothenstein benachrichtigen die Empfänger von der Ankunft des Gutes (s. Avis S. 135!)

G. Hake kann nun nach Vorlegung des Avises und nach Bezahlung der Fracht von ℳ 44,60 bei Brasch & Rothenstein den Frachtbrief und gegen dessen Vorzeigung in der Buchhalterei des Zollamtes den Auszug in Empfang nehmen; oder er kann auch die Verzollung dem Spediteur übertragen. Derjenige, der den Frachtbrief in Händen hat (entweder der Prima-Empfänger oder der Spediteur), muß auf dem Auszuge den Antrag stellen:

Herstellungsland Frankreich.
Zur Verzollung nach dem Reingewicht.
Berlin, den 24. November 1908.

für G. Hake
Lehmann.

Alsdann erfolgt die Abfertigung.

d) Abfertigung auf Zollvermerkschein.

Beispiel: Die Spediteure Jacob & Valentin, Berlin, erhalten folgende Zuschrift:

Knorr-Bremse G. m. b. H.

Boxhagen-Rummelsburg, den 27. Oktober 1908.
Neue Bahnhofsstraße 11/14.

Herrn

Jacob & Valentin

Berlin O. 27
Holzmarktstraße 65.

Heute ließen wir Ihnen durch Ihr Fuhrwerk
1 Kiste, K. B. 300
2 Kolli, K. B. 301/2 — 218,5 kg
zugehen. Wir bitten Sie, diese Probeausrüstung für einen Wagen nach Paris an ein Grenzzollamt weiter expedieren zu wollen.

Der Einsendung Ihrer Spesennota sehen wir entgegen.

Hochachtungsvoll

Knorr-Bremse, G. m. b. H.
Meyer.

(Fortsetzung des Textes S. 139)

Notizregister.

Nr. 656.

Berlin, den *30. Oktober* 1908.

Zollvormerkschein

(zu S. 139).

Wir beabsichtigen nachbezeichnete Gegenstände

(L. S.) *laut Anhang* (L. S.)

		Reingew.		Rohgewicht.
1 Kiste K. B. 300	*1 Steuerventil*	*17,— kg*	*ein Hartstempel*	
	1 Auslösventil	*0,700 „*	*ein „*	
	1 Staubfänger	*2,500 „*	*ein „*	
	2 Gummischläuche	*5,600 „*	*je ein, zus. zwei grosse Bleie*	
	2 Kuppelungshähne	*5,— „*	*je ein, zus. zwei Hartstempel*	
	2 Leerkuppelungen	*1,800 „*	*ein desgl.*	
	1 Rückziehfeder	*2,900 „*	*ein „*	
	1 Kolbenstange	*7,260 „*	*ein „*	
1 Stück K. B. 301	*1 Brems-Zylinder unverpackt*	*122,—*	*ein Hartstempel*	*122.— kg*
1 Stück K. B. 302	*1 Behälter Eisenblech*	*37,— „*	*ein Hartstempel*	*37,— „*
		201,760 kg		

zum Zwecke der *Ansicht*

Knorr-Bremse

nach *Paris*

aus- und binnen *drei Monaten*

nach hier wieder zurückzuführen.

Indem *wir* demnächstige zollfreie Wiedereinlassung beantragen, bitten *wir* um die erforderliche Abfertigung.

für Knorr-Bremse
Jacob & Valentin
Mantzke.

Amtlicher Befund.

K. B. 300 Eine Kiste roh 60,— (sechzig) kg, rein		*42,70 kg*	*11 Teile wie in der angehefteten Spezifikation angegeben aus bearbeitetem Eisen und poliertem Messing.*
301 ein Packstück bloß	*122,— kg*	*122,— „*	*ein Brems-Zylinder aus bearbeitetem Gußeisen.*
„ 302 ein desgl.	*37,— „*	*37,— „*	*ein Luftbehälter aus bearbeitetem Eisenblech.*
	159,— kg hundert neun und fünfzig kg	*201,70 kg zweihundertein, siebzig/100 kg*	*Vorstehend genannte Teile bilden zusammengesetzt eine Bremsvorrichtung überwiegend aus bearbeitetem, nicht schmiedbarem Eisenguß — 783 g —*

Verschluß.
Kiste Bretter verschnürt, zwei Packstücke bloß, je ein, zus. vier Bleie.

Vorstehende Bremsvorrichtung soll zum vorübergehenden Gebrauch und zu Ansichtszwecken nach Paris gesandt und binnen drei Monaten nach hier zurückgesandt werden. Zur Wiedererkennung dienen in der Spezifikation angegebene Nämlichkeitszeichen, und zwar zusammen zwei große Bleie und elf Hartgummiabdrucke.

Berlin, den 30. Okt. 1908.

Fischer, *Zoll-Sekretär.* — *Dettmann,* *Zoll-Aufseher.*

**Königliches Hauptzollamt
Berlin Packhof.**

Berlin, den *30. Oktober* 1908.

D*ie* umstehend bezeichnete W*are* kann zollfrei wieder eingeführt werden, wenn d*ie*selbe innerhalb der beantragten und hierdurch genehmigten Frist von *drei Monaten* mit gut erhaltenen Identitätszeichen hier zur Abfertigung wieder vorgeführt wird und der seinerzeitige Ausgang amtlich bescheinigt wird.

Das betreffende Grenzzollamt ersuchen wir die vorerwähnte Ausgangsbescheinigung hierunter abgeben und das vorliegende Abfertigungspapier an uns zurücksenden zu wollen.

J. A.

Zwirsch,

(L. S.) Oberrevisor.

Anmerkung des Herausgebers: Da der für die genaue Bezeichnung der Waren bestimmte Raum auf dem Zollvermerkschein nur sehr knapp bemessen ist, wird für diesen Zweck oft ein Anhang verwandt, der von der Zollbehörde auf dem Vormerkschein festgeklebt wird. Der Kleberand erhält zwei amtliche Siegelabdrücke.

In diesem Falle handelt es sich um eine Probesendung, die innerhalb einer Zeit von drei Monaten wieder aus Paris in das deutsche Zollgebiet zurückgeführt werden soll. Jacob & Valentin fertigen nun einen Zollvormerkschein in doppelter Ausführung aus. Die beiden Vormerkscheine werden mit den Packstücken in dem Bureau für Veredelung abgegeben. Nach Aufruf wird die Ware ausgepackt und das Gewicht der einzelnen Teile festgestellt. Die unverpackten Teile werden brutto gewogen. Jeder Teil erhält ein Nämlichkeitszeichen. Die wieder verpackte Ware wird dann brutto gewogen, kreuzverschnürt und mit einem Blei versehen. Der Befund wird ausführlich auf dem Zollvormerkschein vermerkt. Beide Scheine müssen nun von dem Versender zu einem Zoll-Oberrevisor gebracht werden, der durch seine Unterschrift die Genehmigung zu der späteren Wiedereinfuhr der Ware gibt. Die Papiere werden jetzt zu der Güterabfertigungsstelle befördert; dort erhalten beide Vormerkscheine eine Nummer (656), ein Schein wird zurückbehalten, der andere wird in den Frachtbrief hineingelegt und begleitet die Sendung (s. Form. S. 137/38!).

Am Grenzamt trägt der Beamte nach der allgemeinen Revision der Ware folgenden Vermerk in den Vormerkschein:

Die umstehend richtig benannten Packstücke wurden heute nach Abnahme, bezw. unter Belassung der gut erhaltenen Nämlichkeitszeichen in dem Eisenbahngüterwagen No. 103372 vorgefunden und nach Verschließung des Wagens mit einem Blei der Ausgangsstation überwiesen.

Herbesthal, den 2. November 1908.

(L. S.) — *Horn,* Zoll-Assistent. — *Krohn,* Zollaufseher.

Vorstehend bezeichneter Wagen wurde nach Abnahme des unverletzten Verschlusses unter unseren Augen nach Belgien ausgeführt.

Herbesthal, den 2. November 1908.

(L. S.) — *Wendt,* Zoll-Assistent. — *Henze,* Zollaufseher.

Am 20. Nov. avisiert die Bahn der Knorr-Bremse-Gesellschaft die Ankunft von 3 Kolli aus Paris. Die Knorr-Bremse-Ges. übersendet den Spediteuren Jacob & Valentin das Avis und bittet um Zollabfertigung und Anrollen des Gutes. Da das Gut in einer Wagenladung von Paris in Berlin eingetroffen ist, übergibt die Bahn der Zollbehörde eine Deklaration zum Wareneingang (s. diese!) und den Zollvormerkschein. Nachdem gegen Rückgabe des quittierten Avises der Frachtbrief bei der Bahn eingelöst ist, werden in der Buchhalterei des Packhofes die Zollpapiere in Empfang genommen: Deklaration und Zollvormerkschein. In die rechte Innenseite der Deklaration ist bereits bei Ankunft des Gutes auf dem Zollschuppen das Rohgewicht der Ware eingetragen worden:

1 Kiste	*220 kg.*
2 Stücke unverpackt	

Auf der linken Innenseite der Deklaration stellen nun Jacob & Valentin folgenden Antrag:

> *Zur zollfreien Einfuhr laut Zollvormerkschein No. 656.*
> *für Knorr-Bremse*
>
> *Jacob & Valentin.*
> *Hesse.*

Abfertigung: Öffnen der Kiste, Auspacken der vorhandenen Bremsteile, Feststellung der Zahl der Hartstempel und der Bleie, event. Ermittelung des Bruttogewichtes.

Der Beamte trägt nun auf der rechten Innenseite der Deklaration folgende Schlußabfertigung ein:

		roh	rein
Eine in Teile zerlegte Bremsvorrichtung für Lokomotiven aus bearbeitetem schmiedbarem Eisen von mehr als 25 kg	*Kiste 300*	*61 kg*	*42,70 kg*
	Stück 301	*122 „*	*122,00 „*
	302	*37 „*	*37,00 „*
— 783g —		*220 kg*	*201,70 kg*
	zusammen 13 Teile.		

Obige Ware war zum Zwecke der Besichtigung nach Paris gesandt und kommt innerhalb dreier Monate zurück. Die zur Wiedererkennung angebrachten zwei großen Bleie und zehn Hartstempel sind gut und belassen, bezw. abgenommen.

Berlin, den 22. November 1908.

Stephan, *Zoll-Assistent.* — *Nolff.* *Zoll-Aufseher.*

Deklaration und Vormerkschein werden alsdann im Revisionsbureau abgegeben. Nachdem durch Stempelaufdruck der Quittungsvermerk für den bezahlten Arbeitslohn auf das Zollpapier gesetzt ist, erhält der Kutscher von Jacob & Valentin den Frachtbrief und die Rollkarte. Er holt nun gegen Vorzeigung des Frachtbriefes die Kolli ab und rollt sie der Auftraggeberin zu.

e) Abfertigung auf Eingangspaß über Musterstücke (Musterpaß).

aa) Für inländische Handlungsreisende.

Muster, die nicht nur Abschnitte sind, sondern aus Stücken bestehen, wovon jedes für sich als verkäufliche Ware betrachtet werden kann, können nur dann zollfrei eingehen, wenn sie aus dem freien Verkehr des deutschen Zollgebietes stammen. Zur Sicherung dieser Maßregel bedient sich die Zollbehörde zweierlei Mittel: 1. der Festhaltung der Identität (Nämlichkeit) der Musterstücke, 2. eines Eingangspasses über Musterstücke (Musterpasses).

(Fortsetzung des Textes S. 143)

(Zu S. 143.)

№ 527

1909

Eingangspaß

über

Musterstücke aus der Handlung *Habel & Zikel*

Berlin, *Leipzigerstraße 66.*

Die Hauptzollämter und Nebenzollämter I. Klasse im Zollgebiete des Deutschen Reiches werden ersucht, auf diesen für ein Jahr vom Datum der Ausfertigung an giltigen Freipaß die in dem beigehefteten, mit dem Siegel und der Unterschrift des unterzeichneten Hauptsteueramtes versehenen Verzeichnisse aufgeführten Warenmuster aus der Handlung wie oben, welche Musterstücke auf die in dem Verzeichnisse gleichfalls bemerkte Weise mit dem Kontrollsiegel Nr. *fünf und sechs* des gedachten Hauptzollamtes bezeichnet sind, frei von Eingangsabgaben zu belassen, sofern solche über Hauptzollämter oder Nebenzollämter I. Klasse in das Zollgebiet des Deutschen Reiches wieder zurückgeführt werden.

Berlin, den *22 ten Mai* 190*9*

Königlich Preußisches Hauptzollamt.

Zollabfertigungsstelle Packhof-Südhalle.

(L. S.)

Mollenhauer.

75 (fünfundsiebzig) Mädchen-Mäntel aus wollenem Zeugstoff.

150 (hundertfünfzig) Damen-Mäntel aus wollenem Zeugstoff.

Zusammen: 225 (zweihundertfünfundzwanzig) Musterstücke aus wollenem Zeugstoff.

Berlin, den 22. Mai 1909.

Haber & Zikel.

Zollabfertigungsstelle Packhof-Südhalle. Berlin, den 22. Mai 1909

Dem Musterpaß Nr. 527 d. d. Berlin, den 22. Mai 1909

(L. S.) angesiegelt.

Zweihundertfünfundzwanzig

(L. S.) Musterstücke, wie vorstehend angegeben, sind mit den neben abgedrückten amtlichen Siegeln Nr. fünf und sechs belegt.

Die Revisionsbeamten.

(L. S.) Rahn, Zoll-Sekretär. Krieger, Zoll-Aufseher.

Beim Eingange gesehen.

Bentheim, den 5. Juli 1909.

Königliches Neben-Zollamt I.

(L. S.) Schütte, Zoll-Sekretär. Grabe, Zoll-Aufseher.

Amtlicher Siegelabdruck für die Enden des Heftfadens.

Beispiel: Der Reisende Fritz Streber beabsichtigt, im Auftrage der Firma Haber & Zikel, Berlin, Holland zu bereisen, um Aufträge für Mädchen- und Damenmäntel zu erhalten. Als Muster nimmt er 75 Mädchenmäntel und 150 Damenmäntel mit. Um bei seiner Rückkehr diesen Muster-Mänteln zollfreie Einfuhr in das deutsche Zollgebiet zu sichern, beantragt die Firma Haber & Zikel bei dem Hauptzollamt Berlin Packhof die Ausfertigung eines Eingangspasses über Musterstücke. Das Hauptamt stellt vorstenden Musterpaß (S. 141/42) aus.

Dieses Musterpasses bedarf der Reisende, wenn er die Musterkoffer als Passagiergut mitführt, und auch wenn die Muster besonders mit der Post oder mit der Bahn vorausgesandt werden. Auf der Innenseite des Eingangspasses vermerkt die Firma in Ziffern und Buchstaben die Zahl und die Art der Musterstücke. In dem Bureau für Mustersendungen der Zollabfertigungsstelle Packhof-Südhalle erhält nun jeder Mantel ein Nämlichkeitszeichen, im ganzen 225 Siegel. Den Lack zu diesen Siegelabdrücken, sowie das dazu erforderliche Licht muß die Firma liefern. Die Zollbeamten sind zwar verpflichtet, die amtlichen Siegel auf den Musterstücken anzubringen; die Angestellten der Firmen leisten aber den Beamten im Interesse der Zeitersparnis gern hilfreiche Hand, so daß sich die Beamten schließlich nur überzeugen, ob alle Stücke mit Nämlichkeitszeichen (Siegelabdruck, Bleiplombe, Blau- oder Schwarz-Stempel usw.) versehen sind. Nachdem die Belegung der Musterstücke mit Nämlichkeitszeichen von den Revisionsbeamten bescheinigt ist, können die Muster ins Ausland geführt werden. Ein Nachweis des Ausganges ist nicht erforderlich; für Taschenuhren jedoch muß der Nachweis des Ausganges erbracht werden. Gewöhnlich machen die Revisionsbeamten noch darauf aufmerksam, daß bei der Versendung von Musterstücken mit der Post oder auf der Bahn die zollfreie Zulassung derselben in Frankreich und Österreich-Ungarn nicht zugesichert werden könne.

Wenn die Musterstücke mit der Post in das deutsche Zollgebiet wieder zurückgeführt werden, so erfolgt die Abfertigung ebenso wie die der Poststücke überhaupt. Die auf der Eisenbahn zurückbeförderten Muster können nach Wahl der Beteiligten beim Grenzzollamte abgefertigt oder im Ansageverfahren oder unter Begleitscheinkontrolle auf das Amt des Versendungsortes abgelassen werden. Wenn sich beim Grenzzollamt irgendwie Bedenken gegen die zollfreie Wiedereinlassung herausstellen, so darf die Schlußabfertigung nur bei der für den Versendungsort zuständigen Zollstelle erfolgen. Erfolgt die Abfertigung auf einem innern Amte, so vermerkt das Grenzamt auf dem Musterpaß, der die Sendung begleitet, daß die Sendung das Grenzamt passiert habe, z. B. „Beim Eingange gesehen".

bb) Für ausländische Handlungsreisende.

Das deutsche Reich hat mit den meisten außerdeutschen Staaten vereinbart, daß Muster in den Vertragsstaaten zeitweise zollfrei gelassen werden, wenn die erforderlichen Zollformalitäten beobachtet werden. Wenn beispielsweise ein Handlungsreisender aus Paris französische Muster über die Grenze des Zollgebietes bringen will, so muß er auf einem vorgeschriebenen Formular dem Grenzamt die zollpflichtigen Gegenstände in doppelter Ausfertigung anmelden. Der Revisionsbefund wird in den Anmeldungsformularen bescheinigt. Nachdem jedes Muster ein Nämlichkeitszeichen erhalten hat, wird jedem Anmeldeformular ein vom Grenzamt auszufertigender Eingangspaß angeheftet, in dem die Frist bestimmt ist, bis zu der die Wiederausfuhr der Musterstücke oder deren Einlagerung in einer Niederlage erfolgen muß. Wenn die Eingangsabfertigung erfolgt ist, erhält der Warenführer das eine Anmeldeformular mit angeheftetem Musterpaß und die Zollquittung, deren Betrag zu hinterlegen ist. Nach erfolgter Ausfuhr wird der Betrag des Zolldeponats zurückerstattet. Die Muster brauchen nicht über das Eingangsamt ausgeführt zu werden. Für diejenigen Musterstücke, die innerhalb der vorgeschriebenen Zeit nicht zur Ausfuhr gelangen, wird der fällige Zollbetrag von dem Zolldeponat in Abzug gebracht.

Literatur:

Vorschriften für deutsche Handlungsreisende im Auslande, zusammengestellt vom Verkehrsbureau der Handelskammer zu Berlin (Berlin, Liebheit & Thiesen).

f. Einfuhr von ausländischen Waren gegen Zollhinterlegung.

Beispiel: Choralion, G. m. b. H., Berlin, hat vor mehr als Jahresfrist nach Brünn in Mähren ein Pianola verkauft. Plötzlich versagen mehrere Stimmen. Die Choralion-Gesellschaft erhält den Auftrag, die Reparatur auszuführen. Das Pianola kommt hier, in eine Kiste L. S. 22. verpackt, mit Begleitschein I, an Jacob & Valentin adressiert, an. Da die im Begleitschein aufgeführten Güter für mehrere Empfänger bestimmt sind, so fertigen Jacob & Valentin zu dem Begleitschein Auszüge an, lassen die Angaben derselben vergleichen und stellen, nachdem die Übereinstimmung bescheinigt ist, folgenden Antrag:

> *Herkunftsland: Österreich-Ungarn.*
> *„Zur Einfuhr gegen Zollhinterlegung. Vorstehende Ware soll hier für ausländische Rechnung repariert und binnen drei Monaten wieder ausgeführt werden.“*
> *Berlin, den 10. Oktober 1908.*
> *Jacob & Valentin*
> *Hesse.*

Nachdem das Gewicht der Ware von der Zollbehörde festgestellt ist, erhält das Pianola 2 Nämlichkeitszeichen. Der auf der Zollquittung ausgeworfene Zoll wird nun an der Zollkasse hinterlegt, und die Kiste kann abgerollt werden.

Diese „Deponatsquittung" senden Jacob & Valentin bei Aufgabe ihrer Spesen an die Choralion-Gesellschaft.

Am 30. Oktober erhalten Jacob & Valentin folgendes Schreiben:

Berlin, den 30. Oktober 1908.

Herren
Jakob & Valentin
Berlin NW. 40
Packhof.

Unsere Lagerverwaltung wird Ihnen zur zollfreien Wiederausfuhr nach Brünn übergeben haben

1 Kiste L. S. 22, 1 Pianola.

Wir übersenden Ihnen anbei den Zolldepotschein über M 21.10, der auf Ihre Firma ausgestellt ist, zur gefl. Bedienung.

Hochachtungsvoll
Choralion G. m. b. H.
Goldheim.

Gegen Vorzeigung der Deponatsquittung erhalten Jacob & Valentin aus der Buchhalterei im Bureau für Veredelung den Auszug zurück. Auf dem Auszuge wird nun unmittelbar unter dem ersten Antrag ein zweiter Antrag gestellt: auf Rückerstattung der Zollgefälle. Für den Versand müssen der Frachtbrief und ein Begleitschein I ausgefertigt werden. Auf dem Begleitschein ist ferner die Annahme-Erklärung auszufüllen. Alle drei Papiere werden nun wieder in der Buchhalterei auf ihre Übereinstimmung geprüft. Bei der Abfertigung überzeugen sich die Beamten nur von der Beschaffenheit der Nämlichkeitszeichen und von dem Gewicht. Alsdann kann die Kiste versandt werden. Erst wenn das Grenzamt dem Zollamte Berlin mitgeteilt hat, daß die Ware nach Abnahme der Verschlüsse ins Ausland gegangen ist, wird der Zoll von ℳ 21,10 an Jacob & Valentin zurückgezahlt.

f. Abfertigung auf Erlaubnisschein.

Beispiel: Frd. Hanke jun. Treibriemenfabrik, Berlin-Tegel, bezieht aus der Schweiz 15 Ballen Leder, die in Bureau 7 des Kgl. Hauptzollamtes Berlin Packhof abgefertigt werden sollen. Nach dem Zolltarif (Nr. 545) unterliegt Leder, einschließlich der Kernstücke, bei einem Reingewicht der Stücke von mehr als 3 kg einem Zollsatz von ℳ 36,— per 100 kg.

Der Angestellte der Treibriemenfabrik, der die Verzollung zu überwachen hat, hat in dem Begleitschein I folgenden Antrag gestellt:

Herstellungsland: Schweiz.
Zur Abfertigung auf Erlaubnisschein No. 121 zum Zollsatz von M 22,— pr. 100 kg.
für Fr. Hanke jun., Treibriemenfabrik
F. Keidel.

Um die deutschen Treibriemenfabriken den ausländischen gegenüber konkurrenzfähig zu erhalten, hat die deutsche Zollbehörde denjenigen Fabriken, die einen Erlaubnisschein in Händen haben, eine Zollermäßigung auf Kernleder von ℳ 36,— auf ℳ 22,— zugestanden. Die Verwendung des Leders wird dann aber von der Zollbehörde überwacht.

Ein Erlaubnisschein wird nur denjenigen Händlern und Fabrikanten erteilt, die das Vertrauen der Zollverwaltung genießen. Wer die Erteilung eines Erlaubnisscheines beantragt, muß angeben, ob das Leder in ganzen oder halben Häuten eingeht. Der Erlaubnisschein wird immer nur auf ein Jahr und nur auf Widerruf erteilt. Für die Inhaber der Erlaubnisscheine hat die Zollbehörde eine Reihe von Vorschriften erlassen, die peinlichst beobachtet werden müssen. Die wichtigsten seien hier angeführt:

1. Bei jeder Abfertigung ist der Erlaubnisschein, der mit ℳ 1,50 zu stempeln ist, vorzuzeigen.

2. Händler dürfen das Leder, das zu dem ermäßigten Zollsatz eingeführt ist, nur an Fabrikanten abgeben, die selber einen Erlaubnisschein besitzen. Der Treibriemenfabrikant muß dem Händler einen schriftlichen Bestellzettel übergeben, und bei der Lieferung muß sich der Händler überzeugen, ob der Fabrikant tatsächlich im Besitze eines Erlaubnisscheines ist. Der Bestellzettel hat den Namen, das Gewerbe und den Wohnort des Bestellers, ferner die Gewichtsmengen und die Zahl der Stücke, sowie den Tag der Ausstellung und die Nummer des Begleitscheines zu enthalten.

3. Das Leder darf nur zur Herstellung von Treibriemen verwendet werden.

4. Über den Zu- und Abgang haben die Händler und Fabrikanten gewissenhaft besondere Bücher (Anschreib-Bücher) zu führen. Diese Bücher dürfen nicht auch zur buchmäßigen Festhaltung von andern Ledersorten benützt werden. Die Abfälle sind besonders aufzuführen.

5. Die Händler und Fabrikanten sind verpflichtet, die Bücher den Zollbeamten vorzulegen und den Bestand an Leder vorzuführen.

6. Am Jahresschlusse muß ein Abschluß gemacht werden, aus dem der Bestand ersichtlich ist. Für Fehlmengen ist am Jahresschluß die Zolldifferenz zu zahlen.

7. Auch die Abfälle sind mit ℳ 22,— per 100 kg zu verzollen. Die Reste werden vernichtet.

8. Die Händler und Fabrikanten haften für den erhöhten Zoll. Nichtbeachtung dieser Vorschriften hat die Einziehung des Erlaubnisscheines zur Folge.

g. Abfertigung von Waren, die von der Zollbehörde ungenießbar gemacht (denaturiert) werden.

Beispiel: Die Seifenfabrik Gottschalk Söhne & Co., Berlin, erhält aus New York 20 Fässer rohes, unausgepreßtes Schweinefett, das einem Zollsatze von ℳ 5,— per 100 kg unterliegt. Gottschalk Söhne & Co. aber wollen das Fett nicht zu Nahrungszwecken, sondern zur Seifenfabrikation verwenden. Auch da gewährt die Zollverwaltung denjenigen Fabrikanten, die im Besitze eines Erlaubnisscheines sind, eine Zollermäßigung von ℳ 5,— auf ℳ 2,— per 100 kg. Bevor aber das Fett in den freien Verkehr übergeht, wird es seiner eigentlichen Natur beraubt, es wird denaturiert, d. h. ungenießbar gemacht. Das geschieht auf folgende Weise: Nachdem von dem einzelnen Faß der Boden abgenommen ist, werden in die Fettmasse mit einem langen Bohrer 7—8 gleichmäßig verteilte Bohrlöcher von etwa 3 cm Weite bis fast zu dem unteren Boden des Fasses eingebohrt. Diese Bohrlöcher werden mit Rosmarinöl gefüllt. Hierauf wird das Fett von den Bohrlöchern aus mit langen Messern durchschnitten, so daß das Rosmarinöl alle Teile des Fettes durchdringen kann. Damit das Öl, das zum Ungenießbarmachen angewandt wird, auch alle Teile des Fettes durchtränkt, werden die Fässer noch einen bis zwei Tage unter amtlicher Aufsicht gehalten.

Auch andere Stoffe werden zum Ungenießbarmachen der Fette verwandt. Bei Fetten, die zur Herstellung von Schmierölen dienen sollen, benutzt die Zollbehörde zum Denaturieren Brennpetroleum. — Soll hartes Fett mittels Kali- oder Natronlauge ungenießbar gemacht werden, so wird es mit Stampfern zerschlagen und mit der etwas angewärmten Lauge übergossen. Mit besonderer Erlaubnis der Zollbehörde kann auch Nelkenöl, Bergamottöl usw. benutzt werden, um Fette ungenießbar zu machen. Salz wird durch Wermut oder Englisch Rot, Spiritus durch Pyridinbasen[1]) denaturiert.

Das Ungenießbarmachen der Stoffe ist jedesmal in dem Zollpapier (Begleitschein oder Auszug) zu beantragen. Nur diejenigen Firmen, die im Besitze eines Erlaubnisscheines sind, haben das Recht, den Antrag auf Ungenießbarmachen der Ware zu stellen. Die Verwendung der denaturierten Waren zu gewerblichen Zwecken erfolgt unter Kontrolle der Zollbehörde (s. S. 146!).

---

[1]) Pyridinbasen finden sich neben dem Anilin in den Produkten der trockenen Destillation stickstoffhaltiger, organischer Substanzen (Knochen, Lederabfälle, Blut usw.). Sie führen die Namen Pyridin, Picolin, Lutidin und Collodin. Alle diese Basen sind farblose ölige Flüssigkeiten von sehr unangenehmem Geruch, der an den Geruch des Tieröles erinnert.

3. Als Wagenladungsgut.

Beispiel: In Amsterdam sind von einem Kommissionär für verschiedene Berliner Firmen 160 Ballen roher Kaffee gekauft. Die Ware wird mit der Bahn an das Berliner Speditionshaus Jacob & Valentin, das die Verteilung der einzelnen Ballen an die verschiedenen Berliner Firmen vornehmen soll, gesandt. Von den Spediteuren Reimann & Stok wird die Ware mit dem Frachtbrief der Bahn in Amsterdam übergeben. Nachdem der Zug, der den Rohkaffee geladen hat, an der Zollgrenze in Bentheim angekommen ist, übergibt der Warenführer, das ist der Zugführer, der Eisenbahnverwaltung in Bentheim die Frachtbriefe. Ein Bevollmächtigter der Eisenbahnverwaltung fertigt auf Grund der abgelieferten Frachtbriefe Ladungsverzeichnisse (siehe Formular S. 149!) an. Diese Ladungsverzeichnisse überreicht die Eisenbahnverwaltung in zweifacher Ausführung dem Zollbeamten. Der einen Ausfertigung müssen die Frachtbriefe über die darin verzeichneten Güter beigefügt sein. Jedes Ladungsverzeichnis darf in der Regel nur solche Güter enthalten, die nach einem und demselben Abfertigungsorte bestimmt sind (§ 63 V. Z. G.).

Die Vorderseite des Ladungsverzeichnisses zeigt drei Querrubriken, deren erste die „Anmeldung" ist. Mit der Anmeldung ist der Antrag verbunden, die aus dem Auslande kommenden Güter mit Ladungsverzeichnis auf dem Hauptzollamte Berlin Packhof abzufertigen. Für die Richtigkeit der Angaben hinsichtlich der Zahl und Art der Kolli erklärt der Bevollmächtigte haften zu wollen. Inzwischen ist der Wagen (10 519 S S), in dem der Kaffee verladen war, nach einer allgemeinen (generellen) Revision (mit zwei Zollschlössern) unter amtlichen Verschluß gesetzt. (Der Verschluß kann auch durch Zollbleie erfolgen).

Es folgt nun in der zweiten Querrubrik die Eintragung über die zollamtliche Abfertigung. Das Zollamt vermerkt die Nummer des Begleitzettels, zu dem das Ladungsverzeichnis gehört, und trägt die Wagennummer ein.

Die dritte Rubrik enthält die Verpflichtung des Warenführers (das ist als Bevollmächtigter der Eisenbahn der Zugführer oder ein anderer Eisenbahnbeamter). Der Warenführer verpflichtet sich, die ihm übergebene Sendung, den Begleitzettel und den amtlich versiegelten Brief, der die Frachtbriefe, die Ladungsverzeichnisse und die Zollschlüssel enthält, unbeschädigt innerhalb der Transportfrist[1]) dem Empfangsamte vorzuführen, widrigenfalls haftet er für die Entrichtung des höchsten tarifmäßigen Eingangszolles für die nachgewiesenen Gewichtsmengen. Der höchste Zollsatz beträgt ℳ 2080,— für den dz.

---

[1]) Bei Auslandsgut gewöhnlich 20 Tage, bei Überführungen von einem inländischen Zollamte zu einem andern meist 10 Tage. Die Frist kann unter Umständen verkürzt oder verlängert werden.

(Fortsetzung des Textes S. 153)

(Zu S 148)

Deutsches Zollgebiet.

Bundesstaat: *Preußen.* Direktivbezirk: *Hannover.*

Ladungs-Verzeichnis.

Nr. *198.*

Anmeldung.

Der unterzeichnete Bevollmächtigte der *Niederländischen Staats*-Eisenbahn-Verwaltung meldet hiermit dem *Kgl. Neben-Zoll*-Amte *I* zu *Bentheim* die umstehend verzeichneten, aus dem Auslande kommenden in *einem* Wagen verladenen Güter mit dem Antrage an, dieselben mit Ladungs-Verzeichnis auf das *Haupt-Zoll*-Amt *Berlin Packhof* abzufertigen.

Zugleich übergibt derselbe *ein* Stück Frachtbrief und erklärt für die Richtigkeit seiner Angaben hinsichtlich der Zahl und Art der abzufertigenden Kolli zu haften.

Bentheim, den *25*ten *Mai* 1909.

Schunk.

Zollamtliche Abfertigung.

Dieses Ladungs-Verzeichnis ist zum Begleitzettel Nr. *198* gehörig.

Bentheim, den *25*ten *Mai* 1909.

(Stempel.)

Königliches Neben-Zoll-Amt *I.*
J. Wehrmann.

Die Güter sind verladen in:

Wagen Nr. *10519 S S*	Wagen Nr.	Wagen Nr.
„ „ *2/383*	„ „	„ „
„ „	„ „	„ „
„ „	„ „	„ „

Verpflichtung des Warenführers.

Der unterzeichnete Bevollmächtigte der *Niederländischen Staats*-Eisenbahn-Verwaltung verpflichtet sich hierdurch, den umstehend verzeichneten mit *zwei* Schlössern verschlossenen Wagen, sowie die dazu gehörigen ihm unter amtlichem Verschluß übergebenen Schlüssel bis zum *20. Juni* 1909 in vorschriftsmäßigem Zustande und mit unverletztem Verschlusse dem *Kgl. Haupt-Zoll*-Amte zu *Berlin* zu gestellen, widrigenfalls aber für die Entrichtung des höchsten tarifmäßigen Eingangszolles von den umstehend nachgewiesenen Gewichtsmengen zu haften.

Bentheim, den *25. Mai* 1909.

Schirmer,
Kgl. Eisenbahn-Zugführer.

Bezeichnung der Wagen ꝛc., in welche die Waren verladen sind.	Nummern und Positionen der Frachtkarten.	Der Kolli: Zeichen und Nummern.	Der Kolli: Zahl.	Der Kolli: Art.	Benennung der Waren.	Brutto-Gewicht. kg	Brutto-Gewicht. 1/100	Angabe: des Herkunftslandes der Waren.	Angabe: des Bestimmungslandes der Waren. (Nur im Fall der Durchfuhr mit Ladungs-Verzeichnis zu machen.)	Bemerkungen.
1.	2.	3.	4.	5.	6.	7.		8.	9.	10.
10519		[706] *409/14*	*6*	Ballen	*Roher Kaffee*	*372*	—	*Niederl.*		
S S 2/383		[△ T] *77/91*	*15*	„	„	*930*	—	*Ost-*		
		[704] *401/8*	*8*	„	„	*418*	*50*	*Indien*		
		[◇ 255] *6546/63*	*18*	„	„	*1118*	—			
		F. S. 28/50	*23*	„	„	*1440*	—			
		D. 761 1/13	*13*	„	„	*811*	*50*			
		[V. K. 715] *201/55*	*55*	„	„	*3593*	—			
		G. T. 760/81	*22*	„	„	*1375*	—			
			160			*10058*	*kg*			

Hundertsechzig Kolli

Richtig verladen.

Reuter.

Richtig ausgeladen.

Berlin, den 29. Mai 1909.

Arndt, *Zoll-Aufseher.* *Berndt,* *Zoll-Aufseher.*

Bezeichnung der Wagen zc., in welche die Waren verladen sind.	Nummern und Positionen der Frachtkarten.	Der Kolli			Benennung der Waren.	Brutto-Gewicht.		Angabe:		Bemerkungen.
		Zeichen und Nummern.	Zahl.	Art.		kg	$\frac{1}{100}$	des Herkunftslandes der Waren.	des Bestimmungslandes der Waren. (Nur im Fall der Durchfuhr mit Ladungs-Verzeichnis zu machen.	
1.	2.	3.	4.	5.	6.	7.		8.	9.	10.

Vermerke über veränderte Bestimmung der Warenladung, über Umladungen und Ausladungen auf dem Wege zum Bestimmungsorte.

(Vereins-Zollgesetz §§ 65 und 66, bezw. Eisenbahn-Zollregulativ §§ 24 und 25.)

1. Der unterzeichnete Bevollmächtigte der Eisenbahn-Verwaltung beantragt, dieses Ladungs-Verzeichnis hier zu erledigen.

   , den . 19

2. Der unterzeichnete Bevollmächtigte der Eisenbahn-Verwaltung beantragt, dieses Ladungs-Verzeichnis zum Zweck der Weiterversendung der Waren auf das Amt zu überweisen, indem er in Beziehung auf den weiteren Transport die auf der ersten Seite dieses Ladungs-Verzeichnisses angegebenen Verpflichtungen der Grenz-Eisenbahnverwaltung übernimmt.

   , den . 19

Mit Begleitzettel Nr. auf das Amt mit der Gültigkeit bis zum überwiesen.

, den . 19

Amt.

3. Der unterzeichnete Bevollmächtigte der Eisenbahn-Verwaltung beantragt wegen die Umladung der in dem Wagen Nr. geladenen Güter in den Wagen Nr. , indem er rücksichtlich der weitergehenden umgeladenen Güter in die Verpflichtungen eintritt, welche die Grenz-Eisenbahnverwaltung hinsichtlich jener Güter der Zollverwaltung gegenüber übernommen hat.

   , den . 19

Die in den Wagen Nr. befindlichen, in den Spalten 3, 4 und 5 dieses Ladungs-Verzeichnisses nach Zahl, Art und Bezeichnung näher angegebenen Kolli wurden heute in den Wagen Nr. umgeladen.

Verschluß:

, den . 19

Amt.

Erledigungs-Bescheinigungen.

1. Im Begleitzettel-Empfangsregister unter Nr. *B 136* eingetragen.
2.* In dem Deklarations-Register unter Nr. eingetragen.
3. Die vollständige Erledigung dieses Ladungs-Verzeichnisses bescheinigt.

Berlin, den *25. Juni 1909*.

Kgl. Haupt-Steuer-Amt.
Schulze.

* Bleibt unausgefüllt, wenn das Deklarations-Register mit dem Begleitzettel-Empfangs-Register vereinigt ist.

Die Innenseite des Ladungsverzeichnisses enthält: Waggonnummer, Merkzeichen und Anzahl der einzelnen Packstücke, handelsübliche Bezeichnung und das Rohgewicht derselben, ferner das Herkunftsland der Waren.

Wie schon erwähnt, werden seitens des Zollamtes sowohl die Ladungsverzeichnisse und die dazu gehörigen Frachtbriefe, als auch die Schlüssel zu den Schlössern, die zum Verschluß der Wagen verwendet wurden, amtlich in einen Briefumschlag verschlossen und versiegelt, an das Abfertigungsamt adressiert und dem Zugführer oder sonstigen Bevollmächtigten der Eisenbahnverwaltung zur Abgabe an die Abfertigungsstellen übergeben (§ 64 V. Z. G.).

Je ein Exemplar der Ladungsverzeichnisse behält das Grenzamt. Nach denselben hat es über die abgefertigten Waren einen „Begleitzettel" (siehe Formular S. 155/56!) auszufertigen, der dem Zugführer offen übergeben wird. Der Begleitzettel ist nach der Erledigung dem Grenzamte zurückzusenden. Das zweite Exemplar des Ladungsverzeichnisses aber verbleibt beim Abfertigungsamt des Inlandes.

In dem Begleitzettel bekennt der Bevollmächtigte der Eisenbahn, auf dem Grenzamte (Bentheim) einen verschlossenen, genau bezeichneten Wagen, das Ladungsverzeichnis, den Frachtbrief und den Schlüssel in einem mit Siegeln verschlossenen Umschlag empfangen zu haben.

Nunmehr kann der Wagen weitergerollt werden.

Wechselt unterwegs der Bevollmächtigte (der Zugführer wird z. B. in Hannover abgelöst), so übergibt er seinem Nachfolger den Begleitzettel, sowie den in gutem Zustande versehenen Umschlag mit Ladungsverzeichnis und Schlüsseln und bescheinigt dies auf der ersten Seite des Begleitzettels.

Wenn der Zug hier in Berlin angekommen ist, wird ein entsprechender Vermerk in das Begleitzettel-Empfangsregister gemacht. Alsdann erfolgt eine Revision der Wagen, Schlösser, Behälter usw., deren Befund auf dem Begleitzettel bescheinigt wird. Nachdem der Wagen geöffnet ist, erfolgt eine allgemeine Revision der geladenen Güter. Die Übereinstimmung der vorgefundenen Ware (nach Zahl und Art der Kolli) mit den Angaben des Ladungsverzeichnisses wird ebenfalls bescheinigt. Nunmehr erhält der Begleitzettel den Erledigungsvermerk.

Die Bahn benachrichtigt jetzt durch Postkarte die Spediteure Jacob & Valentin von der Ankunft des Zollgutes (Zollavis s. Form. S. 129!). Das quittierte Avis wird an der Eisenbahngüterabfertigungsstelle abgegeben, die auf dem Gute lastende Fracht wird bezahlt, und der Angestellte des Hauses Jacob & Valentin erhält nun den Frachtbrief. Gegen Vorzeigung des Frachtbriefes nimmt er in dem Bureau der Eingangsbuchhalterei der Zollbehörde [1]) das Zollpapier in Empfang.

[1]) Die Bureaux der Eisenbahngüterabfertigung und das betreffende Bureau der Zollbehörde liegen auf dem Packhof dicht nebeneinander.

Das Zollpapier ist in diesem Falle eine *Deklaration zum Wareneingang* (s. Form. S. 157/59!). Die Deklaration wird also von der Eisenbahnverwaltung durch einen Beamten, den *Deklarationsbevollmächtigten*, ausgefertigt und der Zollbehörde übergeben. Die Deklaration zum Wareneingang muß enthalten: die genaue Bezeichnung des Wagens, des Empfängers, der Güter nach Zeichen und Nummer, Zahl, Inhalt und Gewicht, die Angabe des Herkunftslandes usw. Für die Richtigkeit der Angaben haftet der De larationsbevollmächtigte. Er erklärt das ausdrücklich durch seine Unterschrift.

Per Post haben Jacob & Valentin von den Absendern Reimann & Stok in Amsterdam ein Bordereau, d. i. ein genaues Verzeichnis der betreffenden Güter nebst Angabe der Empfänger erhalten. Sobald Jacob & Valentin das Avis in Händen haben, lösen sie den Frachtbrief ein und nehmen gegen Vorzeigung desselben das Zollpapier, die *Deklaration*, in Empfang.

Da das Bordereau Nr. 4186 *acht* verschiedene Empfänger angibt, so sind aus der Deklaration auch *acht* Auszüge anzufertigen. Jeder Auszug stellt eine genaue Teilabschrift der Deklaration dar. Er muß darum auch die amtliche Nummer der Deklaration — A 136 — erhalten. Die einzelnen Auszüge werden außerdem fortlaufend nummeriert (A 136—1; A 136—2; A 136—3 usw.) (siehe Formulare S. 163/69!). In der Deklaration muß die Überweisung der einzelnen Ballen an die verschiedenen Empfänger bescheinigt werden (s. Form. S. 158!):

Wir überweisen:

> [706] *409/14 an J. Kampf.*
> △T *77/91 an J. A. Lutze usw.*

In der Buchhalterei des Zollamtes werden dann die Angaben der Auszüge mit denen der Deklaration und des Frachtbriefes verglichen. Die Übereinstimmung wird von einem Zollbeamten bescheinigt: Mit dem Ladungsverzeichnis übereinstimmend. Matthes (s. Form. S. 158!).

Für die acht Empfänger haben Jacob & Valentin Teilfrachtbriefe (auch Stadtfrachtbriefe oder Interimsfrachtbriefe genannt) ausgeschrieben, die auch die Nummer der Auszüge erhalten müssen. Diese Teilfrachtbriefe erhalten nach Vergleichung mit den Auszügen einen Stempelabdruck des Dienstsiegels der Eisenbahnbehörde und bekommen dadurch erst amtlichen Charakter. Die Auszüge und die Deklaration behält die Zollbehörde zurück. Sie händigt dem Bevollmächtigten von Jacob & Valentin nur die Stadtfrachtbriefe aus. Die acht Empfänger erhalten nun von Jacob & Valentin Avise (siehe S. 135!).

Am nächsten Tage senden E. Schreiber & Co. das quittierte Avis an Jacob & Valentin zurück und beantragen gleichzeitig Zollabfertigung und Anrollen des

(Fortsetzung des Textes S. 160)

Deutsches Zollgebiet.

Bundesstaat: *Preußen.* **Direktivbezirk:** *Hannover.*

(Zu S. 153)

Begleitzettel.

Nr. *198.*

Ausfertigungsamt: *Bentheim.* **Erledigungsamt:** *Berlin.*

Transportfrist: Bis zum *fünfzehnten kft. Mts.*

Der Bevollmächtigte der *Kgl. Preuß. Staats*-Eisenbahnverwaltung hat hier *einen* Wagen übernommen, welcher, wie unten bemerkt, bezeichnet und verschlossen und binnen der oben bestimmten Frist dem vorbezeichneten Erledigungsamt zur Abfertigung zu stellen sind.

Hierbei:

ein Ladungsverzeichnis Nr. *198*

ein Frachtbrief und

ein Schlüssel,

amtlich in einen *Umschlag* durch *Siegel* verschlossen.

Zollverschluß.

Wagen Nr.	Schlösser	Serie	Wagen Nr.	Schlösser	Serie
10519 S S	*zwei*	*383*			
" "	"	"	" "	"	"
" "	"	"	" "	"	"
" "	"	"	" "	"	"
" "	"	"	" "	"	"
" "	"	"	" "	"	"

Bentheim, den *25. Mai* 1909.

Königliches Neben-Zollamt I.

(Stempel.) *Wehrmann.*

Anträge beziehungsweise zollamtliche Bescheinigungen

über Behandlung der Waren während des Transports (Umladungen, Ausladungen, Verschlußrevisionen usw., §§ 24 bis 27 des Eisenbahn-Zollregulativs.)

Erledigungsnachweise.

1. Der Begleitzettel sowie *ein* mit *gutem* Verschlusse versehene*r* *Umschlag* mit Ladungsverzeichnissen usw. und Schlüsseln ist abgegeben am ....
26. Mai 19*09*.

Schulz,
Zoll-Inspektor.

2. Der Begleitzettel ist im Begleitzettel-Empfangsregister *A* eingetragen unter Nr. *136*

Seiler,
Zoll-Sekretär.

3. Revisionsbefund:

a) in betreff des Verschlusses der Wagen, der Wagenabteilungen oder Behälter:

Gut abgenommen vom Wagen No. 10 519 SS.

b) in bezug auf Zahl und Art der Kolli: *— 160 — Einhundertsechzig Kolli, wie im Ladungsverzeichnis No. 198 angegeben ist, richtig vorgefunden.*

Die Richtigkeit dieser Angaben bescheinigen:

Berlin, den 26. Mai 1909.

Müller, *Zoll-Assistent.*　　*Schulz,* *Zoll-Aufseher.*

4. Nachweis des Ausgangs über die Grenze.

A. Umstehend genannte ...... Wagen usw. wurde ...... nach Abnahme des unverletzt befundenen Verschlusses

a) unter unseren Augen in das Ausland ausgeführt.

b) dem Grenzaufseher .... zur Begleitung über die Grenze übergeben.

.........., den .... 19.....

.... amt.

B. D..... mir übergebene..... Wagen usw. ist/sind unter meinen Augen in das Ausland geführt.

Der Begleitungsbeamte.

5. Bemerkungen in Beziehung auf die Überweisung auf ein anderes Amt.

D..... Ladungsverzeichni.... Nr. ......

nebst zugehörige..... Frachtbriefe..... ist/sind mit de..... Wagen Nr. ......

mit Begleitzettel Nr. .... von hier .... Belassung — Erweiterung — der Gestellungsfrist bis zum .... 19..... auf das .... amt überwiesen worden.

Die Erledigung dieses Begleitzettels bescheinigt.

Berlin, den *4. Juni* 19*09*.

(Stempel.)　**Kgl. Haupt-Zoll-** amt *Packhof-Nordhalle.*

Krause, Zoll-Sekretär.

~~Deklarations-Register Nr.~~ Abgegeben, den *4. Juni* *1909*

Begleitzettel-Empfangs-Register Nr. *A—136.* Die Revision übernehmen:*)

B 12

(Zu S. 154)

Deklaration zum Waren-Eingang.

(Vereins-Zollgesetz §§ 22 ff.)

Ich Unterschriebener, der Deklarations-Bevollmächtigte der *Kgl. Preußischen* Eisenbahnverwaltung melde dem *Kgl. Hauptzoll* Amte *Packhof Nordhalle* zu *Berlin* innen verzeichnete, auf *dem Eisenbahnwagen Nr. 10519 S S* geladene Waren an und hafte für die Wahrheit und Vollständigkeit dieser meiner Angabe.

Berlin, den *4. Juni* *1909*

Preußer.

Annahme-Erklärung.

Indem den Empfang des auf Grund dieser Anmeldung ausgefertigten unter Nr. des Begleitschein-Ausfertigungs-Registers ein getragenen Begleitscheins anerkenne,

übernehme zugleich die aus demselben nach §§ 44 und 46 des Vereins-Zollgesetzes sich ergebenden Verpflichtungen.

verpflichte den darin festgestellten Zollbetrag, wenn der Nachweis der erfolgten Zahlung desselben an das Empfangsamt nicht bis zum Ablauf der für die Übersendung des Erledigungsscheins festgesetzten Frist erbracht sein wird, auf Anfordern bei dem Begleitschein-Ausfertigungsamt einzuzahlen.**)

, den 19

Erledigung des Begleitscheins.

Die Erledigung des Begleitscheins bescheinigt auf Grund des Erledigungsscheins

Nr. Ziffer

, den 19

---

*) Nur für den Fall des lokalen Bedürfnisses auszufüllen.

**) Bei Begleitscheinen I werden die Worte „verpflichte" bis „einzuzahlen", und bei Begleitscheinen II die Worte „übernehme" bis „Verpflichtungen" durchstrichen.

I. Deklaration.									II.	III.
Nummer der einzelnen Positionen.	Name und Wohnort der Empfänger.	Der Kolli: Zeichen und Nummern.	Der Kolli: Zahl und Art der Verpackung.	Gattung und Menge der Waren: Benennung der Waren nach Anleitung des Zolltarifs.	Menge: Brutto-Gewicht*) kg	1/100	Menge: Netto-Gewicht kg	1/100	Anträge und Bemerkungen des Warendisponenten (Deklaranten, Begleitschein-Extrahenten, Warenführers 2c.).	Angabe: a) Herkunftsland; b) Bestimmungsland; c) ob zur oder nach Veredelung im 1. Inland für inländische oder ausländische Rechnung, 2. Ausland; d) ob aus einem Freibezirke.
1.	2.	3.	4.	5.	6.		7.		8.	9.
1	*Jacob &*	[706] *409/14*	*6 Ballen*	*Roher Kaffee*	*372*				*Wir überweisen* 1) [706] *409/14 an I. Kampf*	*a) Nie-*
	Valentin	[T] *77/91*	*15 „*	*„ „*	*930*				2) [T] *77/91 an I. A. Lutze*	*derl.*
	Berlin.	[704] *401/8*	*8 „*	*„ „*	*418*	*50*			3) [704] *401/08 an S. Goldenring*	*Ost-*
		[255] *6546/63*	*18 „*	*„ „*	*1118*	*—*			4) [255] *6546/63 an Netebus & Co.*	*Indien.*
		F. S. 28/50	*23 „*	*„ „*	*1440*				5) *F. S. 28/50 an Zuntz sel. Ww.*	
		D 761 1/13	*13 „*	*„ „*	*811*	*50*			6) *D. 761 1/13 an C. Kaiser*	
		[V.K.715] *201/55*	*55 „*	*„ „*	*3593*				7) [V.K.715] *201/55 I. C. Schmidt*	
		G. T 760/81	*22 „*	*„ „*	*1375*				8) *G. T. 760/81 E. Schreiber & Co.*	
			160 Ballen		*10058 kg*					

Mit dem { ~~Frachtbriefe~~ / Ladungsverzeichnisse / ~~Manifeste~~ } übereinstimmend.

Matthes.

Berlin, den 4. Juni 1908.

Preußer.

Berlin, den 5. Juni 1908.

für Jacob & Valentin

Hesse.

*) Zu Spalte 6 und 13. Bei Waren, welche nicht nach dem Gewicht verzollt werden, ist die Menge unter entsprechender Bezeichnung der Menge-Einheit (Tonne, Stück 2c.) in die für Angabe des Bruttogewichts vorgesehene Spalte einzutragen.

IV. Revisionsbefund.											V. Zollberechnung.						VI. Weiterer Nachweis der Waren.			VII.
Der Kolli		Der Waren							Nettogewicht durch Abrechnung der tarifmäßigen Tara, mit Angabe des Tarasatzes		Tarifsatz	Zollbetrag		Der Hebe- und Kontrollregister		Der Verkehrsnachweisung	Bemerkungen über vorhandenen, beibehaltenen oder angelegten Verschluß, Zahl der Bleie usw.
Zeichen und Nummern.	Zahl und Art der Verpakkung.	tarifmäßige Benennung mit Angabe der Tarifnummer und der Nummer des statistischen Warenverzeichnisses.	Menge. Durch Verwiegung ermitteltes Gewicht.											Benennung	Blatt / Nr.	Nummer, Blatt / laufende Nr.	
			Brutto*)		Netto												
			kg	1/100	kg	1/100	kg	1/100	Mk.	Mk.	Pf.				
10.	11.	12.	13.		14.		15.		16.	17.		18.	19.	20.	21.

Gutes. Gegen Vorzeigung des Stadtfrachtbriefes erhalten Jacob & Valentin den Auszug (A 136—8) (s. Form. S. 167/69!) zurück. Auf der linken Innenseite desselben stellen sie nun folgenden Antrag:

> *Herkunftsland Niederländisch-Ost-Indien.*
> *Zur Verzollung nach dem Rohgewicht.*
> *Berlin, den 6. Juni 1909.*
> *für E. Schreiber & Co.*
> *Jacob & Valentin.*
> *Siebert.*

Der Auszug wird nun in B 12 (d. h. Bureau Nr. 12) an die durch Aufschrift kenntlich gemachte Stelle gelegt, während der von Jacob & Valentin ausgefertigte Teilfrachtbrief an den Oberarbeiter abgegeben wird. Nach Aufruf werden die Ballen revidiert und Brutto gewogen. Von dem Rohgewicht ist eine Zolltara von 2 % abzuziehen. Den Frachtbrief und die Zollquittung erhält man nun zurück. Nachdem an der Zollkasse der Zoll bezahlt und der Arbeitslohn entrichtet ist, kann die Ware abgerollt werden.

Ein anderer Empfänger J. Kampf übersendet Jacob & Valentin das Avis ebenfalls per Post. In einem kurzen Begleitschreiben ersucht er um Abfertigung zur Niederlage. Gegen Vorzeigung des Teilfrachtbriefes holen Jacob & Valentin den Auszug A 136—1 (s. Form. S. 163/65!) ab und stellen darauf folgenden Antrag:

> *Herkunftsland: Niederländisch-Ost-Indien.*
> *Zur Niederlage.*
> *Berlin, den 5. Juni 1909.*
> *für J. Kampf.*
> *Jacob & Valentin.*
> *Siebert.*

Der Auszug wird in der Buchhalterei abgegeben, und die Sache ist damit einstweilen erledigt.

Vier Empfänger: S. Goldenring, Netebus & Co., Juntz sel. Ww., S. Kaiser, senden das quittierte Avis durch Boten an Jacob & Valentin und bezahlen die Fracht; sie erhalten die Stadtfrachtbriefe und besorgen die Zollabfertigung selber.

Da von J. C. Schmidt noch keine Nachricht eingegangen ist, so stellen Jacob & Valentin, um ihren Kunden vor der Zahlung des Lagergeldes zu schützen, auf dem Auszug A 136—7 folgenden Antrag:

Herkunftsland: Niederländisch Ost-Indien.

Wir beantragen wegen Mangel an Dispositionen Fristverlängerung bis zum 20. Juni.

Berlin, den 6. Juni 1909.

für J. C. Schmidt
Jacob & Valentin
Siebert.

Der Auszug wird in der Buchhalterei dann wieder zurückgegeben. Die Fristverlängerung aber wird nicht ohne genügende Angabe von Gründen genehmigt.

J. A. Lutze hat inzwischen die 15 Ballen Kaffee an Otto Heuer in Kolberg weiter verkauft. Otto Heuer hat aber einen Zollkredit (siehe S. 18/20!) in Höhe ℳ 60 000,—. Er will den Zoll deshalb nicht gleich bezahlen, wenn er die Ware in den freien Verkehr bringt, sondern auf Grund seines Zollkredits eine dreimonatliche Stundung beantragen. Darum beauftragt er seinen Lieferanten J. A. Lutze, den Kaffee, den er unverzollt gekauft hat, auf Begleitschein II abzufertigen.

J. A. Lutze löst nun bei Jacob & Valentin gegen Rückgabe des quittierten Avises den Frachtbrief ein und erhält in der Buchhalterei der Zollbehörde gegen Vorzeigung des Frachtbriefes den Auszug zurück. Nach diesem Auszuge wird nun ein Begleitschein II (s. Form. S. 171/73!) ausgeschrieben, der zur Vergleichung mit dem Auszug und dem Frachtbriefe in der Eingangsbuchhalterei eingereicht wird. Nachdem die Übereinstimmung bescheinigt ist, wird der Begleitschein II zur Abfertigung in dem Zollbureau, in dessen Schuppen der Kaffee lagert, eingereicht. Die Zollabfertigung erfolgt nun genau so, als wenn die Ware in den freien Verkehr übergehen sollte. Der Zoll wird genau berechnet, und nur die Erhebung desselben wird einem andern inneren Amte, dem Empfangsamte überwiesen. Darum muß auch der Begleitschein-Extrahent — J. A. Lutze — die Erklärung abgeben, daß er für die richtige Bezahlung des Zolles hafte, wenn der Empfänger innerhalb der vorgeschriebenen Frist den Zollbetrag nicht entrichtet haben sollte (s. Form. S. 171!). Verantwortlich bleibt der Zollbehörde also auf jeden Fall der Absender. Daraus erklärt es sich auch, daß die Zollbehörde sich auf die Abfertigung einer Ware auf Begleitschein II nur dann einläßt, wenn der Absender bis zur Entrichtung des Zollbetrages durch den Empfänger der Ware den Zollbetrag beim Ausfertigungsamt deponiert. Solchen Firmen gegenüber, die der Zollbehörde als zahlungsfähig bekannt sind, wird auf ein Deponat verzichtet.

In dem Auszuge (A 136—1) (s. Form. S. 163/65!) hatten Jacob & Valentin für J. Kampf 6 Ballen **706** 409/14 am 5. Juni zur Niederlage deklariert. Am 10. Juni will J. Kampf 1 kg zwecks Versendung von Proben aus der Niederlage entnehmen. Auf einem besonderen Formular muß er nun den Antrag auf

Verabfolgung von 1 kg der Ware zur Probenentnahme stellen. Unter Aufsicht von zwei Zollbeamten kann er einem oder mehreren Ballen das beantragte Quantum von Proben entnehmen. Der Zoll für die entnommenen Proben wird aber erst bei der Räumung der betreffenden Warenpost bezahlt (s. S. 33!). Natürlich wird im Niederlageregister und auch im Niederlageschein die Entnahme von 1 kg vermerkt.

Auf Grund des Versandes von Mustern verkauft J. Kampf 4 Ballen Kaffee an seine Kundschaft in Berlin, 2 Ballen an J. Neumann, Eberswalde. Für die 4 Ballen schreibt J. Kampf eine „Abmeldung von Waren aus der Niederlage" (s. Form. S. 175/77!) aus und stellt darauf den Antrag zur Verzollung.

Die 2 Ballen, die J. Neumann in Eberswalde unverzollt gekauft hat, werden auf Begleitschein I abgefertigt.

(Fortsetzung des Textes S. 178)

~~Deklarationsregister~~ Begleitzettel-Empfangsregister } Blatt Nr. *A 136—1*

(Zu S. 160/61)

Abgegeben, den *5. Juni* 1909.
Die Revision übernehmen:*)

Auszug

aus

der *Deklaration* des *Kgl. Hauptzoll-* amtes zu *Berlin Packhof Nordhalle* Nr. *A 136—1* vom *4. Juni* 1909 über die damit an den umstehend genannten Empfänger eingegangenen Waren behufs der Anmeldung derselben zur Verzollung.

Niederlage.

Weiterbeförderung mit Begleitschein.

Annahmeerklärung.

Indem den Empfang des auf Gruud dieser (der angestempelten) Anmeldung ausgefertigten, unter Nr. des Begleitschein-Ausfertigungsregisters eingetragenen Begleitscheins anerkenne ,

übernehme zugleich die aus demselben nach §§ 44 und 46 des Vereinszollgesetzes sich ergebenden Verpflichtungen sowie die Haftung für den auf den Waren ruhenden Lagerausgleich.

verpflichte den darin festgestellten Zollbetrag, wenn der Nachweis der erfolgten Zahlung desselben an das Empfangsamt nicht bis zum Ablauf der für die Übersendung des Erledigungsscheins festgesetzten Frist erbracht sein wird, auf Anfordern bei dem Begleitschein-Ausfertigungsamt einzuzahlen.**)

, den 190 .

Erledigung des Begleitscheins.

Die Erledigung des Begleitscheins bescheinigt auf Grund des Erledigungsscheins Nr. Ziffer

, den 190 .

---

*) Nur für den Fall des lokalen Bedürfnisses auszufüllen.

**) Nicht Zutreffendes ist zu durchstreichen.

				I. Inhalt } der Deklaration. ~~des Begleitscheins.~~							II.	III.
Nummer der einzelnen Positionen	Name und Wohnort der Empfänger.	Der Kolli: Zeichen und Nummern	Der Kolli: Zahl und Art der Verpackung	Gattung und Menge der Waren. Nach der noch nicht geprüften Angabe des Deklaranten. Benennung der Waren nach Anleitung des Zolltarifs.	Menge: Rohgewicht *) kg | 1/100	Menge: Reingewicht kg | 1/100	Nach stattgehabter amtlicher Ermittelung: Tarifmäßige Benennung der Waren mit Angabe der Tarifnummer und der Nummer des statistischen Warenverzeichnisses.	Menge: Rohgewicht *) kg | 1/100	Menge: Reingewicht kg | 1/100	Angabe, ob und bei welchem Amte ein Verschluß angelegt ist, und Zahl der angelegten Bleie usw.	Anträge und Bemerkungen des Warendisponenten (Deklaranten, Begleitscheinextrahenten, Warenführers usw.).	Angabe: a) Herkunftsland; b) Bestimmungsland; c) ob zu oder nach Veredelung im 1. Inland für inländische od. ausländische Rechnung, 2. Ausland; d) ob aus Niederlage, Freibezirk oder fortlaufendem Konto; und — bei lagerausgleichpflichtigen Waren — e) 1. ob zu einem offenen Lager u. zu welchem angeschrieben gewesen, 2. ob u. währendwelches Zeitraums in Verschlußlagern gelagert.
1.	2.	3.	4.	5.	6.	7.	8.	9.	10.	11.	12.	13.
	J. Kampf, Berlin	706 409 Id	6 Ballen	*Roher Kaffee*			*O. R. †*	*372 —*				*a) Niederl. Ost-Indien*

Herkunftsland: Niederländisch Ost-Indien.

Zur Niederlage.

Berlin, den 5. Juni 1909,

für J. Kampf

Jacob & Valentin

Siebert.

Mit { ~~der Deklaration~~ / dem Begleitschein } übereinstimmend

Matthes

*) Zu Spalte 6, 9 und 17. Bei Waren, welche nicht nach dem Gewicht verzollt werden, ist die Menge unter entsprechender Bezeichnung der Mengeeinheit (Tonne, Stück usw.) in die für Angabe des Rohgewichts vorgesehene Spalte einzutragen.

IV. Revisionsbefund.							V. Berechnung der Zollgefälle und des Lagerausgleichs.					VI. Weiterer Nachweis der Waren.			VII.
Der Kolli		Der Waren													
Zeichen und Nummern.	Zahl und Art der Verpackung.	tarifmäßige Benennung mit Angabe der Tarifnummer und der Nummer des statistischen Warenverzeichnisses.	Menge. Durch Verwiegung ermitteltes Gewicht. Roh *)		Menge. Durch Verwiegung ermitteltes Gewicht. Rein		Reingewicht durch Abrechnung der tarifmäßigen Tara, mit Angabe des Tarasatzes		Tarifsatz	a) Zollbetrag, b) Lagerausgleich		Der Hebe- und Kontrollregister Benennung.	Der Hebe- und Kontrollregister Blatt Nr.	Der Verkehrsnachweisung Nummer, Blatt laufende Nr.	Bemerkungen über vorhandenen, beibehaltenen oder angelegten Verschluß, Zahl der Bleie usw.
			kg	1/100	kg	1/100	kg	1/100	Mark	Mark	Pf.				
14.	15.	16.	17.		18.		19.		20.	21.		22.	23.	24.	25.

IV. Revisionsbefund.					V. Berechnung der Zollgefälle und des Lagerausgleichs.			VI. Weiterer Nachweis der Waren.			VII.
Der Kolli		Der Waren									
			Menge. Durch Verwiegung ermitteltes Gewicht.					Der Hebe- und Kontrollregister		Der Verkehrsnachweisung	
Zeichen und Nummern.	Zahl und Art der Verpackung.	tarifmäßige Benennung mit Angabe der Tarifnummer und der Nummer des statistischen Warenverzeichnisses.	Roh *)	Rein	Reingewicht durch Abrechnung der tarifmäßigen Tara, mit Angabe des Tarasatzes	Tarifsatz	a) Zollbetrag, b) Lagerausgleich	Benennung.	Blatt Nr.	Nummer, Blatt / laufende Nr.	Bemerkungen über vorhandenen, beibehaltenen oder angelegten Verschluß, Zahl der Bleie usw.
			kg | 1/100	kg | 1/100	kg | 1/100	Mark	Mark | Pf.				
14.	15.	16.	17.	18.	19.	20.	21.	22.	23.	24.	25.

~~Deklarationsregister~~ *zettel*
Begleit~~schein~~-Empfangsregister } Blatt *A* Nr. *136 — 8.*

Abgegeben, den *6. Juni* 19*09*.
Die Revision übernehmen:*)

B 12

(Zu S. 160/61)

Auszug

aus

der *Deklaration* des *Kgl. Hauptzollamtes zu Berlin Packhof Nordhalle* Nr. *A — 136* vom *4. Juni* 19*09* über die damit an den umstehend genannten Empfänger eingegangenen Waren behufs der Anmeldung derselben zur Verzollung.
~~Niederlage.~~
~~Weiterbeförderung mit Begleitschein.~~

Annahmeerklärung.

Indem den Empfang des auf Grund dieser (der angestempelten) Anmeldung ausgefertigten, unter Nr. des Begleitschein-Ausfertigungsregisters eingetragenen Begleitscheins anerkenne ,
übernehme zugleich die aus demselben nach §§ 44 und 46 des Vereinszollgesetzes sich ergebenden Verpflichtungen sowie die Haftung für den auf den Waren ruhenden Lagerausgleich.
verpflichte den darin festgestellten Zollbetrag, wenn der Nachweis der erfolgten Zahlung desselben an das Empfangsamt nicht bis zum Ablauf der für die Übersendung des Erledigungsscheins festgesetzten Frist erbracht sein wird, auf Anfordern bei dem Begleitschein-Ausfertigungsamt einzuzahlen.**)

, den . 190 .

Erledigung des Begleitscheins.

Die Erledigung des Begleitscheins bescheinigt auf Grund des Erledigungsscheins Nr. Ziffer

, den 190 .

---

*) Nur für den Fall des lokalen Bedürfnisses auszufüllen.
**) Nicht Zutreffendes ist zu durchstreichen.

I. Inhalt der Deklaration. / des Begleitscheins.											II.	III.
		Der Kolli		Gattung und Menge der Waren.								
				nach der noch nicht geprüften Angabe des Deklaranten.			nach stattgehabter amtlicher Ermittelung					
					Menge			Menge				
Nummer der einzelnen Positionen.	Name und Wohnort der Empfänger.	Zeichen und Nummern.	Zahl und Art der Verpackung.	Benennung der Waren nach Anleitung des Zolltarifs.	Rohgewicht*) kg | 1/100	Reingewicht kg | 1/100	Tarifmäßige Benennung der Waren mit Angabe der Tarifnummer und der Nummer des statistischen Warenverzeichnisses.	Rohgewicht*) kg | 1/100	Reingewicht kg | 1/100	Angabe, ob und wie und bei welchem Amte ein Verschluß angelegt ist, und Zahl der angelegten Bleie usw.	Anträge und Bemerkungen des Warendisponenten (Deklaranten, Begleitscheinextrahenten, Warenführers 2c.).	Angabe: a) Herkunftsland; b) Bestimmungsland; c) ob zur oder nach Veredelung im 1. Inland für inländische od. ausländische Rechnung, 2. Ausland; d) ob aus Niederlage, Freibezirk oder fortlaufendem Konto; und — bei lagerausgleichpflichtigen Waren — e) 1. ob zu einem offenen Lager u. zu welchem angeschrieben gewesen, 2. ob u. während welches Zeitraums in Verschlußlagern gelagert.
1.	2.	3.	4.	5.	6.	7.	8.	9.	10.	11.	12.	13.
1	*E. Schreiber & Co. Berlin*	*G.T. 760/81*	*22 Ballen*	*Roher Kaffee*			*Ohne Revision*	*1385*				*a) Niederländisch Ost-Indien*

Herkunftsland: Niederländisch Ost-Indien

Zur Verzollung nach dem Rohgewicht.

Berlin, den 6. Juni 1909.

für E. Schreiber & Co

Jacob & Valentin

Siebert.

Mit { der Deklaration / ~~dem Begleitschein~~ } übereinstimmend

Matthes.

*) Zu Spalte 6, 9 und 17. Bei Waren, welche nicht nach dem Gewicht verzollt werden, ist die Meng unter entsprechender Bezeichnung der Mengeeinheit (Tonne, Stück 2c.) in die für Angabe des Rohgewichts vorgesehene Spalte einzutragen. † *O. R.* = Ohne Revision.

IV. Revisionsbefund.							V. Berechnung der Zollgefälle und des Lagerausgleichs.					VI. Weiterer Nachweis der Waren.			VII.
Der Kolli		Der Waren													
			Menge. Durch Verwiegung ermitteltes Gewicht.									Der Hebe- und Kontrollregister		Der Verkehrsnachweisung	
Zeichen und Nummern.	Zahl und Art der Verpackung.	tarifmäßige Benennung mit Angabe der Tarifnummer und der Nummer des statistischen Warenverzeichnisses.	Roh*)		Rein		Reingewicht durch Abrechnung der tarifmäßigen Tara, mit Angabe des Tarasatzes		Tarifsatz	a) Zollbetrag b) Lagerausgleich		Benennung.	Blatt Nr.	Nummer, Blatt laufende Nr.	Bemerkungen über vorhandenen, beibehaltenen oder angelegten Verschluß, Zahl der Bleie usw.
			kg	1/100	kg	1/100	kg	1/100	Mark	Mark	Pf.				
14.	15.	16.	17.		18.		19.		20.	21.		22.	23.	24.	25.

<table>
<tr><th colspan="7">IV.
Revisionsbefund.</th><th colspan="5">V.
Berechnung der Zollgefälle und des Lagerausgleichs.</th><th colspan="3">VI.
Weiterer Nachweis der Waren.</th><th rowspan="5">VII.

Bemerkungen über vorhandenen, beibehaltenen oder angelegten Verschluß, Zahl der Bleie usw.</th></tr>
<tr><th colspan="2">Der Kolli</th><th colspan="5">Der Waren</th><th rowspan="3" colspan="2">Reingewicht durch Abrechnung der tarifmäßigen Tara, mit Angabe des Tarasatzes</th><th rowspan="3">Tarifsatz</th><th rowspan="3" colspan="2">a) Zollbetrag
b) Lagerausgleich</th><th colspan="2">Der Hebe- und Kontrollregister</th><th>Der Verkehrsnachweisung</th></tr>
<tr><th rowspan="3">Zeichen und Nummern.</th><th rowspan="3">Zahl und Art der Verpackung.</th><th rowspan="3">tarifmäßige Benennung mit Angabe der Tarifnummer und der Nummer des statistischen Warenverzeichnisses.</th><th colspan="4">Menge.
Durch Verwiegung ermitteltes Gewicht.</th><th rowspan="3">Benennung.</th><th rowspan="3">Blatt
Nr.</th><th rowspan="3">Nummer, Blatt
laufende Nr.</th></tr>
<tr><th colspan="2">Roh*)</th><th colspan="2">Rein</th></tr>
<tr><th>kg</th><th>1/100</th><th>kg</th><th>1/100</th><th>kg</th><th>1/100</th><th>Mark</th><th>Mark</th><th>Pf.</th></tr>
<tr><td>14.</td><td>15.</td><td>16.</td><td colspan="2">17.</td><td colspan="2">18.</td><td colspan="2">19.</td><td>20.</td><td colspan="2">21.</td><td>22.</td><td>23.</td><td>24.</td><td>25.</td></tr>
<tr><td></td><td></td><td></td><td></td><td></td><td></td><td></td><td></td><td></td><td></td><td></td><td></td><td></td><td></td><td></td><td></td></tr>
<tr><td></td><td></td><td></td><td></td><td></td><td></td><td></td><td></td><td></td><td></td><td></td><td></td><td></td><td></td><td></td><td></td></tr>
<tr><td></td><td></td><td></td><td></td><td></td><td></td><td></td><td></td><td></td><td></td><td></td><td></td><td></td><td></td><td></td><td></td></tr>
</table>

Deutsches Zollgebiet.

Königreich Preußen. Direktivbezirk: Brandenburg.

Begleitschein II (zu S. 161).

No. *A 750.*

Ausfertigungsamt: Berlin. Empfangsamt: *Kolberg*

Gestellung der Waren:

Zahlungsfrist: Der Zollbetrag von *M 364,56*

~~*Dreihundert und vierundsechzig*~~ **Mark** ~~*56*~~ **Pfennig**

muß bei dem Empfangsamt bis zum *fünfundzwanzigsten dieses Monats* unter Vorlage dieses Begleitscheins eingezahlt sein, widrigenfalls die Einziehung des Zollbetrags von dem Extrahenten des Begleitscheins erfolgen wird. Der Beweis der erfolgten Zollentrichtung muß bis zum Ablauf der für die Übersendung des Erledigungsscheins festgesetzten Frist geführ werden.

Geleistete Sicherheit:

Annahmeerklärung des Begleitschein-Extrahenten: *Ich* übernehme diesen Begleitschein mit den aus demselben sich ergebenden Verpflichtungen.

Berlin, den *5. Juni* 19*09*

für I. A. Lutze.

Servius.

Berlin, den *5. Juni* 19*09*

Vorregister:

Deklarations-Register Nr. *A 136.*

~~Begleitzettel-Empfangs-Register Nr.~~

~~Begleitschein-Empfangs-Register Nr.~~

~~Niederlage-Register Konto Nr.~~

Königlich Preußisches Hauptsteueramt für ausländische Gegenstände.

L. S.

Meyer,
Zoll-Sekretär.

Erledigungsschein Nr. Ziffer

(Unterschrift.)

Ebel,
Zoll-Aufseher.

Erledigungs-Bescheinigung.

1. Der Begleitschein ist am . 19 unter Nr. des Begleitschein-Empfangs-Registers eingetragen.
2. Gestellung der Waren:
3. Der Zollbetrag ist mit Mark Pfennig am . 19 ad depositum verbucht unter Nr. des
4. Der Zollbetrag ist mit Mark Pfennig am . 19 definitiv vereinnahmt unter Nr. des Einnahme-Journals

, den . 19

-Amt.

Abgegeben am 190 Die Revision übernehmen:*)

I. Deklaration, Auszug aus der Deklaration, dem Begleitschein oder dem Niederlageschein.

Nummer der einzelnen Positionen	Name und Wohnort der Empfänger.	Der Kolli: Zeichen und Nummern.	Der Kolli: Zahl und Art der Verpackung.	Gattung und Menge der Waren nach der noch nicht geprüften Angabe des Deklaranten: Benennung der Waren nach Anleitung des Zolltarifs.	Menge: Brutto-Gewicht**) kg 1/100	Menge: Netto-Gewicht kg 1/100	Nach stattgehabter amtlicher Ermittelung: Tarifmäßige Benennung der Waren mit Angabe der Tarifnummer und der Nummer des statistischen Warenverzeichnisses.	Menge: Brutto-Gewicht**) kg 1/100	Menge: Netto-Gewicht kg 1/100	Angabe, ob und wie und bei welchem Amte ein Verschluß angelegt ist, und Zahl der angelegten Bleie usw.	II. Anträge und Bemerkungen des Warendisponenten (Deklaranten, Begleitschein-Extrahenten, Warenführers ꝛc.).	III. Angabe: a) Herkunftsland; c) ob im Veredelungsverkehr für Rechnung eines Inländers oder Ausländers; d) ob aus Niederlage, Freibezirk oder fortlaufendem Konto.
1.	2.	3.	4.	5.	6.	7.	8.	9.	10.	11.	12.	13.
	Otto Heuer Kolberg	A 77/91	*15*	*Ballen roher Kaffee*			*O. R.* †	*930* —		*R. V.* ††	Mit Begleitschein II auf *Kolberg* an *Otto Heuer*	*a) Niederländisch Ost-Indien*

Berlin, den 5. Juni 1909.

für *I. A. Lutze*

Servius.

Mit dem { Frachtbriefe / ~~Begleitscheine~~ / ~~Niederlage-Register~~ / ~~-Register~~ } übereinstimmend.

Matthes.

Ich Unterschriebener, der melde dem Amte zu vorstehend verzeichnete, auf geladene Waren an und hafte für die Wahrheit und Vollständigkeit dieser meiner Angabe.

, den 190

(Dieser Vordruck ist zu durchstreichen, wenn die Anmeldung nicht als Waren-Eingangs-Deklaration dient.)

*) Nur für den Fall des lokalen Bedürfnisses auszufüllen.

**) Zu Spalte 6, 9 und 17. Bei Waren, welche nicht nach dem Gewicht verzollt werden, ist die Menge unter entsprechender Bezeichnung der Menge-Einheit (Tonne, Stück ꝛc.) in die für Angabe des Bruttogewichts vorgesehene Spalte einzutragen.

Anmerkung des Herausgebers:

† *O. R.* = Ohne Revision.

†† *R. V.* = Raumverschluß. Beides sind allgemein übliche Abkürzungen.

IV. Revisionsbefund.							V. Zollberechnung					VI.	VII.
Der Kolli		Der Waren										Weiterer Nachweis der Waren.	
Zeichen und Nummern.	Zahl und Art der Verpackung.	tarifmäßige Benennung mit Angabe der Tarif-Nummer und der Nummer des statistischen Warenverzeichnisses.	Menge. Durch Verwiegung ermitteltes Gewicht.				Netto-Gewicht durch Abrechnung der tarifmäßigen Tara, mit Angabe des Tarasatzes		Tarifsatz	Zollbetrag		Der Verkehrsnachweisung Nummer, Blatt laufende Nr. (Von dem Begleitschein-Erledigungsamt auszufüllen.)	Bemerkungen über vorhandenen, beibehaltenen oder angelegten Verschluß, Zahl der Bleie usw.
			Brutto**)		Netto								
			kg	1/100	kg	1/100	kg	1/100	Mk.	Mk.	Pf.		
14.	15.	16.	17.		18.		19.		20.	21.		22.	23.
Wie	Spalte	Angenommen	930				911	40	40	364	56		ohne
3 und 4							2%						

Berlin, den 5. Juni 1909.

Dietrich, Zoll-Assistent.

Nauert, Zoll-Aufseher.

Abgegeben, den *15. Juni 1909.*

Die Revision übernehmen:*) *B. 8.*

Niederlageregister: *III.*
Konto *53.*
Blatt *169.*
Nr. *166.*

(Zu S. 162)

Abmeldung
von
Waren aus der Niederlage
des *Kgl. Haupt-Zollamtes* zu *Berlin Packhof-Nordhalle*

zur Verzollung.
~~zur Versendung auf Begleitschein.~~

Annahmeerklärung.

Indem den Empfang des auf Grund dieser Abmeldung ausgefertigten, unter Nr. des Begleitschein-Ausfertigungsregisters eingetragenen Begleitscheins anerkenne , übernehme zugleich die aus demselben nach §§ 44 und 46 des Vereinszollgesetzes sich ergebenden Verpflichtungen. verpflichte den darin festgestellten Zollbetrag, wenn der Nachweis der erfolgten Zahlung desselben an das Empfangsamt nicht bis zum Ablauf der für die Übersendnng des Erledigungsscheins festgesetzten Frist erbracht sein wird, auf Anfordern bei dem Begleitschein-Ausfertigungsamt einzuzahlen.**)

, den 190

Erledigung des Begleitscheins.

Die Erledigung des Begleitscheins bescheinigt auf Grund des Erledigungsscheins Nr. Ziffer

, den . 190

---

*) Nur für den Fall des lokalen Bedürfnisses auszufüllen.

**) Bei Begleitscheinen I werden die Worte „verpflichte" bis „einzuzahlen", und bei Begleitscheinen II die Worte „übernehme" bis „Verpflichtungen" durchstrichen.

I. Angabe des Abmelders nach Inhalt des Niederlagescheins.												II.
Niederlageregister.			Datum der Niederlegung.	Der Kolli		Der Waren				Angabe:		Anträge und Bemerkungen des Warendisponenten (Deklaranten, Begleitscheinextrahenten, Warenführers 2c.).
						Gattung		Menge. Einlagerungs-Gewicht				
Konto.	Blatt.	Nr.		Zeichen und Nummern.	Zahl und Art der Verpackung.	nach der noch nicht geprüften Angabe des Deklaranten.	nach stattgehabter amtlicher Ermittelung. Tarifmäßige Benennung der Waren mit Angabe der Tarifnummer und der Nummer des statistischen Warenverzeichnisses.	Brutto*) kg 1/100	Netto kg 1/100	ob und wie und bei welchem Amte ein Verschluß angelegt ist, und Zahl der angelegten Bleie usw.	a) Herkunftsland; b) Bestimmungsland; c) ob zur oder nach Veredelung im 1. Inland für inländische oder ausländische Rechnung, 2. Ausland.	
1.	2.	3.	4.	5.	6.	7.	8.	9.	10.	11.	12.	13.
53	*169*	*166*	*5./6 1908*	*706* *409/12*	*4 Ballen*		*Roher Kaffee 61—a.*				*a) Niederl. Ost-Indien b) D. Z. G.*	*Zur Verzollung*

Berlin, den 15. Juni 1909.

J. Kampf

Mit dem Niederlageregister übereinstimmend.

Krause.

*) Zu Spalte 9 und 17. Bei Waren welche nicht nach dem Gewicht verzollt werden, ist die Menge unter entsprechender Bezeichnung der Mengeeinheit (Tonne, Stück 2c.) in die für Angabe des Bruttogewichts vorgesehene Spalte einzutragen.

III. Revisionsbefund.					IV. Zollberechnung.			V. Weiterer Nachweis der Waren.			VI.
Der Kolli		Der Waren			Nettogewicht durch Abrechnung der tarifmäßigen Tara, mit Angabe des Tarasatzes	Tarifsatz	Zollbetrag	Der Hebe- und Kontrollregister		Der Verkehrsnachweisung	Bemerkungen über vorhandenen, beibehaltenen oder angelegten Verschluß, Zahl der Bleie usw.
Zeichen und Nummer	Zahl und Art der Verpackung	tarifmäßige Benennung mit Angabe der Tarifnummer und der Nummer des statistischen Warenverzeichnisses.	Menge. Auslagerungsgewicht. Brutto*)	Netto				Benennung.	Blatt	Nummer, Blatt	
			kg, $\frac{1}{100}$	kg, $\frac{1}{100}$	kg, $\frac{1}{100}$	Mk.	Mk., Pf.		Nr.	laufende Nr.	
14.	15.	16.	17.	18.	19.	20.	21.	22.	23.	24.	25.

C. Im Schiffsverkehr.

I. Ausländische Ware geht per Schiff nach Deutschland.

a. Der Weiterversand in das deutsche Zollgebiet erfolgt als Sammelladungsgut.

Beispiel: In Manchester liegt der Dampfer „Holnis" zur Abfahrt nach Hamburg in direkter Linie bereit. Am Montag Abend 9 Uhr dampft er ab. Der Schiffsmakler in Manchester, der die Befrachtung des Dampfers zu vermitteln hatte, telegraphiert dem Hamburger Schiffsmakler, der für die „Holnis" regelmäßig Löschung und Ladung besorgt: „Holnis" 14. Dez. abends 9 Hafen verlassen". Unter regelmäßigen Umständen ist nun zu erwarten, daß der Dampfer am Sonnabend früh um 6 Uhr in Hamburg eintrifft. In Cuxhaven übernimmt ein Elblotse die Führung des Dampfers. Sowie der Dampfer Cuxhaven passiert hat, wird an den Schiffsmakler in Hamburg wieder ein Telegramm gesandt: „Holnis" Cuxhaven 12.¹⁵ abends passiert. Gleichzeitig depeschiert die Station in Cuxhaven an das Hauptpostamt in Hamburg, daß der D „Holnis" Cuxhaven passiert hat. Das Hamburger Postamt veröffentlicht dreimal täglich amtliche Meldungen über diejenigen Schiffe, die über Cuxhaven nach Hamburg fahren, und über diejenigen Dampfer, die vom Hamburger Hafen in See gegangen sind (s. Form. S. 179!). Die Frühmeldungen erfolgen auf weißen Zetteln, vormittags 10 Uhr 55 Min. werden blaue Zettel nachmittags um 5 Uhr Zettel von roter Farbe ausgegeben[1]). Auf diese amtlichen telegraphischen Schiffsmeldungen können die Kaufleute abonnieren; jedoch muß das Abonnement von den Inhabern der Firmen persönlich (nicht durch Angestellte!) aufgegeben werden.

Der Elblotse führt die „Holnis" bis in die Nähe der Landungsbrücke von St. Pauli. Hat das Schiff lebendes Großvieh an Bord, so muß es hier zur Entlöschung desselben anlegen. Ist das aber nicht der Fall, so hat es, sobald es in die Nähe der Landungsbrücke von St. Pauli kommt, eine schwarz-weiße Flagge, die „Lotsenflagge", gehißt, um den Hafenlotsen durch dieses Signal zu verständigen. Der Hafenlotse nähert sich mit seiner Lotsenbarkasse dem Dampfer und geht an

---

[1]) Das Hamburger Postamt beabsichtigt im Jahre 1909 an Stelle der bisherigen Zustellung der gedruckten Schiffsmeldungen durch Boten eine telegraphische Übermittelung vom Telegraphenamt bis zu den Wohnungen oder Geschäftsstellen der Abonnenten einzuführen. Es sollen bei den Teilnehmern Ferndrucker aufgestellt werden, die die Schiffsmeldungen selbsttätig ohne Bedienung und Überwachung auf Papierstreifen, die sich automatisch abwickeln, in Typendruck aufdrucken. Vom Hamburger Telegraphenamt soll die Übermittelung der Schiffsmeldungen an die Teilnehmer sofort nach Eingang der Meldungen von den Beobachtungsorten Cuxhaven, Brunsbüttelkoog und Holtenau erfolgen.

(Fortsetzung des Textes S. 180)

(Muster einer amtlichen Schiffsmeldung zu S. 178.)

Nr. 2	Deutscher Reichsadler.	**Vormittagsausgabe:**
Mittwoch		**Telegraphenamt (Ringstraße)**
1. Januar 1908.		**ausgegeben 10 Uhr 55 Minuten.**

Amtliche telegraphische Schiffsmeldungen.

Nachdruck und eigenmächtige Veröffentlichung ist untersagt. Jedes Abonnement ist nur persönlich. Eine Gewähr für die Richtigkeit wird nicht übernommen.

Cuxhaven meldet: Angekommen:

	St. Min.	**Schiff**	**Kapt.**	**von**
1. Vorm.	fehlt	**Goldenfels** Dampfb.	Vollers	Ostindien
	2 50	**Glendale** Dampfb.	Mellin	Boness
	5 45	**Seestern** Fischerdampfb.	—	d. Nordsee
	6 —	**Holnis** Dampfb.	Nehlsen	Manchester
	7 30	**Nottingham** Dampfb.	Osborn	Grimsby
	8 10	**Oldenburg** Dampfb.	Uhlenbruch	Marocco
	8 40	**Odenwald** Postdampfb.	Wiehr	Westindien
	9 —	**Virgo** Dampfb.	Finney	London
	9 35	**Rio Negro** Postdampfb.	Sachse	Para

Von hier auf: 8½ Uhr Dampfb. Goldenfels.

Geankert: Post-Dampfb. Rio Negro.

9 Uhr 45 Min. Dampfboot in Sicht.

In See gegangen:

	St. Min.	**Schiff**	**nach**
31. Nachm.	12 —	**Ella** Dampfb.	—
	„ „	**Teesdaale** Dampfb.	Newcastle
1. Vorm.	1 20	**Otto** Dampfb.	Hull
	5 30	**Savona** Dampfb.	Leith
	7 35	**City of Malaga** Dampfb.	—
	„ „	**Stambul** Dampfb.	Malta
	9 15	**Krautsand** Schlepper	Rotterdam
	„ „	**Donau** Leichter	do.

Wind: Ost, leicht. Wetter: bewölkt.
Barometer: 771,6. Thermometer: — 2,6° C.

Helgoland meldet: Wind: Ost, mäßig. Wetter: bedeckt.
See: leicht bewegt.

Bord, um hier die Führung des Schiffes zu übernehmen. Der Elblotse verläßt den Dampfer und hält sich mit der Barkasse zu andern Dienstgeschäften bereit.

An der Landungsbrücke in St. Pauli sind an einer Tafel die amtlichen Schiffsmeldungen angeschlagen. Hier informieren sich sowohl die Hafenlotsen, als auch die Vertreter der Schleppschiffahrts-Gesellschaften über die Ankunft der Dampfer. Darum liegen gewöhnlich an der Landungsbrücke von St. Pauli schon „Schlepper" bereit. Ist das aber ausnahmsweise nicht der Fall, so werden die Schlepper durch Signale verständigt. Zwei Schlepper (bei größeren Dampfern sind deren drei erforderlich) schleppen nun die „Holnis" an den Kai zur Entlöschung.

Diejenigen Dampfer, die regelmäßig verkehren, die sogenannten „Wochendampfer", legen stets an demselben Kai an. Den nicht regelmäßig verkehrenden Dampfern weist der Hafenmeister den Platz an. Bevor der Hafenlotse die Führung eines Schiffes übernimmt, muß er über den Anlegeplatz informiert sein.

Zu der Stunde, in der die Ankunft des Schiffes an dem Kai erwartet wird, schickt der Schiffsmakler einen Angestellten an den Kai, um bei Eintreffen des Dampfers von dem Kapitän die Schiffspapiere in Empfang zu nehmen. Mit dem Worte Schiffspapiere bezeichnet man in diesem Falle 1. die Konnossemente, 2. die Manifeste. Ein Manifest ist ein vollständiges Verzeichnis sämtlicher geladener Güter. Eine Abschrift des Manifestes erhält die Kaiverwaltung. Unter einem Konnossement versteht man einen Schiffsladeschein (Schiffsfrachtbrief), in dem der Schiffer sich zum Empfange der Ware bekennt und sich verpflichtet, die empfangenen Güter gegen Zahlung der Fracht an den Bestimmungsort zu befördern.

In den weitaus meisten Fällen tritt für den Empfang und Weiterversand der Güter ein Hamburger Spediteur ein. Die Spediteure sind häufig in den Konnossementen als Empfänger genannt. Der Schiffsmakler sortiert nun die verschiedenen Konnossemente nach den einzelnen Empfängern und sendet dieselben den Spediteuren in einem Briefumschlag durch Boten zu. Für jede Kuvertsendung erhebt der Schiffsmakler in Hamburg eine Gebühr von 15 Pf.

Oft sind die Konnossemente auch an Order gestellt. Der Versender schickt dann das Konnossement an den Empfänger der Ware, beispielsweise an einen Berliner Kaufmann, und dieser übersendet es giriert an einen Spediteur in Hamburg. Der Spediteur muß das Konnossement vor der Weitergabe gleichfalls girieren. Regelmäßig wird hierbei das Blankogiro angewendet.

Sämtliche Konnossemente (sowohl die ihm vom Schiffsmakler, als auch die ihm von seinen Auftraggebern übersandten) müssen nun vom Spediteur nach den Bestimmungen des Gesetzes vom 14. Juni 1900 mit einer Stempelmarke beklebt werden. Nach diesem Gesetz beträgt der Reichsstempel für jedes Konnossement, das auf einen ausländischen Nord- und Ostseehafen lautet, 10 Pf., dagegen müssen

Konnossemente über Sendungen nach allen übrigen ausländischen Seehäfen mit einer Stempelmarke im Werte von ℳ 1,— versehen sein. Verantwortlich für die Erfüllung der Stempelpflicht ist der Schiffsmakler.

Die mit Stempelmarke beklebten Konnossemente werden durch einen Boten zum Schiffsmakler gebracht, der nach Vergleichung der Angaben der Konnossemente mit dem Inhalt seines Manifestes den Auslieferungsstempel auf jedes Konnossement setzt:

Auszuliefern *H. C. Röver*

Die Auslieferung des abgestempelten Konnossements erfolgt aber erst, wenn bei Sendungen, die nicht franko gegangen sind, die Frachtenrechnung reguliert ist. Das kann auf verschiedene Weise geschehen. Bei Wochendampfern hat es der Spediteur stets mit demselben Schiffsmakler zu tun. Der Spediteur genießt darum in den meisten Fällen einen Frachtenkredit. Der Schiffsmakler wird deshalb den Spediteur für den Betrag der zu entrichtenden Frachten einfach belasten. — Reicht dagegen ein Hamburger Kaufmann, der dem Schiffsmakler nicht bekannt ist, ein Konnossement zur Abstempelung ein, so muß er natürlich die Fracht bezahlen, bevor er das Konnossement zurückerhält. Oft aber hat der Schiffsmakler den Betrag der Fracht nach Gewicht oder nach Maß der Sendung noch nicht feststellen können; das wird besonders bei denjenigen Gütern der Fall sein, die sofort nach der Entlöschung des Dampfers abgenommen werden sollen. In solchen Fällen muß der Inhaber des Konnossements einen Betrag bei dem Schiffsmakler hinterlegen, der die schätzungsweise festgestellte Fracht deckt. Spätere Regulierung wird vorbehalten.

Häufig wird auch das Konnossement von dem „Ablader", d. i. der Verkäufer der Ware, an ein deutsches Bankhaus gesandt, ebenso die Faktura. Beide Urkunden erhält der Empfänger erst dann, wenn er die Gegenwerte bei der Bank gedeckt hat. In der Versandanzeige, die der Ablader dem Käufer erteilt, heißt es dann beispielsweise: „Sie empfangen per D „Suzanne" gegen Dokumente, die bei der Deutschen Bank, Filiale in Hamburg, zur Einlösung bereit liegen", folgende Waren usw.

Erst wenn das Konnossement den Ablieferungsstempel des Vertreters der Reederei, also des Schiffsmaklers, trägt, ist der Inhaber des Konnossements zur Empfangnahme des Gutes berechtigt.

Schon kurze Zeit nach Anlegung des Dampfers am Kaischuppen sind die „Schiffsluken" geöffnet, und die Löschung beginnt oft schon, wenn die event. Passagiere den Dampfer noch gar nicht alle verlassen haben. Der Schiffsmakler hat im Auftrage seiner Reederei inzwischen einen „Stauer" gedungen, dessen „Schauerleute" die Löschung des Dampfers sofort beginnen. Die Kaiverwaltung stellt einen

„Löschbuchschreiber", der jedes entladene Kollo nach Marke, Nummer und Verpackungsart (ob Kiste oder Ballen usw.) gewissenhaft notiert. Die Notizen des Löschbuchschreibers müssen mit den Angaben des Manifestes übereinstimmen. Nach der Liste des Löschbuchschreibers läßt sich auch leicht feststellen, ob ein Kollo, das besonders eilig erwartet wird, bereits gelöscht ist oder nicht. Hat das Schiff nun besonders schwere Ballen (über 2000 kg) geladen, für die die Tragfähigkeit der gewöhnlichen Krähne nicht ausreicht, so wird der Dampfer durch Schlepper „verholt", d. h. an einen Platz gebracht, an dem Krähne mit größerer Tragfähigkeit zur Verfügung stehen. Das „Abnehmen vom Krahn" erfolgt nicht durch die Schauerleute, sondern durch die Kaiarbeiter. Von diesen werden die Kolli in den einzelnen Schuppen der Kaiverwaltung, möglichst gleich in einer bestimmten Ordnung, für die entweder der Empfänger oder viel häufiger die Gattung der Ware maßgebend ist, „abgesetzt". Von den Kaischuppen aus können dann die Güter entweder durch Gespann oder per Bahn oder per „Schute" abgenommen werden.

Aber nicht alle Dampfer löschen am Kai. Solche Schiffe, die Massengüter geladen haben, können auch, um die Kaigebühren zu sparen, „im Strom entlöscht werden". Der Dampfer legt dann auch nicht am Kai an, sondern an den ihm vom Hafenmeister bezeichneten „duc d'Alben"[1]). Beim Entlöschen werden dann die Güter entweder erst in Schuten geladen und von der Schute in einen Schleppkahn befördert, oder der Kahn (in Hamburg Oberländer Kahn genannt) legt direkt „längsseits" des Dampfers an und nimmt die Ware auf. Direkte Verladung in den Kahn erfolgt z. B. häufig bei Getreide, Salpeter, Phosphaten, Tonerde usw.

Der Empfänger der Ware kann auch kaiamtliche Verwägung der entlöschten Güter beantragen. Das ist in vielen Fällen, besonders für die Regulierung etwaiger Gewichtsdifferenzen und für deren Geltendmachung bei den Transportversicherungsgesellschaften, durchaus ratsam. Zwar entstehen dadurch geringe Spesen (6 bzw. 12 Pf. per 100 kg), aber das Verfahren bei Schadenersatzansprüchen an die Versicherungsgesellschaften wird dadurch doch wesentlich vereinfacht. Bei Transporten aus weniger kultivierten Ländern wird darum in den Kaufvertrag gern die Bedingung aufgenommen, daß seitens des Käufers nur dasjenige Nettogewicht bezahlt wird, das bei der Entlöschung kaiamtlich festgestellt wird. Beispiel: Für S. Kronberg & Co. in Wien treffen mit dem D „Gorjistan" aus Kalkutta 1001 Pockets [2]) = 25 000 kg Myrobalanen [3]) ein, die durch den Hamburger Spediteur Julius

[1]) Duc d'Alben sind feste eingerammte Pfähle, die mitten im Hafen, je drei oder fünf oder mehr bei einander, stehen. Eiserne Bänder dienen zur Befestigung derselben. — Man sagt, der Herzog von Alba habe sie in seinen Seekriegen zuerst angewendet.

[2]) Pockets sind kleine Leinwandbeutel mit etwa 25 kg Inhalt.

[3]) Myrobalanen sind steinharte, feste Früchte aus Britisch-Ostindien, die ihrer äußeren Beschaffenheit nach den Walnüssen nicht unähnlich sehen. Sie werden in neuerer Zeit an Stelle der Galläpfel vielfach in der Gerberei benutzt.

Rudert nach Warschau zu verfrachten sind. Bei der Versandaufgabe schreibt das Wiener Haus dem Spediteur: „Da wir diese Abladung mit der Kondition: Ausgewogen Nettogewicht gekauft haben, ist es nötig, daß die ganze Sendung kaiamtlich netto gewogen wird."

In vielen Fällen wird vom Empfänger vor Abnahme der Ware nicht nur die Feststellung des Nettogewichtes (bzw. des Bruttogewichtes, wie bei Wein in Fässern aus Bordeaux) vorgeschrieben, sondern es werden auch häufig erst in Gegenwart von Vertrauenspersonen beider Parteien „Muster gezogen", die dann, von den beiden Vertrauensleuten gleichzeitig versiegelt, dem Käufer übersandt werden. Stellen sich nun infolge großer Qualitätsabweichungen Differenzen ein, so wird das Urteil von Sachverständigen, die von den Handelskammern der großen Hafenplätze bestellt sind, eingeholt. Diese „nautische Kommission" oder die Standards, wie sie auch noch genannt werden, setzen dann Qualität und Preis der Ware fest. Die nicht unerheblichen Kosten einer solchen „Arbitrage" [1]) trägt der unterliegende Teil beider Parteien. Beispiel: S. Simon in Leipzig bezieht aus China 20 Kisten Borsten, die per D „Pakling" in Hamburg eintreffen. Er beauftragt den Hamburger Spediteur Julius Rudert, sämtliche Kisten auf ihren Inhalt zu untersuchen, diese dann einstweilen auf Lager zn nehmen und aus Kiste # 725, 730, 741 in Gemeinschaft mit Herrn Heinr. Taylor, Hamburg, 10 Bündel Muster zu ziehen, die ihm, von beiden Parteien versiegelt, per Post zuzusenden sind.

Wird bei solchen Gütern, die im Strom gelöscht werden sollen, Verwägung der Ware beantragt, so befördert ein „Quartiersmann" [2]) eine Wagschale an Bord des Dampfers, wofür seitens der Quartiersleute eine besondere Gebühr von ℳ 3,— erhoben wird. Der Wiegemeister stellt dann an Bord des Dampfers die Gewichtsnota auf.

Nehmen wir nun an, der D „Holnis" hätte auch 2 Ballen C. S. 442/443 Baumwollengarn geladen, die für die Firma Karl Sockel in Plauen i. V. bestimmt sind. Karl Sockel hat dem Spediteur Julius Rudert Auftrag gegeben, die Ballen in Sammelladung von Hamburg nach Plauen zu befördern. Die Ballen lagern im Schuppen 21 der Kaiverwaltung. Julius Rudert sammelt nun im Kontor die Konnossemente, bis er etwa 10 000 kg nach Plauen zu verladen hat. (Das kann bisweilen 2—3 Tage dauern.)

Die entsprechenden Konnossemente werden dann mit einem Frachtbriefe und dem Duplikat bei der Kaiverwaltung eingereicht, und zwar im Bureau für

[1]) Arbitrage wird abgeleitet von arbitrium, d. h. Gutachten.

[2]) Im Freihafengebiet hat die Hamburger Lagerhaus-Aktiengesellschaft mit Genehmigung der Hafenverwaltung riesige Speicher erbaut, deren einzelne Räume oder Quartiere wieder an Quartiersleute vermietet werden. Bei diesen Quartiersleuten lagern die Spediteure mangels eigener Lagerräume die ihnen auf Lager gegebenen Güter, die in der Regel schon zollamtlich abgefertigt sind, ein. — Ähnliche Lagerhäuser befinden sich im Innern der Stadt.

Sammelladungsgut. Der Frachtbrief muß ein genaues Verzeichnis aller derjenigen Güter enthalten, die als eine Sammelladung versandt werden sollen. Da der hierzu bestimmte Raum auf dem Frachtbrief-Formular gewöhnlich nicht ausreicht, wird in die Innenseite des Frachtbriefes ein Anhang geklebt. In den Frachtbrief selber kommt dann nur der Vermerk: Sammelladungsgut laut Anhang. Außerdem muß jeder Frachtbrief den von der Zollbehörde vorgeschriebenen Vermerk tragen: Zur direkten Durchfuhr durch das Freihafengebiet.

Da die geladenen Güter für mehrere Empfänger in Plauen i. V. bestimmt sind, so wird die Sendung an einen Spediteur in Plauen gerichtet, der für die Verteilung per Post ein Bordereau (d. i. ein vollständiges Verzeichnis der Güter mit der Angabe der Empfänger) erhält. Jedem Empfänger wird außerdem die Sendung vom Absender avisiert. Dieses Avis enthält bei Sendungen, die nicht franko gehen, zugleich die Spesenrechnung.

Das Bahnbureau der Kaiverwaltung hat inzwischen bei der Eisenbahnverwaltung einen Waggon bestellt, den die Bahn vor die „Ausladeluke" desjenigen Kaischuppens fährt, in dem die Güter lagern (in diesem Falle Schuppen 21). An diesen Schuppen sind inzwischen von den Kutschern der Firma Julius Rudert andere Güter angerollt, die ebenfalls nach Plauen bestimmt sind.

Die Kaiarbeiter beginnen nun mit dem Einladen der Güter. Über sämtliche Kolli, die in den Waggon geladen sind, fertigt ein Beamter der Kaiverwaltung eine „Verladungsliste" in doppelter Ausführung an. Ein Exemplar der Verladungsliste erhält der Spediteur, das andere behält die Kaiverwaltung zwecks Regelung etwaiger Differenzen zurück.

Lagern im Schuppen 21 nicht so viel Güter für Julius Rudert, um die Ladung „komplett" zu machen, so kann der Woggon auf Antrag auch „umgestellt" werden, d. h. er wird vor die Luke eines andern Schuppens gerollt. Dafür erhebt die Bahn eine besondere Gebühr von ℳ 3,—.

Ist die Ladung beendet, so schickt die Kaiverwaltung die Verladeliste und den Frachtbrief wieder in das Bureau für Sammelladungsgut, das ist das Bahnbureau der Kaiverwaltung. Nachdem hier die nötigen Eintragungen in die Bücher gemacht sind und die Frachtenrechnung ausgefertigt ist, holt ein Angestellter der Firma Julius Rudert von dort die Verladeliste ab. Von den beiden Frachtbriefen geht einer mit der Ware; das andere Exemplar wird von der Eisenbahnverwaltung der Zollbehörde übergeben.

Die Konnossemente dagegen behält die Kaiverwaltung zurück, vergleicht sie mit dem Manifest des Schiffers und gibt sie nach Erledigung dem Schiffsmakler wieder zurück. Dieser legt die erledigten Konnossemente gebündelt ab, um sie auf Verlangen der Steuerbehörde zwecks Revision der ordentlichen Stempelung vorlegen zu können.

(Fortsetzung des Textes S. 187)

I. Deklaration

zum

Aus- und Wiedereingang nachbezeichneter Waren (zu S. 187/88).

Der einzelnen Kolli		Gattung und Menge der zu deklarierenden Waren.			
Zahl und Art der Verpackung.	Zeichen und Nummer.	Benennung nach Anleitung des Zolltarifs. (§ 4 des Regulativs.)	Gewicht. kg	$\frac{1}{100}$	Anderer Maßstab
1 Faß	*S. 9438*	*Erdnußöl*	*207*		
		Summe . .			

welche Unterzeichnete über das *Haupt-* Zollamt zu *Hamburg* ausführen will, um sie über das *Haupt-* Zollamt zu *Hamburg* wieder einzuführen, und sind die Waren nach *Plauen i. V.* bestimmt.

Hamburg, den *15. Dezember* 190*8*

Julius Rudert.

II. Abfertigung des Amts am Versendungsort.

Der Kolli		Gattung und Menge der Waren nach amtlicher Ermittelung.						Angabe, ob und wie ein Verschluß angelegt worden ist.
Zahl und Art der Verpackung.	Zeichen und Nummer.	Benennung der Waren nach Anleitung des Zolltarifs.	Gewicht. brutto kg	brutto $\frac{1}{100}$	netto kg	netto $\frac{1}{100}$	Anderer Maßstab	
ein Faß	*S. 9438*	*Erdnußöl* *Tarif-No. 166-d.*	*207*					*Am Spund ein Siegel*
		Summe . .	*207*					

mit Worten *zweihundert sieben kg*

Hamburg, den *15. Dezember* 190*8*

Zollabfertigungsstelle Meyerstraße.

Wenig, *Zoll-Sekretär.* *Seifert,* *Zoll-Aufseher.*

Notizbuch No. *A. Nr. 1180*

III. Abfertigung des Ausgangsamts.

Der richtige Ausgang anderseits bezeichneter Waren wird mit folgenden Bemerkungen bescheinigt:

a) in betreff des Verschlusses: } *wie zu 2*
b) in bezug auf Gattung und Menge der Waren: }

Dieser Deklarationsschein berechtigt nur dann zur zollfreien Wiedereinfuhr der darin genannten Waren, wenn dieselben bis zum *einunddreißigsten Dezember* bei dem *Eingangs-* Amt zu *Hamburg* eintreffen.

Hamburg, den *15. Dez.* 190*8*

Zollabfertigungsstelle Meyerstraße.

Für den Ausgang.

Neander, *Pohl,*
Zoll-Sekretär. *Zoll-Aufseher.*

IV. Abfertigung bei dem Wiedereingangsamt.

Die zu diesem Deklarationsschein gehörigen Kolli sind am .... mit unverletztem Verschlusse hier eingetroffen und sodann heute mit Begleitschein 1 Nr. ...... auf das .... Amt .... überwiesen worden.

............, den .... 190...

............Amt.

NB. Diese Rubrik ist nur dann auszufüllen, wenn die Überweisung nach § 12, 2. Abschnitt an ein Amt im Innern zur Schlußabfertigung stattfindet.

V. Schlußabfertigung beim Erledigungsamt.

1. Dieser Deklarationsschein ist am .... abgegeben und in das Notizbuch unter Nr. ...... eingetragen.
2. Revisionsbefund:
   a) in betreff des Verschlusses:
   b) hinsichtlich der Gattung und Menge der Waren:

Nach Abnahme des Verschlusses sind hierauf die Waren in freien Verkehr gesetzt worden.

, den 190..

Amt.

Inzwischen ist der Waggon von der Kaiverwaltung verschlossen, und er wird nun von der Bahn der Zollbehörde überwiesen. Da im Frachtbrief der Vermerk steht: Verzollung durch den Empfänger, so verschließt die Zollbehörde den Wagen entweder mit zwei Zollschlössern oder mit zwei Bleiplomben. Der Wagen ist jetzt unter **Raumverschluß** gesetzt.

Die Bahn übergibt der Zollbehörde Ladungsverzeichnisse, die, mit den Zollschlüsseln und den Frachtbriefen verschlossen und versiegelt, dem Zugführer übergeben werden. Der Zugführer erhält einen offenen Begleitzettel, und der Transport des Wagens über die Zollgrenze kann beginnen (siehe S. 148!).

Wenn ein Wagen auf diese Weise aus dem Freihafengebiet, das ja zolltechnisch als Ausland aufzufassen ist, auf ein Amt des Zollgebietes abgefertigt ist, so sagt man, die Abfertigung ist im „**Ansageverfahren**" erfolgt. Die Bahn sagt dem Grenzzollamte an, welche Güter der Wagen geladen hat, und die Zollbehörde erkennt diese Angaben als richtig an. Das Grenzamt gilt wieder als Ansageposten des Zollamtes im Innern des Zollgebietes (siehe S. 8!).

Aber nicht alle Zollämter des Zollgebietes haben das Recht, Waren nach dem Ansageverfahren anzufertigen. Das gilt besonders von den Zollämtern kleinerer Plätze des Binnenlandes, z. B. Oschatz, Rudolstadt usw. Soll eine Sammelladung nach solchen Orten abgefertigt werden, so kann der Waggon nicht mit Ladungsverzeichnis, sondern nur mit Begleitschein I reisen.

Das Ansageverfahren wird auch für die **unmittelbare Durchfuhr** durch das deutsche Zollgebiet angewandt, wenn ganze Wagenladungen bzw. ganze Schiffsladungen vom Auslande kommen, durch das Zollgebiet durchgeführt und wieder in das Ausland geleitet werden sollen. Das Grenzausgangsamt beschränkt sich dann in der Regel auf die Prüfung und Lösung des Verschlusses und auf die Bescheinigung des Ausganges.

Viele Hamburger Spediteure haben ihre Sammelladestelle nicht im Innern der Stadt, also innerhalb des Zollgebietes, sondern im Freihafengebiet. Als Sammelladungsgut werden aber nicht nur Waren, die direkt aus dem Auslande kommen, verladen, sondern Hamburger Großhändler und Fabrikanten versenden auch häufig im Wege der Sammelladung Waren, die als Rohstoffe oder als Halb- oder Fertigfabrikate bereits verzollt sind, oder auch Waren, die gänzlich deutschen Ursprungs sind. Wenn nun der Kutscher des Spediteurs solche Güter abrollt, so bringt er diese wieder zur Sammelladungsstelle im Freihafen, der ja als Ausland betrachtet wird. Alle Waren aber, die vom Freihafengebiet in das Zollgebiet übergeführt werden, unterliegen der Zollpflicht. Um nun solche Waren, die nur zum Zwecke einer Verladung als Sammelgut in das Freihafengebiet gebracht werden, und die bald wieder die Zollgrenze überschreiten, der Zollpflicht zu entheben, muß vom Spediteur ein Deklarationsschein oder eine „**I. Deklaration** zum Aus- und Wiedereingang der Waren" eingereicht werden (s. Form. S. 185/86!). Alsdann reist die Ware unter Raumverschluß in das Zollinland. In vielen Fällen sichert die Zollbehörde auch hierbei die Nämlichkeit (Indentität). So stellt sie beispielsweise bei Rum den Alkoholgehalt fest, bescheinigt den Befund im Begleitpapier und verschließt das Faß amtlich durch ein Siegel am Spund. Durch diese Maßregel soll einem unberechtigten Austausch der Ware unter allen Umständen vorgebeugt werden.

b) Der Weiterversand in das deutsche Zollgebiet erfolgt als Stückgut.

Der Dampfer „Oldham", Kapitän Prowse, ist aus Grimsby in Hamburg eingetroffen. Unter anderen hat er auch 2 Ballen Baumwollengewebe geladen. Der Absender Geo Owen & Co. in Grimsby hat das Speditionshaus Uhlmann & Co. in Hamburg beauftragt, die Ballen sofort nach Eintreffen des Dampfers als Stückgut an J. Anton & Co. in München franko Fracht und Zoll zu versenden. In der Aufgabe, die der Absender dem Spediteur macht, ist auch eine ganz genaue Bezeichnung der Gewebe, entsprechend den Vorschriften des deutschen Zolltarifes, enthalten.

Der Dampfer hat in Schuppen 1—2 gelöscht. Nachdem das Konnossement den Auslieferungsstempel des Schiffsmaklers erhalten hat, schreiben Uhlmann & Co. den Frachtbrief aus, der eine peinlichst genaue Bezeichnung der Gewebe enthalten muß:

30 Stck. V. 772, gebleichte Baumwollengewebe netto 72,60 kg. 40—80 g per qm, unter 35 Fäden per 5 qmm.

Diesen Frachtbrief reichen Uhlmann & Co. bei der Kaiverwaltung ein. Nach Verladung der Ballen überreicht die Kaiverwaltung den Frachtbrief der Bahn, die denselben dem „Deklaranten" übergibt. Der Deklarant ist eine Privatperson, die aber auf die Zollinteressen vereidigt ist. Gegen Zahlung einer Gebühr fertigt der Deklarant eine Deklaration aus, das ist, da die Ware ja in Hamburg an der Zollgrenze verzollt werden soll, eine Deklaration zum Wareneingang. Auf Grund dieser Deklaration besorgt die Bahn die Zollabfertigung, wenn die Ballen nur eine Warengattung enthalten. Enthalten aber die zu versendenden Kolli verschiedene Waren, so haben Uhlmann & Co. die Verzollung zu besorgen und zum Öffnen und Auspacken Leute zu stellen.

Das Ausschreiben der Deklaration, das Öffnen, Auspacken und Schließen der Packstücke, sowie auch das Verschnüren zum Zwecke des Zollverschlusses können Uhlmann & Co. auch durch das „Wagenladungs- und Zolldeklarations-Kontor" besorgen lassen. Das „Wagenladungs- und Zolldeklarations-Kontor“ ist ein Privatunternehmen Hamburger Spediteure, das in der Form der Aktiengesellschaft hauptsächlich zu dem Zwecke gegründet worden ist, um Sammelladungen nach denjenigen Orten zu „komplettieren“, die andere Spediteure in Hamburg nicht erreichen. Werden einem Hamburger Spediteur Sendungen nach einem solchen Orte (z. B. nach Breslau) überwiesen, so überschreibt er diesen Auftrag, um seinen Auftraggebern einen kleinen Frachtvorteil zu bieten, dem „Wagenladungs- und Zolldeklarations-Kontor“. Dieser Gesellschaft hat die Zollbehörde auch das Recht zugestanden, die Waren im Auftrage ihrer Geschäftsfreunde zu deklarieren. Zur Sicherung etwaiger Zollstrafen, die infolge f a l s c h e r Deklaration verwirkt wären, hat die Gesellschaft einen ziemlich erheblichen Betrag bei der Zollbehörde hinterlegen müssen. Bei ungenauen oder falschen Deklarationen greift also die Zollbehörde auf die Gesellschaft zurück, die sich dann wieder an ihre Auftraggeber hält. Das „Wagenladungs- und Zolldeklarations-Kontor“ stellt für das Öffnen und Auspacken der Kolli, natürlich gegen entsprechenden Entgelt, geschulte Arbeiter.

Derjenige, der sich bei dem Versand des „Wagenladungs- und Zolloekiarations-Kontors“ bedienen will, muß auf einem Formular einen Antrag stellen (siehe Form. S. 192). Die Angaben des Frachtbriefes und des Antragsformulars liefern die Unterlagen für die Deklaration.

Aus D „Oldham“ werden Uhlmann & Co., Hamburg, ferner zur Beförderung nach Breslau überwiesen:

G. M. 143/46 4 Kisten Baumwollengewebe.

Die Kisten Nr. 143/44 sollen als Eilgut an J. Nauert, Nr. 145/46 dagegen als Sammelladungsgut franko Fracht und Zoll an G. Meinert verfrachtet werden.

Uhlmann & Co. haben das Konnossement beim Schiffsmakler abstempeln lassen. Da die im Konnossement bezeichneten Güter für zwei verschiedene Empfänger bestimmt und auch verschiedene Versendungsarten vorgeschrieben sind, so haben Uhlmann & Co. für die Kisten Nr. 143/44 ein T e i l k o n n o s s e m e n t auszufertigen. Dieses Teilkonnossement wird mit dem Original bei der Kaiverwaltung zur Vergleichung und Bestätigung der Übereinstimmung eingereicht. Vorher aber muß der Teilschein mit einer Marke im Werte von 30 Pf. beklebt sein, die von der Kaiverwaltung entwertet wird. Die Hamburg-Amerika-Linie hat für die Teilscheine höhere Stempelgebühren festgesetzt. So unterliegen die ersten beiden Teilscheine einer Stempelung mit einer 30-Pf.-Marke, der 3.—6. Teilschein kostet je 60 Pf. Stempel, und jeder folgende muß mit 90 Pf. gestempelt werden.

Die Verzollung der Gewebe in Kisten Nr. 143/44 soll in Breslau geschehen. Der Versand muß mithin mit Begleitschein I erfolgen. In dem Eilgut-Frachtbrief muß unter der genauen Inhaltsangabe des Kolli der Vermerk stehen:

Ursprungsland England.
Mit Begleitschein I auf Breslau.

Der Zolldeklarant fertigt nun auf Grund der Angaben des Frachtbriefes den Begleitschein I aus.

Die beiden Kisten liegen in Schuppen 1—2 der Kaiverwaltung, also innerhalb des Freihafengebietes. Der Versand muß aber vom Eilgüterbahnhof, der innerhalb der Stadt, also des Zollgebietes liegt, bewirkt werden. Die Beförderung vom Kai zum Eilgüterbahnhof soll mit Gespann erfolgen. Auf Grund des Konnossements erhält der Kutscher die Kisten von der Kaiverwaltung ausgeliefert. Innerhalb des Freihafengebietes kann die Ware beliebig bewegt werden. An der Zollgrenze aber muß der Kutscher anhalten. Hier gibt er bei dem Zollamt einen „Überweisungszettel" ab (s. Form. S. 201!), auf dem er den Antrag auf zollamtliche Begleitung der Ware durch einen Zollbeamten stellt. Das Zollamt beauftragt nun einen Beamten, die Ware bis zum Zollamt auf dem Eilgüterbahnhof zu begleiten. Häufig setzt sich der Beamte mit auf den Wagen. Die Zollbehörde erhebt für die Zollbegleitung eine Gebühr von 60 Pf. für die Stunde, mindestens jedoch 60 Pf. für jede Begleitung. Finden sich zufällig für denselben Weg zwei oder drei Wagen zusammen, so übernimmt diese Überwachung derselbe Beamte. Die Kosten für das einzelne Gespann verringern sich dementsprechend auf 30 bzw. 20 Pf. In Gegenwart des Beamten werden die Kisten in den Zollschuppen des Zollamtes auf dem Eilgüterbahnhofe eingelagert. Auf Grund des eingereichten Frachtbriefes fertigt nun der Deklarant den Begleitschein I aus. Die Kisten werden unter Kolloverschluß gesetzt, d. h. sie werden durch eine Schnur, die durch Löcher geführt wird, die schräg durch die Ränder der Kiste gebohrt sind, über Kreuz verschlossen. Die Enden der Schnur werden durch eine Bleiplombe befestigt. Die Art des Verschlusses wird im Begleitschein durch die Abfertigungsbeamten bescheinigt. Die Kosten der zollamtlichen Behandlung (für die Bleiverschlüsse usw.) trägt bei Frankosendung der Absender. Soll aber der Empfänger die Spesen tragen, so werden dieselben durch Frachtbrief-Nachnahme eingezogen, und in die Spalte für den Frankaturvermerk schreibt man: Franko exklusive Spesen.

Die Ausfertigung eines statistischen Zettels (siehe S. 118/19!) für die Wareneinfuhr erübrigt sich, da der Begleitschein sämtliche Angaben enthält.

Es kann auch vorkommen, daß die Kisten nach Breslau nicht unter Kolloverschluß, sondern unter R a u m v e r s c h l u ß reisen. Das geschieht dann, wenn die Bahn mehr als 2000 kg nach Breslau zu verladen hat, wenn also der Versand nichts als Stückgut, sondern als Wagenladungsgut erfolgen könnte. In diesem Falle würde als Zollpapier auch nicht ein Begleitschein I, sondern ein Ladungsverzeichnis und Begleitzettel in Betracht kommen (siehe S. 149/55!).

Um die 2 Kisten Nr. 145/46 als Sammelladungsgut an G. Meinert in Breslau zu befördern, bedienen sich Uhlmann & Co. der Vermittelung des „Wagenladungs- und Zolldeklarations-Kontors", das einen regelmäßigen Sammelladungsverkehr nach Breslau unterhält. Uhlmann & Co. geben deshalb folgenden Auftrag (s. Form. S. 192!):

Alles weitere wird alsdann von d. W.- und Z.-K. erledigt.

Aufgabe des Spediteurs ist es, im Interesse seiner Auftraggeber die Unkosten des Transportes möglichst herabzusetzen und die Zahlung unnötiger Spesen zu vermeiden. Die Ausfertigung jeder Zolldeklaration verursacht 20 Pf. Kosten. Bei Waren, die einem Zollsatze unterliegen, lassen sich diese Spesen nicht umgehen, wohl aber bei Waren, die zollfrei eingehen. Diese müssen zwar auch deklariert werden, aber diese Deklaration kann der Spediteur selber ausfertigen und die Unkosten dafür sparen.

Beispiel: J. Brockhaus, London, sendet an Julius Rudert in Hamburg per D. „Hirondelle" via Harwich 6 Ballen und 2 Kisten J. B. 1183/90 gedruckte wissenschaftliche Bücher, die als Eilgut an J. Brockhaus in Leipzig zu versenden sind.

Der Dampfer hat am Kaischuppen 14 gelöscht. Der Kutscher von Julius Rudert erhält nun im Kontor die selbst ausgeschriebene Deklaration, die aber mit einer statistischen Marke beklebt sein muß, das Konnossement und den Frachtbrief. Nachdem er im Hauptbureau der Kaiverwaltung die „Absatzmarke" [1]), die auf das Konnossement geklebt ist, durch Stempelung hat entwerten lassen, fährt er zum Kaischuppen 14 und erhält dort auf Grund des Konnossements die Ware. Mit derselben fährt er zum Zollschuppen, reicht die Deklaration ein und öffnet die ihm bezeichneten Kolli. Nach der probeweisen Revision gibt der Abfertigungsbeamte den Beamten, die die Zollgrenze bewachen, mit der Hand ein Zeichen, auf das hin der Kutscher die Ware in das Zollgebiet führen kann. Dann fährt der Kutscher zu dem betreffenden Güterbahnhof und liefert dort das Gut mit den Frachtbriefen (ein Duplikat) ein. Nachdem die Bahn das ermittelte Gewicht in das abgestempelte Duplikat eingetragen hat, erhält der Kutscher das Duplikat zurück. Das Duplikat des Frachtbriefes ist deshalb erforderlich, weil erst dieses dem Absender das Gewicht der Sendung für die Berechnung der Fracht und der Spesen angibt.

Aus Dänemark sind in Hamburg mit dem Leichter „Correspondent" G. Z. 8726, 5 Faß gesalzene Därme angekommen, die Julius Rudert als Stückgut nach Markneukirchen weiter verladen soll. Der Leichter hat in Schuppen 31 gelöscht.

---

[1]) Die Ware wird von dem Dampfer in den Schuppen „abgesetzt", der Arbeitslohn für das Absetzen wird im voraus in Form von Marken entrichtet.

(Fortsetzung des Textes S. 196)

Auftrag zum Eisenbahn-Versand
durch das

Wagenladungs- und Zolldeklarations-Kontor

Fernsprecher: 2188. 4983. Brandstwiete 58, I.

An Herr[n] *G. Meinert*

in *&*

Station *Breslau*

Marke	No.	Kolli	Inhalt	Brutto Kilo
G. M.	*145/46*	*2 Kisten*	*Rohe gebleichte baumwollene Gewebe, 38/44 Fäden per qmm, 40—80 g per qm, netto 349,20 kg.*	
Land der Herkunft oder Ursprungsland:		*England.*		

Abzunehmen laut anliegendem ~~Schein~~ / Konnossement

Art der Beförderung: ~~Als Stückgut~~ / **Im Sammelverkehr**

Zollabfertigungsvorschrift: *Nettoverzollung, hier*

Nachnahme:

Frankatur-Vorschrift: *Sämtliche Spesen zu meinen Lasten*

~~Ich~~ / Wir erklären ~~mich~~ / uns damit einverstanden, daß bei mangelhafter Ausfüllung obiger Vorschriften das „Wagenladungs- und Zolldeklarations-Kontor“ nach eigenem besten Ermessen die Abfertigung und Expedition vornimmt.

Hamburg, den *15. Dezember* 190*8.*

Unterschrift des Absenders:

Uhlmann & Co.

Deklarations-Register .... Nr. .... Abgegeben, den .... 190....

Begleitzettel-Empfangsregister .... Nr. .... Die Revision übernehmen:*)

Deklaration zum Wareneingang.

(Vereinszollgesetz §§ 22 ff.)

Ich Unterschriebener, der Deklarationsbevollmächtigte der *Firma Julius Rudert* ~~Eisenbahnverwaltung~~ melde dem *Haupt-Zollamt Meyerstr.* zu *Hamburg* innen verzeichnete, auf *einen Wagen* geladene Waren an und hafte für die Wahrheit und Vollständigkeit dieser meiner Angabe.

Hamburg, den *10. Dezember* 1908. *p. Julius Rudert.*
Mucke.

Annahmeerklärung.

Indem .... den Empfang des auf Grund dieser Anmeldung ausgefertigten unter Nr. .... des Begleitschein-Ausfertigungs-Registers .... eingetragenen Begleitscheins anerkenne....,

übernehme .... zugleich die aus demselben nach §§ 44 und 46 des Vereinszollgesetzes sich ergebenden Verpflichtungen.

verpflichte .... den darin festgestellten Zollbetrag, wenn der Nachweis der erfolgten Zahlung desselben an das Empfangsamt nicht bis zum Ablau der für die Übersendung des Erledigungsscheins festgesetzten Frist erbracht sein wird, auf Anfordern bei dem Begleitschein-Ausfertigungsamt einzuzahlen.**)

................., den .... 19....

Erledigung des Begleitscheins.

Die Erledigung des Begleitscheins bescheinigt auf Grund des Erledigungsscheins Nr. Ziffer ....

, den .... 19.....

---

*) Nur für den Fall des lokalen Bedürfnisses auszufüllen.

**) Bei Begleitscheinen I werden die Worte „verpflichte“ bis „einzuzahlen“, und bei Begleitscheinen II die Worte „übernehme“ bis „Verpflichtungen“ durchstrichen.

I. Deklaration									II.	III.
		Der Kolli		Gattung und Menge der Waren						
					Menge					
Nummer der einzelnen Positionen	Name und Wohnort der Empfänger	Zeichen und Nummern.	Zahl und Art der Verpackung	Benennung der Waren nach Anleitung des Zolltarifs.	Brutto-Gewicht*) kg.	1/100	Netto-Gewicht kg.	1/100	Anträge und Bemerkungen des Warendisponenten (Deklaranten, Begleitschein-Extrahenten, Warenführers usw.	Angabe: a) Herkunftsland; b) Bestimmungsland; c) ob zur oder nach Veredelung im 1. Inland für inländische oder ausländische Rechnung. 2. Ausland; d) ob aus einem Freibezirke.
1.	2.	3.	4.	5.	6.		7.		8.	9.
	Julius	*J. B.*	*6 Ball.*	*Wissenschaftliche*					*Zollfrei-*	*a) England*
	Rudert	*1183/88*		*gedruckte Bücher*	*450*				*schreibuug*	*b) Deutschland*
	Hamburg								*Hier*	*c) nein*
		1189/90	*2 Kist.*	„	*350*					*d) nein*
			8 Colli		*800*					

Mit dem {Frachtbriefe / Ladungsverzeichnisse / Manifeste} übereinstimmend.

(Stempelmarke)

Hamburg, den 10. Dezember 1908.

p. Julius Rudert.

Mucke.

*) Zu Spalte 6 und 13. Bei Waren, welche nicht nach dem Gewichte verzollt werden, ist die Menge unter entsprechender Bezeichnung der Mengeeinheit (Tonne, Stück usw.) in die für Angabe des Bruttogewichts vorgesehene Spalte einzutragen.

IV. Revisionsbefund							V. Zollberechnung					VI. Weiterer Nachweis der Waren			VII.
Der Kolli		Der Waren					Nettogewicht durch Abrechnung der tarifmäßigen Tara mit Angabe des Tarifsatzes		Tarifsatz	Zollbetrag		Der Hebe- und Kontrollregister		Der Verkehrsnachweisung	Bemerkungen über vorhandenen, beibehaltenen oder angelegten Verschluß, Zahl der Bleie usw.
Zeichen und Nummern.	Zahl und Art der Verpackung.	tarifmäßige Benennung mit Angabe der Tarifnummer und der Nummer des statistischen Warenverzeichnisses.	Menge Durch Verwiegung ermitteltes Gewicht.												
			Brutto *)		Netto							Benennung.	Blatt Nr.	Nummer Blatt laufende Nr.	
			kg.	1/100	kg.	1/100	kg.	1/100	*M*	*M*	₰				
10	11.	12.	13.		14.		15.		16.	17.		18.	19.	20.	21.

Bevor aber der Weiterversand aus dem Freihafengebiet erfolgt, muß die Ware nach den Bestimmungen des Gesetzes, betreffend die Schlachtvieh- und Fleischbeschau vom 3. Juni 1900, untersucht werden, ob sie nicht gesundheitsgefährliche Stoffe enthält. An sich sind gesalzene Därme zollfrei und nicht untersuchungspflichtig, wenn sie nicht zu Nahrungsmittelzwecken, sondern etwa zur Saitenfabrikation gebraucht werden. Um aber zu verhindern, daß im Freihafen oder während des Transportes die vielleicht einwandsfreie Ware gegen gesundheitsgefährliche eingetauscht wird, sichert die Zollbehörde vor der Verfrachtung die Nämlichkeit der Ware und verlangt vorher Vorführung derselben beim Fleischbeschauamt.

Zu diesem Zwecke hat Julius Rudert dem Fleischbeschauamt die Ware auf zwei gleichlautenden Formularen anzumelden und darin den Antrag auf Besichtigung zu stellen (s. Form. S. 197!).

Nach erfolgter Untersuchung füllt die Gesundheits-Polizeibehörde ein Attest über den Befund aus. Dieses Attest stellt auch eine Frist, bis zu welcher das Gut vom Schuppen abgenommen werden muß. Die Abnahme kann nur unter Begleitung eines Beamten des Fleischbeschauamtes erfolgen. Um nun diese Begleitung von Schuppen 31, wo die Ware lagert und auch von dem Fleischbeschauamt untersucht wurde, zu erhalten, muß Julius Rudert einen „Überweisungszettel" (s. Form. S. 201!) ausfüllen, in dem er Begleitung der Ware bis an ein Grenzamt, beispielsweise bis zum Zollamte in der Meyerstraße, beantragt. Ein Beamter begleitet den Kutscher bis zur Zollgrenze. Hier läßt der Kutscher, da es sich um zollfreie Ware handelt, die Ware „freischreiben", gibt den statistischen Schein (s. Form. S. 119!) ab, und er kann nun die Ware in das Zollgebiet führen und in den freien Verkehr bringen. —

Soll aber die Ware von einem Bahnhofe, der innerhalb des Freihafengebietes liegt, versandt werden, so muß wieder eine I. Deklaration, der sogenannte Deklarationsschein, ausgefüllt werden, mit dem sie dem Zollamte auf dem Bahnhofe vorgeführt wird (siehe S. 185!).

Bisweilen kommt es vor, daß sich die Empfänger der Güter bei dem Schiffsmakler zur Abnahme der Ware nicht melden. Da auch der Schiffsmakler bei den an Order gestellten Konnossementen den eigentlichen Empfänger nicht kennt, so bleibt ihm nichts anderes übrig, als durch ein Inserat in der „Hamburg-Altonaer Waren-Einfuhrliste" den unbekannten Empfänger aufmerksam zu machen. Natürlich gehen die Insertionsgebühren zu Lasten des Empfängers. Meldet sich innerhalb einer bestimmten Frist niemand auf das Inserat, so wird das Gut öffentlich versteigert. Solch ein Inserat benutzen die Spediteure gern als willkommene Gelegenheit, Kaufleuten, die nach ihrer Vermutung die Empfänger der nicht abgenommenen Kolli sein könnten, Offerte für die Transporte zu machen.

Abgegeben am ...... ten .... 19...
um ...... Uhr ...... mittags.

Eingetragen in das Anmelderegister
des Zollbureaus am ..
.... unter Nr.

Anmeldung

zur

Untersuchung von frischem / zubereitetem Fleisch — zubereitetem Fett —, welches in das Deutsche Zollgebiet eingeführt werden soll (§ 13 des Gesetzes, betreffend die Schlachtvieh- und Fleischbeschau vom 3. Juni 1900).

Der Unterzeichnete meldet namens der Firma ...... *Julius Budert* ......
...... in ...... *Hamburg* ...... die umstehend verzeichneten Fleischwaren zur amtlichen Untersuchung nach Maßgabe des bezeichneten Gesetzes an. Zugleich werden die Begleitpapiere

1 Konnossement

übergeben.

Hamburg, den *5* ten *Dezember* 19*08*.

Wetzel.

I. Anmeldung.

Lfd. Nr.	Herkunft des Fleisches.	Name und Wohnort des ausländischen Absenders.	Name und Wohnort des hiesigen Empfängers.	Fleischart.	Gewicht. Brutto kg	Gewicht. Brutto 1/100	Gewicht. Netto kg	Gewicht. Netto 1/100
1.	2.	3.	4.	5.	6.		7.	
	Dänemark	*P. P. Heimann*	*Julius Rudert,*	*ges. Därme*	805			
		Kopenhagen	*Hamburg*					

			II. Amtliche Eintragungen.		
Zahl, Art, Zeichen und Nummern der Packstücke.	Lagerort.	Anträge und Bemerkungen des Anmelders.	Abgabe der Anmeldung an das Fleischbeschauamt: Tag	Stunde V./N.	Bemerkungen.
8.	9.	10.	11.		12.
G. Z. 8726/30	*Kai, Schuppen*	*Ich beantrage*			
	31.	*Öffnen und*			
		Schließen durch			
		Beamte des			
		Fleischbeschau-			
		amtes.			

Hamburg, den 5. Dezember 1908.

Julius Rudert

Wetzel.

c) Der Dampfer löscht am Kai einen Maschinentransport — Nachlieferung einzelner Teile.

Der D „Westmoreland" kommt aus Manchester in Hamburg an. Er hat folgende Maschinen geladen:

4 Ringspinnmaschinen,
482 Druckwalzen,
120 "
482 "

Julius Rudert ist beauftragt, die Maschinen nach Chemnitz zu verladen. Aber schon die 4 Maschinen allein erfordern 2 Waggons à 10000 kg. Da die Sendungen eilig sind, werden schon während der Entlöschung Frachtbriefe ausgeschrieben und bei der Kaiverwaltung eingereicht. Die Bahn wäre verpflichtet, Maschinen in verschlossenen Wagen zu transportieren. Nun könnte aber der Fall eintreten, daß die Bahn zurzeit nicht die erforderliche Zahl von Wagen zur Verfügung hätte. Es müßten alsdann erst Wagen herbeigeholt werden, wodurch aber Zeit verloren ginge. Da aber die Maschinen, ohne Schaden zu leiden, auch auf offenen Wagen verladen werden können, muß der Absender eine entsprechende Erklärung abgeben. Julius Rudert schreibt deshalb in die Frachtbriefe unmittelbar unter die Inhaltsangabe der Sendung:

> Mit der Verladung auf offenen Wagen einverstanden.
> Julius Rudert.

Während des Transportes werden die Maschinen mit großen, wasserdichten Plänen verdeckt; in diesem Falle aber berechnet die Bahn keine Deckenmiete.

Nach Verladung der Maschinen werden die Wagen umrangiert und dem Zollamte vorgeführt. Der Deklarant fertigt nun auf Grund der Angaben des Frachtbriefes die Deklaration aus. Der Zollbehörde muß ein ganz genaues Gewichtsverzeichnis der einzelnen Kisten überreicht werden. Die kaiamtliche Gewichtsnota erkennt die Zollbehörde als richtig an. Außerdem ist eine peinlichst genaue Angabe des Inhaltes jeder einzelnen Kiste erforderlich. Die Zollbehörde verlangt ferner genaue Abbildungen der ganzen Maschinen und der einzelnen Teile.

Wenn nur die 4 Ringmaschinen verladen werden, so sind die Maschinen nicht vollständig, da doch die Druckwalzen fehlen. Vollständige Spinnereimaschinen bedingen einen Zollsatz von ℳ 4,— per dz, während einzelne Maschinenteile

(Fortsetzung des Textes S. 203)

Zu Anmeldung Nr. ... vom ... 19..

Überweisungszettel.

I. Antrag.

Der Unterzeichnete beantragt namens der Firma ..... *Julius Rudert* .....

die umseitig benannten Waren der Zollabfertigungsstelle ..... *Meyerstraße* .....
zur weiteren zollamtlichen Behandlung zu überweisen.

Die Waren sollen an dem genannten Lagerorte am ..... *5. d.* ..... Mts. ..... *10* ..... Uhr

Vor/~~Nach~~mittags auf den Wagen/~~in die Schute~~ ..... *des Rollkutschers Klookmann* ..... verladen und sogleich nach beendeter Verladung der bezeichneten Stelle zugeführt werden.

Oder: Die Abfahrt der auf dem Wagen/in der Schute ....

verladenen Waren soll am ..... Mts. ..... Uhr Vor/Nachmittags erfolgen.

Hamburg, den ..... *4. Dez.* ..... 19*08*...

..... *Julius Rudert* .....
Wetzel.

II. Abfertigung.

Überweisungsregister A Nr. .....

Der vorstehende Antrag nebst den angesiegelten Papieren, nämlich ....
.... ist heute Vor/Nachmittag um ..... Uhr

dem .... mit der Weisung übergeben

a) die Verladung der Waren zu kontrollieren und dieselben sodann nach der Zollabfertigungsstelle .... zu begleiten.

b) Die Waren zu der angemeldeten Zeit nach der Zollabfertigungsstelle ....
.... zu begleiten.

Eine willkürliche Unterbrechung der Fahrt ist unstatthaft.

Hamburg, den ..... 19.....

(Stempel.) Das Zollbureau am ....

III. Erledigung.

Überweisungsregister B Nr. .....

Die umseitig aufgeführten Waren sind hier heute Vor/Nachmittag ..... Uhr unter amtlicher Begleitung angekommen.

Hamburg, den ..... 19.....

Zollabfertigungsstelle ....

....

IV. Erledigungsschein.

Über den Überweisungszettel des Zollbureaus am ..... Nr. .....

vom ..... 19.... .

Die in dem genannten Überweisungszettel angegebenen Waren sind hier heute Vor/Nachmittag ..... Uhr angekommen und im Überweisungsregister B Nr. ..... weiter nachgewiesen.

Die in dem Überweisungszettel weiter genannten Papiere sind von dem Begleitungsbeamten versiegelt abgegeben. Der letztere ist um ..... Uhr Vor/Nachmittags entlassen.

Hamburg, den ..... 19.....

(Stempel.) Zollabfertigungsstelle ....

Laufende Nr.	Der Packstücke		Inhalt der Sendung.	Ort der Lagerung.
	Zahl und Art.	Merkzeichen		
1.	2.		3.	4.
1	*5 Faß*	*G. Z. 8726/30*	*Gesalzene Därme*	*Kai, Schuppen 31.*

einem Zollsatze von ℳ 10,— unterliegen. Wenn aber der Zollbehörde gegenüber der Beweis erbracht wird, daß die Maschinenteile zu Maschinen gehören, die schon früher eingeführt sind, so gehen auch die Teile zu einem Zollsatze von ℳ 4,— ein. Bei dem Versand der 4 Maschinen muß Julius Rudert also genau angeben, wieviel Druckwalzen zu jeder Maschine gehören und welche (genaue Bezeichnung und Angabe der Nummer). Es muß ferner seitens des Absenders die Erklärung abgegeben werden, daß die fehlenden Teile innerhalb eines Zeitraumes von 6 Monaten nachgeliefert werden sollen.

Nach erfolgter Verzollung werden die Wagen von der Bahn übernommen und dem Bestimmungsorte zugeführt.

d) Der Weiterversand in das deutsche Zollgebiet erfolgt zu Wasser.

aa) Der Dampfer löscht im Strom — Schutenabnahme.

Der D „Albuera", der aus Florida kommt, wird in Hamburg erwartet. Die Spediteure Schenker & Co. in Hamburg haben den Auftrag erhalten, A. B. 1/160 = 160 Kisten, enthaltend Brettchen aus Zedernholz [1]), per Schlepper nach Aussig zu verladen. Da der Dampfer nur Massengüter geladen hat, soll er zur Vermeidung der Kaientlöschungsgebühr „im Strom gelöscht werden". Der Vertreter der Reederei, der Schiffsmakler, verständigt rechtzeitig den Hafenmeister, damit dieser einen Anlegeplatz für das Schiff bestimmt. Der Hafenmeister schreibt einen Zettel aus, der dem Dampfer bei der Anlegung als Legitimation dient. Auf so einem Zettel steht beispielsweise:

50 Tonnen Schutenabnahme im Strom an Nr. 36.

Aufgabe des Schiffsmaklers ist es, den Hafenlotsen rechtzeitig über den Anlegeplatz zu verständigen.

Sowie der Dampfer an den duc d'Alben angelegt hat, senden Schenker & Co. einen Angestellten, den Außenexpedienten, an Bord des Dampfers, damit dieser sich informiert, wann die 160 Kisten „für ihn greifbar sind". Gewöhnlich ist der „Stauer-Vize", ein Angestellter des Stauers, in der Lage, nach dem „Stauungsplan" den Zeitpunkt anzugeben, wann die Güter „vor der Hand sind". Schenker & Co. beauftragen nun einen „Ewerführer", zur bestimmten Stunde mit einer Schute „längsseits" der „Albuera" zu sein. Der Ewerführer nimmt die Güter direkt über Bord in seine Schute. Zum „Aufheben" (aus dem Dampfer) und zum „Absetzen" (in die Schute) bedient er sich einer Winde, die mit dem englischen Worte

[1]) Diese kleinen rechteckig gesägten Brettchen werden zur Bleistiftfabrikation verwandt. Da zum Schneiden dieser Brettchen nur Sägen und keine Messer verwandt sind, unterliegen sie nur einem Zoll von 25 Pf. per 100 kg.

winch bezeichnet wird. Dabei sorgt der Ewerführer für richtige und ordnungsmäßige Stauung der Güter in der Schute. Nachdem die Entlöschung der 160 Kiste beendigt ist, wird die Schute zwecks „Überladung“ der Kolli an einen Elbkahn geschleppt. Gewöhnlich hat der Kahn vorher schon andere Güter geladen. Schlepper befördern ihn nach erfolgter Überladung in den Hafen des Zollamtes „Entenwärder“.

Auch hier befinden sich zwei Deklaranten, die von der Zollbehörde zur Deklaration ermächtigt sind. Der Absender darf die Deklaration nicht ausfertigen. Nach Erledigung der Zollformalitäten wird der Kahn unter Raumverschluß gelegt, oder wenn das nicht möglich ist, tritt, wie beim Eisenbahnversand, Kolloverschluß ein. Güter, die sich nicht verschließen lassen, erhalten Nämlichkeitszeichen. Der Kahn ist alsdann schleppbereit und tritt, sobald eine genügende Anzahl von Kähnen zur Zusammenstellung eines Schleppzuges vorhanden ist, seine Reise an.

bb) Der Dampfer löscht am Kai — Abnahme direkt per Kahn vom Kai.

D „Pisa“ trifft aus Philadelphia in Hamburg ein. Er hat A. O. 1907 Säcke rohe Muschelschalen [1]) = 127 873 kg geladen, die Rosenberg Loewe & Co. in Hamburg an Hermann Sauer in Laube per Kahn verfrachten sollen.

Der Dampfer hat am Kai gelöscht. Nachdem sich Rosenberg Loewe & Co. durch ihren Expedienten überzeugt haben, daß „die Ware greifbar ist“, wird die Bemusterung in Gegenwart eines Vertrauensmannes des Eigentümers der Ware vorgenommen. Diese Bemusterung hat nicht den Zweck der „Arbitration“ (s. S. 183!), sondern die 30 gezogenen Muster dienen dem Eigentümer der Ware lediglich als Verkaufsmuster. Sind die Muster gezogen, so erhält die Reederei einer Fluß-Schiffahrtsgesellschaft (den Vertreter derselben nennt man Schiffsprokureur) den Auftrag, einen Kahn zur Abnahme bereit zu halten. Am festgesetzten Tage erfolgt nun die Auslieferung, das „Absetzen“, vom Kai direkt in den Kahn. Der Schiffer überwacht mit seinen Leuten die Übernahme und sorgt für sachgemäße Verstauung im Kahn. Hat er nach erfolgter Verstauung der 1907 Säcke noch Raum, so legt er noch an anderen Kais an, um dort „beizuladen“, oder eine Schute bringt ihm noch Güter zum Überladen.

Würde er nur die 1907 Säcke rohe Muschelschalen geladen haben, so brauchte er nur im Zollamt Kuhwärder die „Freischreibung“ der Muschelschalen, die zollfrei eingehen, zu beantragen und könnte alsdann die Zollgrenze passieren. Hat der Schiffer aber Zollgüter „beigeladen“, so werden die Güter, die nicht verzollt sind, unter Raum- oder Kolloverschluß gesetzt, bevor der Kahn das Freihafengebiet verlassen darf.

---

[1]) Die Muschelschalen werden gemahlen, mit Feldspat versetzt, zur Fabrikation von Emaille verwandt. — Verkäufer der Ware ist Albert Ochsé in Paris, der in Philadelphia seinen Aufkäufer hat; dieser besorgt dann auch die Verschiffung, darf aber über die Ware keine Verfügung treffen.

2. Ware wird per Schiff aus dem deutschen Zollgebiet ins Ausland geführt.

Wie die deutschen Zollbehörden gewissenhaft darüber wachen, daß die Bestimmungen des Vereinszollgesetzes und des Zolltarifgesetzes genau erfüllt werden, so sorgen auch die Zollbehörden der außerdeutschen Länder dafür, daß nur diejenigen Güter über ihre Landesgrenze kommen dürfen, bei deren Versand die Vorschriften der Zollordnungen (Reglements) peinlichst beachtet worden sind.

Besonderer Aufmerksamkeit bedürfen die Zollordnungen der meisten Übersee-Länder. Verhältnismäßig hohe Zollstrafen und unendlich viel Schwierigkeiten sind die Folge der Nichtbeachtung dieser Vorschriften.

Diejenigen Staaten, mit denen Deutschland keine Meistbegünstigungsverträge geschlossen hat, verlangen bei der Einfuhr deutscher Erzeugnisse Ursprungszeugnisse, zu deren Aufstellung die Handelskammern des betreffenden Erzeugnisortes oder das nächste Konsulat desjenigen Staates, nach welchem die Ware eingeführt werden soll, berechtigt sind. Auch die meistbegünstigten Länder verlangen bei der Einfuhr deutscher Erzeugnisse eine Erklärung über die Herkunft der Ware. Diese Erklärung wird häufig durch eine „Konsulatsfaktura" abgegeben. Der deutsche Exporteur übergibt die Faktura, die ins Ausland gesandt werden soll, dem Konsulat des betreffenden Landes. Der Konsul beglaubigt durch Unterschrift und Siegelaufdruck, daß das angegebene Ursprungsland das richtige ist. Häufig enthält die Beglaubigung der Konsulatsfaktura noch einen Vermerk darüber, daß der in Rechnung gestellte Preis der handelsübliche ist. Ein solcher Vermerk ist nötig für diejenigen Länder, die eingehende Waren nach dem Werte verzollen (Vereinigte Staaten von Nordamerika, Holland, Belgien, Ägypten, Siam usw.). Konsulatsfakturen verlangen beispielsweise: Bolivia, Brasilien, Chile, Cuba, Colombia, Mexiko, Panama, Peru, Venezuela, Dominica usw. Einzelne Staaten sehen von der Einsendung von Konsulatsfakturen ab, verlangen dann aber eine Stempelung der Konnossemente, z. B. Argentinien; andere dagegen begnügen sich mit der Bescheinigung des Versand-Avises durch die zuständige Polizeibehörde (Rußland für Ost-Sibirien), für andere Länder wider genügen die einfachen Rechnungen der Lieferanten (Schweden).

Auszüge aus den Zollordnungen einiger Übersee-Länder:

Brasilien. Alle Waren müssen von Konsulatsfakturen begleitet sein. Dieselben sind in vierfacher Ausfertigung dem brasilianischen Generalkonsulat in Hamburg in portugiesischer Sprache einzureichen. Zwei der beglaubigten Exemplare werden dem Ablader (Befrachter) zurückgegeben. Der Ablader hat dasjenige beglaubigte Exemplar, das als „Prima" bezeichnet und mit einem für das handelsstatistische Bureau in Rio de Janeiro bestimmten Talon versehen ist, dem Schiffsführer zu behändigen. Das geschieht häufig durch Vermittelung eines Spediteurs oder des Schiffsmaklers. Nach Ankunft des Schiffes muß der Schiffsführer die „Prima" zusammen mit dem Schiffsmanifest der brasilianischen Zollbehörde überreichen. Das zweite, dem Verlader beglaubigt zurückgegebene Exemplar hat dieser dem Empfänger der Ware in Brasilien einzusenden, um letzterem die Verzollung der Ware dortselbst zu ermöglichen. Von den beiden andern der vier beglaubigten Fakturen verbleibt eine im Archiv des Generalkonsulats, während die andere von demselben dem handelsstatistischen Bureau in Rio de Janeiro übermittelt wird. Die Gebühren für die Beglaubigung der Konsulatsfakturen betragen 3 Milreis Gold = ℳ 6,90 etwa für jede Prima der Faktura, die andern drei Exemplare sind gebührenfrei.

Über alle Sendungen von Waren, sowie von Kontanten (Edelmetalle, Edelsteine usw.) und Wertpapieren sind Konsulatsfakturen aufzumachen; ausgenommen sind:

a) Postsendungen irgendwelchen Wertes,

b) Sendungen mit Parcel-Receipts [1]), deren offizieller Wert 50 Milreis Gold = ℳ 115,— nicht übersteigt;

c) Muster geringeren Wertes als 50 Milreis.

Die Konsulatsfakturen müssen enthalten: eine genaue Angabe der verladenen Waren, Zeichen und Nummern der Kolli, Bruttogewicht der einzelnen Kolli, Nettogewicht der einzelnen Artikel, deren Einzelwert entweder einschließlich oder ausschließlich Fracht und Spesen, Ursprung der Waren. — Eine allgemeine Bezeichnung der Waren ist zulässig, wenn sie dem offiziellen Warenverzeichnis (Nomenclatura das mercadoria) entspricht. Es kann aber auch eine genauere handelsübliche Bezeichnung der Ware in der Faktura gewählt werden. Die auf der ersten Seite der Konsulatsfaktura enthaltene Erklärung muß vom Exporteur bzw. vom Verlader oder dessen Prokuristen unterschrieben sein unter Versicherung der Genauigkeit derselben. Die Anlage enthält das Muster einer Konsulatsfaktura, deren Übersetzung in deutscher Sprache findet sich auf S. 209/13.

Es ist ferner an bestimmter Stelle anzugeben:

1. Name und Nationalität des Schiffes und ob dasselbe ein Dampfschiff oder ein Segelschiff ist;

2. Verschiffungshafen, als solcher gilt derjenige Hafen, von welchem die Ware in der Tat mit der Bestimmung für Brasilien zur Verladung gelangt;

---

[1]) Kolli, die auf Parcel-Receipt Verladung finden, werden im Sample-room des Dampfers, also nicht im Schiffsraum, verstaut, so daß sie gleich bei Ankunft des Dampfers greifbar sind. Diese Sendungen gelangen sofort nach Ankunft des Dampfers in die Sample-Office und sind daher sehr schnell zur Zollabfertigung bereit. Die im Raum des Schiffes verladenen Güter müssen erst zur Entlöschung gelangen und können erst dann zur Verzollung gestellt werden. Mit Parcel-Receipt reisen meistens kleinere Kolli, die eilig erwartet werden.

(1) Es ist anzugeben, ob die Ware ein Produkt des Staates, in welchem sich die Versandstation ▮ oder ein solches eines anderen europäischen oder außereuropäischen Staates ist.

Indicare se la merce è die produzione dello Stato in cui trovasi la stazione mittente o altro Stato europeo od extra-europeo.

Indiquer si la marchandise est de production de l'État auquel appartient la gare exp ou d'un autre État européen ou non européen.

(2) Jede in den Kolli enthaltene Warengattung muß besonders beschrieben werden.

Bei Geweben muß angegeben werden: 1. die Zahl der Stücke; 2. Länge und Breite eine derselben; 3. ob das Gewebe flach oder erhaben, gefärbt oder gedruckt, roh gemustert oder g ist; 4. aus welchem Stoffe es ist, ob aus Wolle, Baumwolle, Leinen oder Seide usw., und w Gewebe aus verschiedenen Stoffen zusammengesetzt ist, in welchem Verhältnis sie im Gewe kommen; handelt es sich um verschiedene Stücke, so ist das Gewicht jedes Stückes anzugeben.

Außer den vorstehenden Angaben muß bei Weinen erklärt werden, ob dieselben aussch aus der Gärung frischer Weintrauben herstammen. Zugleich ist anzugeben, ob es sich um S weine oder Nichtschaumweine, Kunstweine usw. handelt.

Allgemeine Bezeichnung, wie Chemikalien, Arzneimittel, Kurzwaren, Eisen- und Hol sind unzulässig; es ist vielmehr eine spezielle Benennung der Waren erforderlich.

Für Tiere, besonders für Körbe mit verschiedenen Arten von Geflügel, Wildbret usw. i die Gattung und das Gewicht derselben anzugeben.

Für die nach Frankreich bestimmten Geflügel-, Wildbret-, Eier- und Ölsendungen müs Absender auf der Erklärung für die Zollämter, um eine für sie nachteilige Zollbehandlung Grenze zu vermeiden, die Berechnung des gesetzmäßigen Abzugsgewichts, welches 2 % für Kö 12 % für Fässer beträgt, schriftlich verlangen.

Ciascuna specie di merce contenuta nei colli deve essere particolarmente descritta.

Per i tessuti bisogna indicare: 1º la quantità dei tagli; 2º la lunghezza e la la di ognuno die essi; 3º se il tessuto è unito o broccato, tinto o stampato, operato greggio od imbia 4º quale ne è la materia, se lana cotone, lino o seta, ecc., ed, ove il tessuto sia misto di diverse in quali proporzioni esse entrino nella formazione del tessuto; trattandosi di diversi tagli dovrà indicarsi il peso di ciascuno di essi.

Per i vini occorre sia dichiarato se provengono esclusivamente dalla fermentazione d fresche e altresì se siano spumanti o no, artificiali, ecc.

Le denominazioni comprensive e generiche, quali: prodotti, chimici, medicinali, mercerie, la ferro ed in legno, sono da tralasciarsi, designandosi invece l'effettivo nome delle merci.

Le distinzioni della qualità e dei rispettivi pesi, devono pure farsi per gli animali, in quando si tratti di cesti contenenti diverse qualità di pollame, cacciagione, ecc.

Ad evitare una dannosa manipolazione al confine, per le spedizioni dirette in Francia, di p di selvaggina, di nova e di olii, i mittenti devono chiedere per iscritto sulle dichiarazioni per le il computo della tara legale per lo sdaziamento delle merci, fissata in ragione del 2 % per le panieri e del 12 % per le casse, botti e barili.

Chaque espèce de marchandise contenue dans les colis doit être particulièrement désignée.

Pour les tissus il faut indiquer: 1º le nombre des coupes: 2º la longueur et la lar chacune d'elles; 3º si le tissu est uni, broché, teint ou imprimé, ouvré écru ou blanchi; 4º q est la matière, laine, coton, lin, soie, etc., et, là où le tissu est composé de diverses matières, dans proportions elles entrent dans la formation du tissu; s'il s'agit de diverses coupes il faudra a diquer le poids de chacune d'elles.

Pour les vins il faut aussi déclarer s'ils proviennent exclusivement de la fermentation du frais et s'ils sont mousseux ou non, artificiels, etc.

Les dénominations génériques telles que: produits chimiques, mercerie, ouvrages en fer ou ne doivent pas être employées; il faut au contraire indiquer le nom spécifique des marchandises.

La distinction de chaque qualité et du poids respectif doit être faite aussi pour les an particulièrement lorsqu'il s'agit de panier, contenant de différentes espèces de volaille, de gibier

Afin d'éviter une opération préjudiciable à la frontière pour les expéditions de volaille, de d'oeufs et d'huiles qui sont dirigées en France, les expéditeurs doivent demander, en l'écrivant déclarations pour les douanes, le calcul de la tare légale fixée pour le dédouanement de la marc en raison de 2 % pour les corbeilles et les paniers et de 12 % pour les caisses, les fûts et les

(3) Es ist anzugeben, ob für die **Ausfuhr,** die **vorübergehende Ausfuhr** oder für **Wiederausfu** vorübergehender Einfuhr).

Indicare se per esportazione, per esportazione temporanea o per riesportazione (a s temporanea importazione).

Indiquer si c'est pour l'exportation, l'exportation temporaire ou pour la réexportation chargement d'importation temporaire).

(4) Es ist der Staat anzugeben.

Indicare lo Stato.

Indiquer l'État.

(5) Es ist anzugeben, ob das Ausgangsverfahren durchgeführt und die Gebühren bezahlt werden oder ob nur der gelöste Geleitschein zu löschen ist. Bei Waren mit nur vorübergehender Ausfu auch angegeben werden, ob der Geleitschein bis zum Bestimmungsort mitgeschickt oder bei der agentur zurückbehalten oder an den Absender gegen Zahlung der festgesetzten Gebühr ge werden soll.

Indicare se deve eseguirsi l'operazione d'uscita pagare i diritti, oppure provvedersi soltan scarico delle bolle già staccate. Si dovrà pure indicare, per le merci in esportazione tempora la bolla deve essere inoltrata o destinazione, conservata all' agenzia di confine od inviata all m verso pagamento delle tasse stabilite.

Indiquer si on doit faire l'opération de sortie et payer les droits, ou bien pourvoir se à la décharge de l'acquit déjà détaché. On devra indiquer aussi, pour les marchandises en expo temporaire, si l'acquit doit suivre à destination, s'il doit être conservé à l'agence de la front envoyé à l'expéditeur contre paiement des taxes y relatives.

ist anzugeben, ob die Waren bestimmt sind für den **Verbrauch**, für die **Wiedereinfuhr** (bei vor-rgehender Ausfuhr), für **vorübergehende Einfuhr**, in eine **Niederlage** oder für den **Transit**, unc liesem letzteren Falle, bei welchem Zollamte oder an welchem Grenzort sie austreten sollen.

Indicare se le merci sono destinate: al consumo, alla reimportazione (a sfogo di temporanea rtazione), all importazione temporanea, al deposito od al transito, ed in questo ultimo caso, pe le Dogana o punto di fronttiera devono uscire.

Indiquer si les marchandises sont destinées: à la consommation, à la réimportation (à décharge t d'exportation temporaire), à l'importation temporaire; à l'en repôt ou au transit, et dans ce ier cas, par quelle Douane ou point de frontière elles doivent sortier.

ist der Ort anzugeben, wo die Zollbehandlung vorzunehmen ist.

Indicare il uogo ove devono eseguirsi le operazioni doganali.

Indiquer le lieu où les opérations de douane sont à accomplir.

m für den Absender zur Angabe besonderer Verfügungen betreffs der vorzunehmenden Zollbehandlung

Spazio riservato al mittente per le sue particolari disposizioni circa le operazioni doganali de uirsi.

Espace réservé à l'expéditeur pour ses instructions particulières quant aux formalités en douane ccomplir.

Raum für die Einzelbenennung der Güter.

Spazio riservato alla descrizione particolareggiata delle merci.

Espace réservé pour la désignation détaillée des marchandises.

3. Bestimmungshafen der Ware, das ist der letzte Zollhafen, nach welchem die Ware gehen soll. Im Falle der Wahl (opcao) eines andern Hafens muß eine diesbezügliche Erklärung in der Faktura abgegeben werden;

4. Gesamtwert ist die Endsumme aller in der Faktura aufgeführten Einzelwerte, einschließlich Fracht und Spesen;

5. annähernde Angabe der Höhe der Fracht und Spesen. Falls der Verlader oder der Exporteur zur Zeit der Verschiffung die Höhe der Fracht und Spesen noch nicht kannte, so genügt eine ungefähre Angabe, die der eventuell zu zahlenden Summe möglichst nahe kommt;

6. die „Prima" muß mit der Hand oder mit der Schreibmaschine mit schwarzer unveränderlicher Tinte geschrieben sein, die übrigen drei Exemplare der Konsulatsfaktura dürfen durch Vervielfältigung hergestellt, müssen aber gut leserlich sein.

Unrichtige oder ungenaue Angaben in der Konsulatsfaktura, sowie Nichtbeachtung dieser Vorschriften haben für den Empfänger die Strafe der Zahlung der doppelten Zollgebühren zur Folge.

Der Verzollung wird gewöhnlich das Reingewicht zugrunde gelegt. Die Erhebung der Zölle erfolgt in Gold und in Papier. 1 Milreis Gold = ℳ 2,30, 1 Milreis Silber = ℳ 2,10.

Vereinigte Staaten von Nordamerika: Zur Vermeidung von Verzögerungen und Extrakosten ist es notwendig, jeder Sendung ein Inhaltsverzeichnis mit Wertangabe beizufügen. Ist ein solches Verzeichnis nicht zur Stelle, so wird der Wert der Waren durch die Zollbehörde festgestellt. Da die Höhe des Zolles meistens nach dem Werte der Sendung bestimmt wird, so ist die Bewertung der Ware seitens der Zollbehörde gewöhnlich eine ziemlich hohe. Erfahrungsgemäß haben Reklamationen gegen diese Abschätzung niemals Erfolg. — Sobald der Wert der Sendung ℳ 400,— übersteigt, muß dieselbe von einer vom amerikanischen Konsul beglaubigten Konsulatsfaktura begleitet sein. Eine Nichtbeachtung dieser Vorschift zieht nicht nur eine Einschätzung durch das Zollamt nach sich, sondern bewirkt auch eine verzögerte Abfertigung und wesentliche Extrakosten durch eventuelle Zollstrafen. — Sendungen von geringerem Werte als ℳ 400,— werden fast ausnahmslos ohne Fakturen abgefertigt. Die Zollbeamten sind jedoch berechtigt, beglaubigte Rechnungen zu verlangen, besonders dann, wenn sie Ursache haben zu vermuten, daß die Zollhausbestimmungen umgangen werden sollen. — Die Beglaubigung von Fakturen für Güter und Privateffekten, die „in bond", d. h. unter Zollverschluß weiter verladen werden sollen, und deren Wert $ 100,— nicht übersteigt, braucht nicht mehr vorgenommen zu werden. — Die Beglaubigung der Konsulatsfakturen muß von demjenigen Konsulate erfolgen, das sich dem Orte der Verladung am nächsten befindet und zwar möglichst noch vor Abgang der Ware aus der Fabrik oder dem Lager, spätestens jedoch vor dem Abgang des Dampfers, um die eventuelle Besichtigung der Ware noch zu ermöglichen.

Die Fakturen sind in dreifacher Ausfertigung einzureichen, wenn die Güter gleich in dem ersten Hafen der Union, den sie anlaufen, zur Verzollung gelangen sollen. Sollen sie dagegen unter Zollverschluß (in bond) von dem Landungshafen anch Orten des Inlandes, wo sich Zollabfertigungsstellen befinden, befördert werden, so sind vier gleichlautende Exemplare erforderlich. — Jede Faktura muß von dem Fabrikanten (Eigentümer oder Versender) unterzeichnet sein und seitens des Versenders persönlich auf dem betreffenden amerikanischen Konsulate zur Beglaubigung vorgelegt werden. In Ausnahmefällen kann auch ein Beauftragter auf Grund einer Spezial-Vollmacht, zu der die amerikanischen Konsulate bestimmte Formulare zur Verfügung stellen, die Fakturen zur Beglaubigung vorlegen. Personen, die dem amerikanischen Konsul nicht persönlich bekannt sind, haben sich entweder durch einen auf dem Konsulate bekannten Herrn oder durch ein amtliches Papier, das eine Personalbeschreibung enthält (Paß), auszuweisen. — Aus den Fakturen muß nicht nur der handelsübliche Wert der Waren, sondern auch der Wert der Emballage, der Fracht und Spesen ersichtlich sein. — Alle nach den Vereinigten Staaten gehenden Waren müssen in englischer Sprache die Benennung desjenigen Landes tragen, in welchem sie hergestellt sind, z. B. made in Germany oder einfach Germany. Eine einfache Angabe wie „Berlin" oder „Frankfurt a. M." ist nicht statthaft. — Jedes Kollo, das „in bond" gehen soll, muß mit einer deutlichen Marke versehen sein und den Vermerk tragen: „in bond to ......" (z. B. in bond to Mexico).

Sendungen können frei, unfrei oder unter Nachnahme eingehen.

Die Konsulatsfakturen sind vom Tage des Versandes der Ware zu datieren. Als Beglaubigungsdatum kommt der Tag in Frage, an welchem die Faktura beim Konsulat vorgelegt wurde. Für die Beglaubigung sind pro Satz Fakturen ℳ 10,60 Gebühren zu zahlen.

Zollpflichtiger Wert der Ware ist der wirkliche Marktwert oder Großhandelswert auf den Hauptmärkten des Landes, aus welchem sie eingeführt wird, einschließlich des Wertes aller Kartons, Schachteln, Körbe, Kisten, Unkosten, die aus dem Versand erwachsen (also der cif-Preis).

Die Anlage enthält das Muster einer zweiten Konsulatsfaktura. Zum besseren Verständnis folgt die Übersetzung derselben in deutscher Sprache (s. Form. S. 214/18!).

(Fortsetzung des Textes S. 219)

RECHNUNG

(Zu Anlage S. 206/7.)

SEBNITZ, den 5. Dezember 1908.

Rechnung über künstliche Blumen und Blätter, gekauft durch die Herren **King Brinsmade,** Handelsgesellschaft in St. Louis, von **Richard Lutze & Co.** in Sebnitz, um per Bahn an **C. W. Berger,** Hamburg, versandt zu werden.

Zeichen u. Nummern	Beschreibung	Preis	Betrag		Konsulats-Berichtigungen
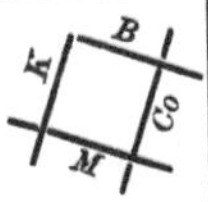					
	Kiste No. 20, *enthaltend 72 Kartons.*				
1034	*6 Doz. = 3 Kartons*	*3.60*	*21*	*60*	
1030	*60 „ = 15 „*	*1.60*	*96*	—	
1026	*576 Gross = 24 „*	*0.60*	*345*	*60*	
1025	*150 Doz. = 30 „*	*1.20*	*180*	—	
	Kiste No. 21, *enthaltend 66 Kartons.*				
1026	*1584 Gross = 66 Kartons*	*0.60*	*950*	*40*	
	Kiste No. 22, *enthaltend 72 Kartons.*				
1025	*360 Doz. = 72 Kartons*	*1.20*	*432*	—	
	Kiste No. 23, *enthaltend 72 Kartons.*				
1025	*360 Doz. = 72 Kartons*	*1.20*	*432*	—	
	Kiste No. 24, *enthaltend 96 Kartons.*				
1033	*40 Doz. = 10 Kartons*	*1.60*	*64*	—	
1029	*24 „ = 6 „*	*2.50*	*60*	—	
1031	*40 „ = 20 „*	*5.50*	*220*	—	
1028	*160 „ = 32 „*	*1.20*	*192*	—	
1032	*95 „ = 19 „*	*1.—*	*95*	—	
1025	*35 „ = 7 „*	*1.20*	*42*	—	
		Mark	*3130*	*60*	
	16 % Skonto	*„*	*500*	*90*	
		Mark	*2629*	*70*	
	2 % Skonto	*„*	*52*	*60*	
		Mark	*2577*	*10*	
	378 Kartons à M 1.—	*„*	*378*	—	
	Beglaubigungsgebühren	*„*	*10*	*60*	
		Mark	*2965*	*70*	
	(Unterschrift des Käufers oder Verkäufers oder des Agenten des einen von beiden.)				

(Formular Nr. 140)

(Zu Anlage S. 206/7.)

Konsulats-Bescheinigung.

Ich, der Unterzeichnete, Stellvertretender Amerikanischer General-Konsul, bescheinige hiermit, daß mir heute, am 9. Dezember anno domini 1908 die rückseitige Faktura durch den Unterzeichner der beigefügten Erklärung übergeben wurde.

Ich bescheinige ferner, daß ich überzeugt bin, daß derjenige, welcher die beigefügte Erklärung abgibt, wirklich der ist, der zu sein er selbst behauptet, und daß der tatsächliche Marktwert oder Großhandelspreis der in der genannten Faktura beschriebenen Ware an den Hauptplätzen des Landes zur Zeit der Ausfuhr richtig und wahr ist, ausgenommen, wo es durch mich auf der genannten Rechnung vermerkt ist oder in betreff worauf ich der eigenen Behörde besondere Mitteilung machen werde.

Ich bescheinige ferner . . . .

(L. S.)

Durch Unterschrift und Amtssiegel am vorerwähnten Tage und Jahr beglaubigt.

Empfangen ℳ 10,60 gleich 2,50 Gold-Dollar der Vereinigten Staaten.

Paul Arras,
Stellvertretender Amerikanischer General-Konsul.

(Formular No. 138)

(Zu Anlage S. 206/7.)

Erklärung

des Käufers oder Verkäufers oder des gehörig bevollmächtigten Agenten des einen von beiden.

Ich, der Unterzeichnete, erkläre feierlich und der Wahrheit gemäß, daß ich der Verkäufer der in der umseitigen Faktura erwähnten und beschriebenen Ware bin; daß die genannte Faktura in jeder Hinsicht richtig und wahr ist und in Sebnitz aufgestellt wurde, von wo genannte Ware nach den Vereinigten Staaten von Amerika ausgeführt werden soll; daß genannte Faktura eine wahre und vollständige Übersicht enthält über die Zeit wann, den Ort wo und die Person, von der die Ware gekauft wurde, sowie über die tatsächlichen Kosten derselben, also den wirklich dafür bezahlten oder zu bezahlenden Preis und alle darauf ruhenden Spesen; daß in genannter Faktura keine Abzüge, Prämien oder Rückzölle enthalten sind außer solchen, die ausdrücklich darin bewilligt werden; daß über die in der genannten Faktura aufgeführte Ware keine abweichende Faktura irgend jemandem ausgestellt worden ist oder wird, und daß der Umlaufswert, in welchem genannte Faktura ausgefertigt ist, derjenige ist, der für genannte Ware in der Tat bezahlt wurde oder zu bezahlen ist. Ich erkläre ferner.........

Ich erkläre ferner, daß beabsichtigt wird, genannte Ware über den Hafen von St. Louis in die Vereinigten Staaten von Amerika einzuführen.

Abgegeben in Dresden, Deutschland, am 8. Dezember 1908.

Richard Lutze & Co.
Inhaber: Arno Lutze & Burghard Zweigert.

Quadruplikat

(Zu Anlage S. 206/7.)

Durch den Importeur gekauft.

Rechnung Nr. 5112. Vierfach ausgestellt.

Bescheinigt am 9. Dezember 1908.

General-Konsulat
der Vereinigten Staaten von Amerika
in
Dresden, Deutschland.

Datum: 5. Dezember 1908.

Verkäufer: Richard Lutze & Co.
Inhaber: Arno Lutze & Burghard Zweigert, Sebnitz

Käufer: King Brinsmade Merc. Co.

Name des Schiffes:

Verladungshafen: Hamburg

Ankunftshafen: New York

Einfuhrhafen: St. Louis

Wert: ℳ 2965,70

Inhalt: Künstliche Blumen und Blätter.

Zollamts-Indossament*)

(Zu Anlage S. 206/7.)

Nr.

Importeur:

Schiff:

Von:

Angekommen:

Art der Einfuhr:

Zeichen, Menge und Inhalt:

*) Konsulatsbeamte wollen vorstehendes Indossament ganz leer lassen. Es ist nur von dem Zollamt des Einfuhrhafens auszufüllen.

RECHNUNG

(Zu Anlage S. 208/9.)

GABLONZ a. N. (Böhmen), d. 12. Dezember 1908.

Rechnung über Glasperlen und Schmuckstücke, übersandt an **I. A. Dalrymple & Co.** in Haverhill zum Verkauf auf Rechnung von **W. Klaar,** Gablonz a. N., verladen durch .... per Bahn an Herren **Andrae & Wilkerling,** Hamburg.

Zeichen und Nummern	Beschreibung	Wert	Betrag		Konsulats-Berichtigungen
I. A. D. C.					
44 847	1 Kiste, Bruttogewicht 151 kg				
	Kabelauftrag vom 6. November				
	120 kg lose Glasperlen 2223/1400	5.25	630	—	
	Auftrag vom 5. November				
	50 Gros Schmuckstücke 28098/0250	1.10	55	—	
	50 „ „ „ / jec.	0.50	25	—	
			710	—	
	2%		14	20	
			695	80	
	Fracht bis Hamburg bezahlt d. d. Abs.		—	—	
	Kosten der Verladung „ „ „ „		—	—	
	Versicherung „ „ „ „		—	—	
	Kiste		4	65	
	Beglaubigungsgebühren		13	40	
	Kronen		713	85	

In den obigen Preisen sind alle Verpackungskosten, die sich auf K 15.— belaufen, eingeschlossen.

Die in dieser Faktura aufgeführten Warenpreise sind nach meinem besten Wissen und Gewissen die tatsächlichen Marktpreise hier.

(Unterschrift des Eigentümers oder Agenten.) **W. Klaar.**

(Formular Nr. 140.)

Konsulats-Bescheinigung

(Zu Anlage S. 208/9.)

Ich, der Unterzeichnete, Stellvertretender General-Konsul der Vereinigten Staaten von Amerika, bescheinige hiermit, daß mir heute, am 15. Dezember anno domini 1908, die rükseitige Faktura durch den Unterzeichner der beigefügten Erklärung übergeben wurde.

Ich bescheinige ferner, daß ich überzeugt bin, daß derjenige, welcher die beigefügte Erklärung abgibt, wirklich der ist, der zu sein er selbst behauptet, und daß der tatsächliche Marktwert oder Großhandelspreis der in der genannten Faktura beschriebenen Ware an den Hauptplätzen des Landes zur Zeit der Ausfuhr richtig und wahr ist, ausgenommen, wo es durch mich auf der genannten Rechnung vermerkt ist oder in betreff worauf ich der eigenen Behörde besondere Mitteilung machen werde.

Ich bescheinige ferner . . . .

(L. S.)

Durch Unterschrift und Amtssiegel am vorerwähnten Tage und Jahr beglaubigt.

Empfangen ℳ 10.60 = 2.50 Geld-Dollar der Vereinigten Staaten.

Edward J. Heyn,
Stellvertretender General-Konsul der Vereinigten Staaten von Amerika.

(Formular No. 139.)

(Zu Anlage S. 208/9.)

Erklärung

des Eigentümers oder seines gehörig bevollmächtigten Agenten zum Schutze von Gütern, die versandt werden, ohne verkauft zu sein.

Ich, der Unterzeichnete, erkläre feierlich und der Wahrheit gemäß, daß ich der Verkäufer der in der umseitigen Faktura erwähnten und beschriebenen Ware bin; daß die erwähnte Faktura in jeder Hinsicht richtig und wahr ist und in Gablonz a. N. aufgestellt wurde, von wo genannte Ware nach den Vereinigten Staaten von Amerika ausgeführt werden soll; daß genannte Faktura den tatsächlichen Marktwert oder Großhandelspreis der genannten Ware enthält, wie er an dem heutigen Datum an den Hauptplätzen Deutschlands gilt; daß der genannte jetzige Marktwert der Preis ist, zu welchem die in der Faktura beschriebene Ware allen Käufern an genannten Plätzen zum Kaufe angeboten wird, und daß es der Preis ist, welchen ich empfangen habe und für solche Ware anzunehmen bereit gewesen wäre, wenn sie in der im Großhandel üblichen Menge auf dem gewöhnlichen Handelswege verkauft worden wäre; auch daß der Großhandelspreis alle auf der Ware ruhenden Spesen in deren vollem Umfange einschließt, und daß niemandem eine abweichende Rechnung über die in der genannten Faktura erwähnte Ware ausgestellt worden ist oder wird. Ich erkläre ferner, daß beabsichtigt wird, genannte Ware über den Hafen von Boston in die Vereinigten Staaten von Amerika einzuführen. Ich erkläre ferner . . . .

Abgegeben in Gablonz a. N. am 12. Dezember 1908.

W. Klaar.

Duplikat

(Zu Anlage S. 208/9.)

Durch den Importeur nicht gekauft.

Rechnung Nr. 3542. Vierfach ausgestellt.

Bescheinigt am 15. Dezember 1908.

Amerikanischer Konsulatsdienst
in
Hamburg, Deutschland.

Datum: 12. Dezember 1908.

Absender: W. Klaar
Gablonz a. N.

Empfänger: J. A. Dalrymple & Co.
Haverhill.

Name des Schiffes:

Verladungshafen: Hamburg

Ankunftshafen:
Einfuhrhafen: } Boston

Wert: Kronen 713,85.

Inhalt: Perlen und Schmuckstücke

Konsulatsvermerke:

(Durch den Konsulatsbeamten auszufüllen.

Zollamts-Indossament*)

(Zu Anlage S. 208/9.)

Nr.

Importeur:

Schiff:

Von:

Angekommen:

Art der Einfuhr:

Zeichen, Menge und Inhalt:

*) Konsulatsbeamte wollen vorstehendes Indossament ganz leer lassen. Es ist nur von dem Zollamt des Einfuhrhafens auszufüllen.

Cuba. Ein Hamburger Spediteur versendet an seine Kunden, die Abnehmer in Cuba haben, folgendes Rundschreiben, das alle wichtigen Bestimmungen für den Versand enthält:

HAMBURG 8, *den 15. Februar 1909.*

Herr*n*

Adolf Scherer,

Chemnitz.

Betrifft Konsulatsfakturen für Sendungen nach CUBA.

Ich mache Sie ergebenst darauf aufmerksam, daß laut Mitteilung des hiesigen cubanischen General-Konsuls neuerdings folgende Declaration am Fuße der Fakturen vermerkt und vom Absender unterzeichnet sein muß:

„Declaro que soy el ..... de las mercancias relacionadas en la presente factura y que son ciertos los precios y demás particulares que en ella se consignan."

In dem freigelassenen Raum muß das Wort: „Productor", „fabricante" oder „vendedor" ausgefüllt werden, je nachdem, ob derjenige, der die Faktura unterzeichnet hat, Erzeuger, Fabrikant oder Verkäufer ist.

Unterhalb der obigen Erklärung muß dann noch der Vermerk angebracht werden:

„Declaro que soy el agente autorizado por .... que ha suscrito la anterior declaracion para presentar esta factura en la oficina Consular de Cuba en esta plaza, á fin de que sea certificada."

Diesen Vermerk habe ich als Ihr Bevollmächtigter zu unterzeichnen, wenn ich die Faktura behufs Legalisation dem cubanischen Konsul einreiche.

Ich mache dann noch besonders darauf aufmerksam, daß es erforderlich ist, auf dem letzten Bogen am Fuße der Faktura unterhalb der oben erwähnten Erklärungen einen Raum von mindestens zehn Zentimetern freizulassen für die Beglaubigung des Konsulats.

Das hiesige cubanische General-Konsulat wird unter keinen Umständen Fakturen beglaubigen, die nicht gemäß obigen Vorschriften ausgestellt sind.

Bei dieser Gelegenheit bringe ich in Erinnerung, daß die Fakturen über Sendungen nach den cubanischen Häfen in spanischer Sprache ausgestellt werden müssen. Es muß für die Fakturen starkes dauerhaftes Papier verwendet werden.

Die Fakturen dürfen nur auf der einen Seite beschrieben sein, es muß unauslöschliche Tinte zum Schreiben verwendet werden. — Auch dürfen in den Fakturen keine Korrekturen oder Radierungen vorhanden sein.

Für Sendungen, die am Bestimmungshafen verzollt werden, sind die Fakturen in fünffacher Ausfertigung bei dem hiesigen Konsul einzureichen, und für Sendungen, die vom Bestimmungshafen gleich nach dem Innern Cubas weitergehen sollen, müssen die Fakturen in sechsfacher Ausfertigung dem Konsul vorgelegt werden.

In den Fakturen muß detailliert angegeben sein:

Art der Warengattung,

Zahl der Colli,

Marke und Nummer,

Brutto-Gewicht, Zollgewicht, Sorte, detaillierter Inhalt, Stoffe, aus welchen die Waren verfertigt sind, detaillierte Preise, Totalwert, einschließlich der Unkosten, die die Ware verursacht hat bis zu dem Moment, in dem dieselbe verpackt und fertig zur Verschiffung nach Cuba ist. Fracht und Spesen bis zum cubanischen Ankunftshafen werden durch mich in die Fakturen eingefüllt. Es ist hierfür unter der Endsumme ein Raum freizulassen.

In den Fakturen muß ferner der Verschiffungshafen, von dem die Verschiffung erfolgt, und der Name des Warenempfängers angegeben sein.

Sowohl die Preise als auch die durch die Ware bis zu ihrer Verschiffung verursachten Unkosten sollen in der Geldmünze des Platzes oder Landes der Herkunft angegeben werden, resp. in denjenigen Fällen, wo die Faktura vom Verkäufer und nicht vom Fabrikanten ausgestellt wird, in der Geldsorte, in der die Zahlung erfolgt.

Wenn die Wertangaben nicht in amerikanischer Geldsorte aufgeführt werden, wird das Konsulatsbureau den Betrag in amerikanischer Münze feststellen, um davon die Konsulatsgebühr zu erheben.

Für die Beglaubigung einer jeden Faktura wird erhoben:

2 Pesos Gold (in amerikanischer Münze) bei Sendungen bis zum Werte von 250 Pesos.

Beträgt der Wert über 250 Pesos, so wird für jede weiteren 100 Pesos oder deren Bruchteil eine Gebühr von 10 Centavos mehr erhoben.

Fakturen, die einen geringeren Wert als 50 Pesos ausweisen, werden gratis beglaubigt, aber es dürfen niemals mehrere Fakturen im Werte unter 50 Pesos von demselben Ablader mit demselben Dampfer an einen Adressaten dem Konsul eingereicht werden, sondern diese Sendungen müssen dann auf einer Faktura zusammengeschrieben und gegen die obige Gebühr beglaubigt werden.

Hochachtungsvoll

N. N.

Spediteur.

Ähnliche Einzelvorschriften bestehen für den Verkehr mit den meisten Ländern. Regelmäßig wird großes Gewicht gelegt auf die äußere Beschaffenheit der Kolli. Häufig wird verlangt, daß Zeichen und Nummer und das Bruttogewicht auf den Frachtstücken in deutlich erkennbarer Größe mittels Schablone an den beiden Kopfenden des Kollos angebracht sind (Rußland, Chile usw.). — Bei der Versendung von Konfektionsgegenständen, Krawatten usw. nach Bulgarien muß den Begleitpapieren stets je ein Stückchen des Stoffes, aus dem die Gegenstände angefertigt sind, zwecks Feststellung des Zollsatzes beigefügt werden. Andernfalls wird bei Zollabfertigung von der Ware selbst ein Stückchen Stoff zum Zwecke der Ermittelung des Gewichtes des letzteren auf ein Quadratmeter abgeschnitten.

* * *

Um den deutschen Ausfuhrhandel zu heben, hat die Eisenbahnverwaltung denjenigen Gütern, die zur Ausfuhr über See nach außerdeutschen Ländern bestimmt sind, Ausnahmefrachtsätze gewährt. Nach der allgemeinen Stückgutklasse beträgt die Eisenbahnfracht von Berlin nach Hamburg ℳ 2,96 für 100 kg. Sind die Stückgüter aber zum Weiterversand über See nach außerdeutschen Ländern bestimmt, so beträgt die Stückgutfracht nur ℳ 2,08 für 100 kg. Allerdings muß im Frachtbrief der Vermerk stehen: „Zur Ausfuhr über See nach außerdeutschen Ländern“ Wenn diese Bedingung erfüllt ist, dann legt die Bahn für die Beförderung solcher Stückgüter nicht den Tarif der allgemeinen Stückgutklasse, sondern den Tarif für die allgemeine Wagenladungsklasse A_1 zugrunde. Auch für einzelne Wagenladungsgüter (Sammelladungsgut) gesteht die Bahn für den Fall der Ausfuhr eine ziemlich erhebliche Frachtermäßigung zu. So beträgt beispielsweise der Frachtsatz für Eisen- und Stahlwaren, die in Mengen von 10 000 kg und mehr in Berlin zur Ausfuhr über See nach Hamburg verladen werden, nicht ℳ 2,08, sondern nur ℳ 1,80 für 100 kg.

In allen Fällen bedient sich der inländische Versender für den Überseeverkehr nach dem Auslande eines Spediteurs in einem der großen Hafenplätze: Hamburg, Bremen, Stettin, Lübeck, Danzig, Rostock usw. Deshalb wird der Frachtbrief für solche Sendungen stets an einen Spediteur adressiert sein müssen. Manchmal allerdings werden die Sendungen auch direkt an die Reederei, die die Verschiffung vornehmen soll, gerichtet. In solchen Fällen sind die Reedereien nichts anderes als Spediteure. Die großen Schiffahrtsgesellschaften unterhalten darum auch besondere Speditionsabteilungen. Die Eisenbahn verlangt nun von demjenigen, der im Frachtbriefe als Empfänger der Sendung für Ausfuhrgut genannt ist, also von dem Spediteur, den Nachweis, daß die Kolli tatsächlich nach außerdeutschen Ländern verschifft worden sind. Kann dieser Nachweis nicht erbracht werden, so wird nachträglich noch die höhere Fracht (von Berlin nach Hamburg für Stückgut *M* 2,96 anstatt *M* 2,08) berechnet und der Mehrbetrag eingefordert.

a) Die Überführung vom Güterbahnhof an den Kai erfolgt durch die Hafenbahn.

Beispiel: Der Exporteur W. Biermann in Fürth in Bayern hat einen Fabrikanten in Brunndöbra i. Sa., von dem er für den Transport nach New York eine Partie Blasinstrumente gekauft hat. Der Fabrikant wird angewiesen, die Instrumente, für die Seereise verpackt, nach Klingenthal i. Sa. [1]) zu schicken behufs „Komplettierung" einer Sammelladung. Die Sammelladung wird von dem Spediteur in Klingenthal an Julius Rudert, Spediteur in Hamburg, abgefertigt. Julius Rudert erhält von dem absendenden Spediteur per Post ein Borderau, d. i. ein vollständiges Verzeichnis der geladenen Güter, und Interims- oder Teilfrachtbriefe, die gleichzeitig die Fracht- und Spesenrechnung für jeden einzelnen Empfänger enthalten. Der Exporteur in Fürth aber erteilt außerdem dem Hamburger Spediteur ein direktes Avis, aus dem zu ersehen ist, was mit den einzelnen Kolli geschehen soll. Aus dem Borderau ersieht Julius Rudert, daß die Güter der Sammelladung an mehrere Hamburger Spediteure gerichtet sind, und seine Aufgabe ist es, dieselben zu verteilen. Sein Expedient löst den Frachtbrief ein, indem er entweder die Fracht bar bezahlt oder den Betrag auf „Frachtkredit verbuchen läßt".

Aus dem Avis ersieht er, daß die Kiste S. S. 3891 mit dem nächsten Dampfer nach New York befördert werden soll. Die Güter des Wagens sind in den „Sammelschuppen" der Eisenbahnverwaltung entladen worden. Für die Verladung mit dem Dampfer muß die Kiste S. S. 3891 aber nach Schuppen 71/72 der Kaiverwaltung befördert werden. Die Beförderung von dem Sammelschuppen nach dem Kaischuppen 71/72 kann 1. durch die Hafenbahn (auch Kaibahn genannt), 2. durch Gespann erfolgen.

Da der Dampfer erst nach 8 Tagen abfährt, wählt Julius Rudert der Billigkeit wegen [2]) die Beförderung per Hafenbahn. Damit sich der Angestellte von

---

[1]) Klingenthal i. Sa. hat eine bedeutende Industrie für Musikinstrumente, und zwar werden hier hauptsächlich Blasinstrumente angefertigt. In dem benachbarten Markneukirchen werden dagegen mehr Streichinstrumente fabriziert; auch Brunndöbra i. Sa. ist ein bedeutender Platz für die Fabrikation von Musikinstrumenten.

[2]) Die Hafenbahn berechnet für das Einladen 4 Pf., für den Transport 16 Pf., für das Ausladen wieder 4 Pf., zusammen also 24 Pfg. pro 100 kg. Der Fuhrmann erhält 28 Pf. pro 100 kg.

(Fortsetzung des Textes S. 231)

(Zu S. 231.)

Die Königl. Güter-Expedition der Hannoverschen Bahn, hier,

beliebe hiergegen auszuliefern an Herrn ***Julius Rudert***

angekommen von ***Klingenthal i. Sa.*** am *18./12.* pr. Waggon *19407* Zug Nr. *5*

Nach Zustellung des Überweisungsscheines lagert das Gut für Ihre werte Rechnung und Gefahr auf dem Frachtschuppen der Bahn.

Etwaiges Bahnlagergeld zu Lasten der Empfänger.

Marke	Nr.	Zahl	Art	Inhalt	Gewicht Ko.
S. S.	*3891*	*1*	*Kiste*	*Musikwaren*	*128*

Hamburg, den *19. 12.* 1908.

Julius Rudert.

(Zu S. 231.)

Auguste Victoria-Quai.

Nr.

Vom Publikum || Von den Verwaltungen auszufüllen.

Wappen.

Verrechnungsschein

(doppelt einzureichen)

über nachstehende

zur Übergabe an Schiff *Arcadia*

versandten Güter.

Angekommen von *Klingenthal i. S.* am *18./12.* in Wagen *19 407*
Zug Nr. *5.*

Nach dem Kai verladen den

in Wagen Eigent.

(Unterschrift des Bahnbeamten.)

Gruppe: **Schuppen:**

Marke	Nummer	Stückzahl	Packung	Inhalt	kg	Hafenbahngebühr laut § 12 14 der Eisenbahn-Kai-Ordnung. bar oder gestundet	für 100 kg	M	Pf	Hat Umladung stattgefunden?	
S. S.	*3891*	*1*	*Kiste*	*Musikwaren*	*128*						

Stücke über 1500 kg sind einzeln aufzugeben.

Zur Zahlung der tarifmäßigen Gebühren verpflichtet sich die Firma: **Julius Rudert.**

Hamburg, den *19./12.* 19*08.*

Schuppen · entladen Stück
den mittags Uhr. Bleie Nr. v.

(Unterschrift des Kaibeamten.)

(Zu S. 231.)

Wappen.

Übernahme-Schein
der
Hamburg-Amerika Linie.
Hamburg—New York.

Bahngruppe 1.

Hamburg, *19. Dezember* 1908.

Überzunehmen unter den umstehenden Bedingungen von ***Julius Rudert*** für das Dampfschiff *Arcadia*, bestimmt nach **New York.**

Vom Verlader auszufüllen					Quaiseitig auszufüllen		
Marke und Nr.	Kolli		Inhalt	Deklariertes Brutto-Gewicht in Kilo	Maße		
					Länge	Breite	Höhe
S S 3891	*1*	*Kiste*	*Musikware*	*128*			

zusammen *1* Kolli

Gemeldet am um Uhr V./N.

Übergenommen am um Uhr V./N.

(Rückseite des Schiffszettels.)

Die Erteilung dieses Übernahmescheines legt der Gesellschaft keinerlei Verpflichtung für Verladung der Güter auf.

Nur solche Kolli sind überzunehmen, deren ***Inhalt*** *und* ***Gewicht*** *auf dem Schiffszettel vermerkt ist. Für Waren, welche zum Nachteil der Gesellschaft unrichtig bezeichnet oder mit falschem Gewicht angeführt werden, wird dreifache Fracht erhoben. Schadenersatz außerdem vorbehalten.*

In den Konossementen ist das genaue Brutto-Gewicht der Kolli anzugeben.

Feuergefährliche, explosive oder sonstige, die übrige Ladung gefährdende Gegenstände dürfen nicht verladen werden.

Die Gesellschaft übernimmt keinerlei Verantwortlichkeit für Schäden oder Verlust bei Kontanten, Juwelen, Gold- und Silberwaren, Gemälden, Kostbarkeiten oder sonstigen Gegenständen von Kunst- oder Liebhaberei-Wert, es sei denn, daß solche als ***Wertkolli*** *vorschriftsmäßig verladen und Extrafracht dafür bezahlt worden ist.*

Reklamationen für Überliegegeld können nicht berücksichtigt werden.

Die Gesellschaft haftet nicht für Feuersgefahr.

In diesen Schiffszettel von seiten der Verlader eingetragene Bedingungen oder Klauseln sind für das Schiff nicht bindend.

(Stempel.)

Statistik des Warenverkehrs

(zu S. 231).

Anmeldeschein für die Ausfuhr.

Zahl und Art der Packstücke, Wagen, Schiffe usw.; Marke und Nummer der Packstücke.	Land der Bestimmung der Waren.[2])	Nummer des Statistischen Warenverzeichnisses.[3])	Gattung der Waren.[4])	Menge der Waren. Rein-gewicht.[5]) kg	Roh-gewicht kg	Anderweiter Maßstab.[6])	Wert in M[7])
1) 1 Kiste S. S. 3891	Vereinigte Staaten von Nordamerika		Blasinstrumente	90	128		490,—
	Unmittelbare Durchfuhr durch das Freihafengebiet						
			Julius Rudert.				
				Firmenstempel.			

Klingenthal i. Sa., den 14 ten Dezember 1908.
(Ort.)

W. Biermann.
Unterschrift (Geschäftsname [Firma]) des Ausstellers (Versenders).[10])

(Raum zum Aufkleben der Stempelmarken für die statistische Gebühr.) (Siehe die Erläuterungen auf der Rückseite.)

5 Pf.
(Statistische Marke.)

Erläuterungen.

1) In einer jeden Querspalte darf immer nur eine Warengattung verzeichnet werden.

2) Als Land der Bestimmung ist dasjenige Land anzugeben, für dessen Verbrauch die Ware bestimmt ist. Ist dieses Land nicht bekannt, so ist dasjenige Land anzugeben, das als Endziel der Sendung bekannt ist. — Die Zollausschlüsse Bremen, Bremerhaven, Cuxhaven, Emden und Geestemünde, sowie die Freibezirke Brake, Altona, Stettin und Neufahrwasser dürfen als Bestimmungsland [überhaupt nicht angegeben werden. Der Freihafen Hamburg ist als Bestimmungsland nur dann anzugeben, wenn die dahin ausgehende Ware daselbst gelagert, verbraucht oder be- oder verarbeitet werden soll, oder wenn zur Zeit der Ausfuhr in den Freihafen eine Bestimmung über die Weiterversendung der Ware noch nicht getroffen ist. Im letzteren Falle ist in der Spalte „Land der Bestimmung der Waren" der Vermerk „vorläufig Freihafen Hamburg" und der Name des Empfängers anzugeben, der das Bestimmungsland vor Weiterbeförderung der Waren von dem Warenführer unter Beifügung seiner Unterschrift in den Anmeldeschein einzutragen hat. — Allgemeine Bezeichnungen, wie Deutschland, Amerika, Südamerika, Nordamerika, Westindien, sind unzulässig.

3) Die dritte Spalte wird von dem Aussteller des Anmeldescheins ausgefüllt. Ist dieser dazu nicht imstande, dann geschieht die Ausfüllung durch die Anmeldestelle.

4) Zur richtigen Anwendung des Statistischen Warenverzeichnisses dient das Alphabetische Verzeichnis. Das letztere ist in der Regel der Anmeldung zugrunde zu legen. Sofern eine Ware in dem Alphabetischen Verzeichnisse nicht genannt ist, ist sie mit ihrer handelsublichen oder sonst sprachgebräuchlichen Benennung anzumelden. Läßt sich hieraus die statistische Nummer noch nicht bestimmen, so ist außerdem der Stoff, aus dem die Ware hergestellt ist, die Art der Bearbeitung und der Verwendungszweck zu bezeichnen.

5) Bei den nach Gewicht anzumeldenden verpackten Waren ist das Reingewicht anzugeben. Wenn in den einzelnen Packstücken nur eine Warengattung enthalten ist, genügt die Angabe des Rohgewichts und der Verpackungsart. Bei Flüssigkeiten wird die unmittelbare Umschließung zum Reingewichte gerechnet. Verdichtete Gase sind mit ihrem Eigengewichte — sonach ohne Stahlflaschen usw. — anzumelden. Flüssige tierische und pflanzliche Fette, fette Öle und Mineralöle sind mit ihrem Eigengewichte — sonach ohne das Gewicht der Umschließungen und der zur Beförderung dienenden Behältnisse — anzugeben.

6) Die nach anderen Maßstäben als nach Gewicht anzumeldenden Waren sind nach diesen Maßstäben zu bezeichnen. Die neben dem Gewichte nach anderen Maßstäben anzumeldenden Waren sind nach beiden Maßstäben anzugeben.

7) Der Wert ist in der Weise zu berechnen, daß zu dem Preise am Versendungsorte die Kosten der Beförderung bis zur Grenze des Zollgebiets, die Versicherungs- und sonstigen Kosten zugeschlagen werden.

8) Übereinstimmung des im Anmeldeschein angegebenen Bestimmungslandes mit dem Bestimmungsorte des Frachtbriefs ist nicht erforderlich.

9) Wenn ein Vordruck nicht ausreicht, um damit die zu einem Frachtbriefe gehörigen Waren anzumelden, so können ihm weitere Vordrucke angeheftet werden. Sämtliche Vordrucke werden alsdann als ein Anmeldeschein angesehen, und die statistische Gebühr ist nach den gebührenpflichtigen Gesamtmengen zu berechnen.

10) Die Unterschrift des Ausstellers eines Anmeldescheins ist handschriftlich zu vollziehen und kann durch einen bloßen Stempelabdruck oder Vordruck des Geschäftsnamens (Firma) des Ausstellers nicht ersetzt werden.

11) Die statistische Gebühr beträgt:

1. bei Waren, die ganz oder teilweise verpackt sind, für je 500 kg . . . . 5 Pfennig,
2. bei Waren, die unverpackt sind, für je 1000 kg . . . . 5 „
3. bei Kohlen, Koks, Torf, Holz, Getreide, Kartoffeln, Erzen, Steinen, Salz, Roheisen, Zement, Düngungsmitteln, Rohstoffen zum Verspinnen und anderen, vom Bundesrate zu bezeichnenden Massengütern in Wagenladungen, Schiffen oder Flößen, verpackt oder unverpackt, für je 10 000 kg 10 „
4. bei Pferden, Maultieren, Eseln, Rindvieh, Schweinen, Schafen und Ziegen für je fünf Stück . 5 „

Von anderen nicht in Umschließungen verwahrten lebenden Tieren wird eine Gebühr nicht erhoben. Für Bruchteile der Mengeneinheiten kommt die volle Gebühr in Anrechnung.

12) **Die Angaben in den Anmeldescheinen dürfen nur für die Zwecke der amtlichen Statistik benutzt werden.** (§ 10 des Gesetzes vom 7. Februar 1906 [Reichs-Gesetzbl. S. 109].)

13) **Der Versender ist berechtigt, bei der Versendung von Waren nach dem Ausland Angaben, die er zur Wahrung geschäftlicher Beziehungen geheim halten will, dem Ausfuhranmeldeschein in verschlossenem, an die Anmeldestelle, über die die Waren ausgehen sollen, gerichtetem Briefumschlage beizufügen. Derartige Briefumschläge müssen mit den Anmeldescheinen fest verbunden sein. In den Ausfuhranmeldescheinen selbst ist in diesem Falle auf den beigefügten Brief Bezug zu nehmen.**

(Zu S. 232.)

Wappen.

Empfangs-Schein
für den Verlader.

Hamburg-Amerika Linie.
Hamburg — New York.

Hamburg, *19. Dezember* 1908.

Empfangen unter den umstehenden Bedingungen von ***Julius Rudert*** für das Dampfschiff *Arcadia,* bestimmt nach **New York.**

Vom Verlader auszufüllen					Quaiseitig auszufüllen		
Marke und Nr.	Kolli		Inhalt	Deklariertes Brutto-Gewicht in Kilo	Maße in cm Länge	Breite	Höhe
S. S. 3891	*1*	*Kiste*	*Musikwaren*	*128*	*100*	*66*	*64*

zusammen *1* Kolli

Gemeldet am um .... Uhr V./N.

Übergenommen am um Uhr V./N.

Diese Quittung dient nur als Beweis der Ablieferung und ist für weitere Zwecke ungültig.

(Rückseite des Empfangsscheines.)

Die Erteilung dieses Empfangsscheines legt der Gesellschaft keinerlei Verpflichtung für Verladung der Güter auf.

Nur solche Kolli sind überzunehmen, deren ***Inhalt*** *und* ***Gewicht*** *auf dem Schiffszettel vermerkt ist. Für Waren, welche zum Nachteil der Gesellschaft unrichtig bezeichnet oder mit falschem Gewicht angeführt werden, wird dreifache Fracht erhoben, Schadenersatz außerdem vorbehalten.*

In den Konossementen ist das genaue Brutto-Gewicht der Kolli anzugeben.

Feuergefährliche, explosive oder sonstige, die übrige Ladung gefährdende Gegenstände dürfen nicht verladen werden.

Die Gesellschaft übernimmt keinerlei Verantwortlichkeit für Schäden oder Verlust bei Kontanten, Juwelen, Gold- und Silberwaren, Gemälden, Kostbarkeiten oder sonstigen Gegenständen von Kunst- oder Liebhaberei-Wert, es sei denn, daß solche als ***Wertkolli*** *vorschriftsmäßig verladen und Extrafracht dafür bezahlt worden ist.*

Reklamationen für Überliegegeld können nicht berücksichtigt werden.

Die Gesellschaft haftet nicht für Feuersgefahr.

In diesen Schiffszettel von seiten der Verlader eingetragene Bedingungen oder Klauseln sind für das Schiff nicht bindend.

Julius Rudert der Verwaltung des Sammelschuppens gegenüber ausweisen und über das Gut verfügen kann, ist die Ausfertigung eines „Auslieferscheines“ (s. Form. S. 223!) nötig.

Damit die Hafenbahn das Kollo von dem Sammelschuppen nach dem Schuppen 71/72, wo die Dampfer nach Amerika gewöhnlich zur Verstauung bereit liegen (die Dampfer nach New York, Philadelphia, Baltimore laden an Schuppen 71, die nach Montreal und New Orleans an Schuppen 72), überführt, muß Julius Rudert einen entsprechenden Antrag stellen. Das geschieht auf einem bestimmten Formular in zweifacher Ausfertigung, auf dem „Verrechnungsschein“ (s. Form. S. 224!). Das Formular führt deshalb den Namen Verrechnungsschein, weil die Hafenbahn die Fracht (16 Pf. pro 100 kg) und die Ausladegebühr (4 Pf. pro 100 kg) nicht von dem Antragsteller erhebt, sondern diese 20 Pf. pro 100 kg mit der Reederei, in diesem Falle mit der Hamburg-Amerika-Linie, verrechnet, die dann wieder den Betrag den Auftraggebern in Rechnung stellt.

Ein Exemplar des Antrages behält die Hafenbahn, das andere geht an das Bahnbureau der Hamburg-Amerika-Linie. Für die Reederei (der Hamburg-Amerika-Linie) wird der „Schiffszettel“ oder Übernahmeschein (s. Form. S. 225!) ausgefüllt. Auch der Schiffszettel muß in doppelter Ausfertigung (mit Blaubogen durchgeschrieben) eingereicht werden.

Noch ein viertes Papier ist erforderlich: der Anmeldeschein für die Ausfuhr (der grüne statistische Schein, siehe S. 118 und Form. S. 227!). — Für die Statistik genügt auch nicht die Angabe: Musikware, sondern hier muß die Ware genau bezeichnet werden: Blasinstrumente. Damit die statistische Behörde bei etwaigen Differenzen weiß, an wen sie sich zunächst zu wenden hat, verlangt sie den Abdruck des Firmenstempels des Spediteurs. Die Zollbehörde fordert einen andern Vermerk: „Unmittelbare Durchfuhr durch das Freihafengebiet“. Diese Erklärung ist immer dann erforderlich, wenn der Dampfer von der Stelle des Freihafengebietes, wo er befrachtet wird, nicht mehr an ein landfestes Lager geht, wo Zollhinterziehungen möglich wären. Auch für die Statistik, die die großen Hafenplätze für ihren speziellen Verkehr führen, ist dieser Vermerk von Wichtigkeit (s. S. 243!).

Diese vier Papiere werden, mit einer Klammer oder Nadel zusammengeheftet, in dem Bahnbureau für Sammelladungsgut abgegeben. Diejenigen Firmen, die keinen Frachtenkredit bei der Eisenbahn haben, müssen die Einladegebühr (4 Pf. pro 100 kg) sofort bezahlen, während die Fracht für die Überführung mit der Hafenbahn (16 + 4 Pf. pro 100 kg) in allen Fällen der Schiffahrtsgesellschaft in Rechnung gestellt wird.

b) Die Überführung vom Güterbahnhof zum Kai erfolgt per Gespann.

In besonders eiligen Fällen müssen die Kolli durch besonderes Gespann vom Güterbahnhof in Hamburg nach dem Kai übergeführt werden (s. Anmerkung 2 auf S. 222!). Als Ausweis erhält der Fuhrmann entweder einen Auslieferschein (s. Form. S. 223!) oder den Frachtbrief. Letzterer ist entweder schon vorher eingelöst, oder der Fuhrmann löst ihn selbst ein. Auf Grund des Frachtbriefes oder des Auslieferscheines erhält er die Ware. An der Grenze des Freihafengebietes gibt der Kutscher den Anmeldeschein für die Ausfuhr ab. Jetzt fährt er die Güter in dem Freihafengebiet an den Kai, an dem das Schiff befrachtet werden soll. Bei der Kaiverwaltung gibt er den Schiffszettel ab.

c) Die Güter werden per Schiff an den Kai geliefert.

Beispiel: Der Dampfer „Adolf" ist aus Danzig in Hamburg eingetroffen. Von seiner Ladung sollen einige Ballen nach New York verschifft werden. Der Hamburger Spediteur erhält gegen das abgestempelte Konnossement die Güter (siehe S. 181!). Der Dampfer „Adolf" hat am Kaischuppen 47 gelöscht. Kaiarbeiter befördern die Ballen, die nach New York weiter verladen werden sollen, an den Kai, wo der Amerikadampfer befrachtet wird. Der Schiffszettel ist hier vorher abgegeben. —

Kehren wir zu unserm Beispiel, nach dem das Speditionshaus Julius Rudert in Hamburg die Kiste S. S. 3891 nach New York verfrachten soll, zurück. Etwa zwei Tage nach der Einlieferung des Schiffszettels erhält Julius Rudert von der Hamburg-Amerika-Linie den „Empfangsschein" (s. Form. S. 229!) über die eingelieferte Sendung, Receipt [1]) genannt. Das ist das zweite Exemplar des Schiffszettels. In dieses sind in vielen Fällen schon die Maße der Kolli (Länge, Breite, Höhe in Zentimetern angegeben) eingetragen. Außerdem wird stets noch ein besonderes Maß-Receipt, das die Grundlage für die Berechnung der Fracht gibt, erteilt.

Die Arbeiter der Hamburg-Amerika-Linie laden nun die Kiste S. S. 3891 in den Dampfer ein.

Zwei Tage vor Abgang des Dampfers müssen bei der Reederei die Konnossemente (s. Anlage!) eingereicht werden. Es werden in diesem Falle 5 Exemplare ausgefertigt: eins bekommt der Warendisponent W. Biermann in Fürth, eins der Spediteur, eins die Reederei, zwei werden an den Empfänger gesandt mit verschiedenen Postdampfern. Das Original-Konnossement muß mit einer Reichsstempelmarke im Werte von ℳ 1,— beklebt sein.

---

[1]) Sprich: Recit!

INVOICE*).

Sebnitz, den 5. Dezember, 1908

Invoice of *Artificial flowers and leaves* purchased

by *Herren King, Brinsmade Merc. Co.*, of *St. Louis*

from *Richard Lutze & Co.*, of *Sebnitz*

to be shipped per *Bahn an C. W. Berger, Hamburg.*

Marks and Numbers	Description.	Price.	Amount		Consular Corrections
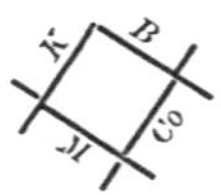					
	Kiste No. 20, enthaltend 72 Kartons.				
1034	6 Doz. = 3 Kartons	3.60	21	60	
1030	60 „ = 15 „	1.60	96	—	
1026	576 Gross = 24 „	0.60	345	60	
1025	150 Doz. = 30 „	1.20	180	—	
	Kiste No. 21, enthaltend 66 Kartons.				
1026	1584 Gross = 66 Kartons	0.60	950	40	
	Kiste No. 22, enthaltend 72 Kartons.				
1025	360 Doz. = 72 Kartons	1.20	432	—	
	Kiste No. 23, enthaltend 72 Kartons.				
1025	360 Doz. = 72 Kartons	1.20	432	—	
	Kiste No. 24, enthaltend 96 Kartons.				

	Mark	*3130*	*60*
16 % Skonto	*„*	*500*	*90*
	Mark	*2629*	*70*
2 % Skonto	*„*	*52*	*60*
	Mark	*2577*	*10*
378 Kartons à M 1.—		*378*	*—*
Beglaubigungsgebühren		*10*	*60*
	Mark	*2965*	*70*

(Signature of purchaser or seller or agent of either.) *Richard Lutze & Co.*

Inhaber: Arno Lutze & Burghard Zweigert.

Anmerkung des Herausgebers: *) Deutsche Übersetzung der Rechnung s. S. 209!

Julius Rudert hat die Fracht für die Kiste von Klingenthal bis Hamburg bezahlt. Deen Frachtbetrag und seine übrigen Spesen erhebt er als Nachnahme von dem Empfänger, zusammen *M* 11,50. Auf einem „N a c h n a h m e z e t t e l" beantraigt er deshalb bei der Reederei, die Nachnahme zu erheben:

Export-Telephon Nr. 2259.
Import- " " 6864.

Titl. *Hamburg-Amerika-Linie*

Hiermit ersuche ich Sie auf die pr. Dpfr. ***Arcadia*** nach ***New York*** verladene

SS 3891 1 Kiste

gefl. für mich

M 11.50

nachzunehmen.

Hamburg, den *29. Dezember* 1908.

Julius Rudert.

Der Nachnahmezettel wird mit dem Konnossement, an dasselbe angeheftet, beii der Reederei eingereicht. Diese rechnet den Betrag der Nachnahme um in Dollars (gewöhnlich zum Kurse von *M* 4,—) und trägt den Betrag in amerikanisicher Währung, den Kubikinhalt der Kiste und den Betrag der Seefracht in das Konnossement ein. Für 1 cbm beträgt die Fracht $ 3,50. Da aber die Kiste noch nicht $^1/_2$ cbm mißt, tritt der Minimalfrachtsatz, der auch für die kleinste Sendung erhoben wird, ein: $ 3,—. — Kleine Packstücke versendet man deshalb vorteilhafter als Postpaket oder als Postfrachtstück.

Für den Betrag der Nachnahme wird die Reederei in den Büchern des Spediteurs sofort nach Ausschreibung des Nachnahmezettels belastet.

Der Warendisponent, W. Biermann in Fürth, erhält von dem Spediteur ein „Rückavis", in dem kurz mitgeteilt wird, daß die Kiste S. S. 3891 auf den D. „Arcadia" am 29. Dezember verladen ist.

Auch der Empfänger erhält von dem Spediteur ein Avis, das zugleich die Spesenrechnung enthält. Mit dem Avis wird dem Empfänger durch eingeschriebenen Brief e i n Konnossement übersandt; das andere Konnossement folgt eingeschrieben mit dem nächsten Postdampfer. An sich würde ein Konnossement genügen. Das zweite, in manchen Fällen noch ein drittes, wird nur deshalb versandt, damit eins sicher in die Hände des Empfängers kommt, wenn das andere etwa durch Schiffsunfall verloren gehen sollte.

Unter Umständen fügt der Spediteur der ersten Einschreibesendung noch ein anderes Papier bei: die K o n s u l a t s f a k t u r a (siehe S. 205/8 und Anlage zu S. 206/7 und zu 208/9!). Der Warendisponent ist verpflichtet, die Ware zu fakturieren und die Faktura dann, wenn der Wert der Sendung $ 100,— (= ℳ 400,—) übersteigt, von dem amerikanischen Konsul, der ihm am nächsten wohnt, beglaubigen zu lassen. Diese Konsulatsfaktura gebraucht der Empfänger, wenn er die Ware auf dem amerikanischen Zollamte abfertigen will. Häufig sendet der Warendisponent diese „legalisierte" Faktura direkt an den Empfänger, in vielen Fällen aber auch an den Spediteur in Hamburg, damit dieser sie den übrigen Verschiffungspapieren beifügt. — Der Spediteur muß die Konsulatsfaktura haben, wenn die Sendung über New York weiter versandt werden soll, beispielsweise nach Chicago. In diesem Fall richtet der Hamburger Spediteur die Sendung an einen Spediteur in New York, der der Faktura für die amerikanische Zollbehörde benötigt.

Der Hamburger Spediteur sendet die beiden Konnossemente nur dann an den Empfänger, wenn ihm der Warendisponent das ausdrücklich vorschreibt. Ist das nicht der Fall, so erhält der Warendisponent die Konnossemente, der den Versand dann selber mit zwei verschiedenen Postdampfern zu besorgen hat.

Der ausländische Empfänger der Ware erhält die Konnossemente nicht immer direkt, sondern häufig erst durch Vermittelung einer dritten Person, das ist in den meisten Fällen ein Bankier an dem betreffenden ausländischen Platze oder auch ein Spediteur. Der ausländische Käufer ist erst dann in der Lage, die ihm gesandte Ware in Besitz zu nehmen, wenn er die Konnossemente gegen Zahlung der eventuellen Nachnahme und der Fracht eingelöst hat; denn nur derjenige kann über die Ware verfügen und gegebenenfalls von ihr Besitz ergreifen, der das Konnossement vorzeigt. Aber die Bank händigt die „Dokumente" (s. S. 181!) erst dann aus, wenn sie den ganzen „Satz" erhalten hat. Unter Satz versteht man die zwei oder drei Konnossemente, die zu einer Sendung gehören. Erst wenn der Verlust des einen oder andern Papieres nachgewiesen ist, liefert die Bank die vom Satz noch übrig gebliebenen Dokumente gegen Deckung der auf ihnen lastenden Beträge aus. Natürlich erhebt die Bank für ihre Mühewaltung eine Provision, die sogenannte „Satzprovision".

Fast alle Reedereien schreiben vor, daß durch das Konnossement nur reine Fracht- und Frachtspesen-Beträge nachgenommen werden dürfen, und nicht etwa auch Fakturenwerte! Wie aber kommt nun der Verkäufer zu seinem Gelde für die ins Ausland versandten Waren? Nur in den seltensten Fällen wird er Vorausbezahlung des Fakturenbetrages fordern dürfen, wenn er überhaupt im Auslande Geschäfte machen will. Auch hier treten die Banken, in vielen Fällen auch die Spediteure, wieder vermittelnd ein.

Die Faktura wird ebenfalls an dasjenige ausländische Bankhaus gesandt, das die Konnossemente erhält. Der ausländische Käufer erhält die sämtlichen

Dokumente erst dann, wenn er alle Beträge, also die auf dem Konnossemente ruhende Nachnahme, die eventuelle Fracht und den Wert der Faktura gedeckt hat. In vielen Fällen wird auf den Käufer auch eine Tratte in der Höhe aller Beträge ausgeschrieben; erst wenn er diese eingelöst hat, erhält er die Konnossemente, und erst wenn er die Konnossemente hat, kann er die Ware nach erfolgter Verzollung in Empfang nehmen. An die Stelle der baren Einlösung der Tratte tritt auch manchmal das Akzept; mit der Akzeptierung der Tratte wird der Verkäufer sich selbstverständlich nur dann einverstanden erklären, wenn ihm der Abnehmer als zahlungsfähig bekannt ist.

Wie aber, wenn der ausländische Käufer diese Dokumente nicht einlöst?

Beispiel: J. Rapp & Co., Berlin, senden an William Buhrig & Co. in New York 3 Kisten natürliche getrocknete Pflanzenteile = 294 kg; Versicherungswert einschließlich 15% imaginären Gewinn ℳ 1040,—; Fakturawert ℳ 897,45. Der Berliner Lieferant hat dem Hamburger Spediteur vorgeschrieben, die Sendung nur gegen Zahlung des Fakturenwertes auszuliefern. Das Hamburger Speditionshaus darf die Sendung in diesem Falle nicht an den Empfänger stellen, sondern an Order. Vor der Versendung muß das Konnossement giriert sein. Üblich ist hierbei nur das Blanko-Giro. Über den Fakturenbetrag schreibt der Hamburger Spediteur eine Tratte aus. In einem Begleitschreiben wird das Bankhaus Schulz & Rückgaber, New York, ersucht, die Dokumente gegen Zahlung des Betrages an Herren William Buhrig & Co. auszuliefern. Mit dem Originalbrief wird die Primatratte, ein Konnossement und die Zollfaktura versandt. Der mit einer andern Post versandten Briefkopie werden die Sekunda-Tratte und das zweite Exemplar des Konnossements beigefügt. Beide Sendungen erfolgen eingeschrieben. Fracht und Spesen werden durch das Konnossement nachgenommen.

Wird nun in New York die Tratte nicht eingelöst, so ist es Regel, dieselbe nicht zu Protest gehen zu lassen. Die Sendung wird für den Fall im Zollhause in New York, gegen Feuersgefahr mit ℳ 1000,— versichert, eingelagert. Nach Ablauf eines Jahres wird sie hier öffentlich verkauft. Reicht der Erlös zur Deckung des Zollgefälles und der Zollspesen nicht aus, so darf die amerikanische Zollbehörde den Restbetrag nicht vom Absender einfordern, sondern der Verlust trifft den amerikanischen Fiskus. — In solchen Fällen wird der deutsche Verkäufer natürlich versuchen, die Waren anderweitig in New York zu verkaufen. Gelingt das nicht, so wird er vielleicht auch Rücksendung vorschreiben.

(Fortsetzung des Textes S. 239)

Telegramm-Adresse: „Helios“.
Export-Telephon: Amt I, 2259.
Import-Telephon: Amt I, 6864.
England: Amt I, 5390.

(Zu S. 239.)

Brockwitz, den *2*ten *Januar* 190*9*.

Versand-Ordre für Julius Rudert in Hamburg Karlsburg

Die Ihnen am .... ten *heute* pr. *Bahn* gesandten, nachstehend verzeichneten Güter belieben Sie zu den zwischen uns vereinbarten Frachtsätzen auf Grund Ihrer ~~mir~~ uns bekannten Transport-Bedingungen in der unten vorgeschriebenen Weise weiterzubefördern.

Unterschrift:

Glasfabrik A.-G.

Marke	Nummer	Anzahl und Verpackung	Inhalt	Gewicht in Kilogr.	Wert zur Assekuranz	Wert zur Statistik	Empfänger	Bestimmungsort nebst Angabe der näheren Adresse	Frankaturvermerk	Beförderungsart
V	*1681*	*1 Kiste*	*Glasware*	*346*	*300.–*	*185.40*	*Vianna & Co.*	*Santos*	*unfrankiert*	*Dampfer*
Santos								*Caixa Correa*	*Sämtliche*	
via									*Spesen zu*	
Hamburg.									*Lasten des*	
	Deklaration für	*die Konsulatsfaktura*							*Empfängers.*	
			Obras de vidrio		*netto 241.5*	*Reinnetto 114.75*				

NB. Die Herren Versender werden höflichst gebeten, diese Verladungs-Anzeige **genau** und **deutlich** auszufüllen und mir **rechtzeitig** per Post zu übermitteln. Die Güter sind stets den Instruktionen meiner Transport-Bedingungen gemäß abzurichten. Der Wert der Waren ist unbedingt zu notieren, auch wenn die Assekuranz nicht durch mich gedeckt werden soll, in letzterem Falle gehört der Wert in die Kolonne zur Statistik. Bei Fehlen eines Frankaturvermerks wird die Sendung nachzüglich Fracht und Spesen befördert.

Bei Sendungen aus Deutschland sind dieser Versand-Ordre die für die Reichstatistik erforderlichen Anmeldescheine für die Ausfuhr (Formular seit 1. Januar 1897 gültig) — nicht Erklärungen für die Ausfuhr — beizufügen, damit sich die Expedition schlank vollziehen kann.

Güter, die nach London gehen sollen, bitte ich nicht mit anderen Gütern zusammen, sondern auf einem separaten Formular zu avisieren.

(Stempel.)

Statistik des Warenverkehrs

(zu S. 239).

Anmeldeschein für die Ausfuhr.

Zahl und Art der Packstücke, Wagen, Schiffe usw.; Marke und Nummer der Packstücke.	Land der Bestimmung der Waren.[2]	Nummer des Statistischen Warenverzeichnisses.[3]	Gattung der Waren.[4]	Menge der Waren. Rein-gewicht.[5] kg	Roh-gewicht kg	Anderweiter Maßstab.[6]	Wert in M[7]
[1] V 1681							
1 Kiste	Brasilien		ordinäres weißes Hohlglas, ungeschliffen, nur abgerieben. für Hausgebrauch	114.75	346		185.40
	Unmittelbare Durchfuhr durch das Freihafengebiet nach Schuppen A.						

Brockwitz, den 2ten Januar 1909
(Ort.)

pr. Glasfabrik A.-G.
N. Neumann.
Unterschrift (Geschäftsname [Firma]) des Ausstellers (Versenders).[10]

(Raum zum Aufkleben der Stempelmarken für die statistische Gebühr.) (Siehe die Erläuterungen auf der Rückseite.)

5 Pf.
(Statistische Marke.)

Julius Rudert.

Erläuterungen.

1) In einer jeden Querspalte darf immer nur eine Warengattung verzeichnet werden.

2) Als Land der Bestimmung ist dasjenige Land anzugeben, für dessen Verbrauch die Ware bestimmt ist. Ist dieses Land nicht bekannt, so ist dasjenige Land anzugeben, das als Endziel der Sendung bekannt ist. — Die Zollausschlüsse Bremen, Bremerhaven, Cuxhaven, Emden und Geestemünde, sowie die Freibezirke Brake, Altona, Stettin und Neufahrwasser dürfen als Bestimmungsland überhaupt nicht angegeben werden. Der Freihafen Hamburg ist als Bestimmungsland nur dann anzugeben, wenn die dahin ausgehende Ware daselbst gelagert, verbraucht oder be- oder verarbeitet werden soll, oder wenn zur Zeit der Ausfuhr in den Freihafen eine Bestimmung über die Weiterversendung der Ware noch nicht getroffen ist. Im letzteren Falle ist in der Spalte „Land der Bestimmung der Waren" der Vermerk „vorläufig Freihafen Hamburg" und der Name des Empfängers anzugeben, der das Bestimmungsland vor Weiterbeförderung der Waren von dem Warenführer unter Beifügung seiner Unterschrift in den Anmeldeschein einzutragen hat. — Allgemeine Bezeichnungen, wie Deutschland, Amerika, Südamerika, Nordamerika, Westindien, sind unzulässig.

3) Die dritte Spalte wird von dem Aussteller des Anmeldescheins ausgefüllt. Ist dieser dazu nicht imstande, dann geschieht die Ausfüllung durch die Anmeldestelle.

4) Zur richtigen Anwendung des Statistischen Warenverzeichnisses dient das Alphabetische Verzeichnis. Das letztere ist in der Regel der Anmeldung zugrunde zu legen. Sofern eine Ware in dem Alphabetischen Verzeichnisse nicht genannt ist, ist sie mit ihrer handelsüblichen oder sonst sprachgebräuchlichen Benennung anzumelden. Läßt sich hieraus die statistische Nummer noch nicht bestimmen, so ist außerdem der Stoff, aus dem die Ware hergestellt ist, die Art der Bearbeitung und der Verwendungszweck zu bezeichnen.

5) Bei den nach Gewicht anzumeldenden verpackten Waren ist das Reingewicht anzugeben. Wenn in den einzelnen Packstücken nur eine Warengattung enthalten ist, genügt die Angabe des Rohgewichts und der Verpackungsart. Bei Flüssigkeiten wird die unmittelbare Umschließung zum Reingewichte gerechnet. Verdichtete Gase sind mit ihrem Eigengewichte — sonach ohne Stahlflaschen usw. — anzumelden. Flüssige tierische und pflanzliche Fette, fette Öle und Mineralöle sind mit ihrem Eigengewichte — sonach ohne das Gewicht der Umschließungen und der zur Beförderung dienenden Behältnisse — anzugeben.

6) Die nach anderen Maßstäben als nach Gewicht anzumeldenden Waren sind nach diesen Maßstäben zu bezeichnen. Die neben dem Gewichte nach anderen Maßstäben anzumeldenden Waren sind nach beiden Maßstäben anzugeben.

7) Der Wert ist in der Weise zu berechnen, daß zu dem Preise am Versendungsorte die Kosten der Beförderung bis zur Grenze des Zollgebiets, die Versicherungs- und sonstigen Kosten zugeschlagen werden.

8) Übereinstimmung des im Anmeldeschein angegebenen Bestimmungslandes mit dem Bestimmungsorte des Frachtbriefs ist nicht erforderlich.

9) Wenn ein Vordruck nicht ausreicht, um damit die zu einem Frachtbriefe gehörigen Waren anzumelden, so können ihm weitere Vordrucke angeheftet werden. Sämtliche Vordrucke werden alsdann als ein Anmeldeschein angesehen, und die statistische Gebühr ist nach den gebührenpflichtigen Gesamtmengen zu berechnen.

10) Die Unterschrift des Ausstellers eines Anmeldescheins ist handschriftlich zu vollziehen und kann durch einen bloßen Stempelabdruck oder Vordruck des Geschäftsnamens (Firma) des Ausstellers nicht ersetzt werden.

11) Die statistische Gebühr beträgt:

1. bei Waren, die ganz oder teilweise verpackt sind, für je 500 kg . . . . 5 Pfennig,
2. bei Waren, die unverpackt sind, für je 1000 kg . . . . 5 „
3. bei Kohlen, Koks, Torf, Holz, Getreide, Kartoffeln, Erzen, Steinen, Salz, Roheisen, Zement, Düngungsmitteln, Rohstoffen zum Verspinnen und anderen, vom Bundesrate zu bezeichnenden Massengütern in Wagenladungen, Schiffen oder Flößen, verpackt oder unverpackt, für je 10000 kg 10 „
4. bei Pferden, Maultieren, Eseln, Rindvieh, Schweinen, Schafen und Ziegen für je fünf Stück . 5 „

Von anderen nicht in Umschließungen verwahrten lebenden Tieren wird eine Gebühr nicht erhoben. Für Bruchteile der Mengeneinheiten kommt die volle Gebühr in Anrechnung.

12) **Die Angaben in den Anmeldescheinen dürfen nur für die Zwecke der amtlichen Statistik benutzt werden.** (§ 10 des Gesetzes vom 7. Februar 1906 [Reichs-Gesetzbl. S. 109].)

13) **Der Versender ist berechtigt, bei der Versendung von Waren nach dem Ausland Angaben, die er zur Wahrung geschäftlicher Beziehungen geheim halten will, dem Ausfuhranmeldeschein in verschlossenem, an die Anmeldestelle, über die die Waren ausgehen sollen, gerichtetem Briefumschlage beizufügen. Derartige Briefumschläge müssen mit den Anmeldescheinen fest verbunden sein. In den Ausfuhranmeldescheinen selbst ist in diesem Falle auf den beigefügten Brief Bezug zu nehmen.**

(Form. No. 140.)

Consular Certificate.[1]

I, the undersigned, *Deputy* Consul General of the United States of America, do hereby certify that, on this *Dezember* day of *15.*, A. D. 1908, the invoice described in the indorsement hereof was produced to me by the signer of the annexed declaration.

I do further certify that I am satisfied that the person making the declaration hereto annexed is the person he represents himself to be, and that the actual market value or wholesale price of the merchandise described in the said invoice in the principal markets of the country at the time of exportation is correct and true, excepting as noted by me upon said invoice, or respecting which I shall make special communication to the proper authorities. I further certify

(*L. S.*)

Witness my hand and seal of office the day and year aforesaid.

Received Marks 10.60. equal to $ 2.50. U. S. gold.

Edward J. Heyn

Deputy. Consul-General of the United States of America.

(Stempel.)

(Form. No. 139.)

Declaration of Owner or his Duly Auth- Agent Covering Goods Shipped Without

I, the undersigned, do solemnly an declare that I am the *Seller* of th chandise in the within invoice mention described: that the said invoice is, respects, correct and true, and was m **Gablonz a. N.**, whence said merchandis be exported to the United States of Ar that said invoice contains the actual value or wholesale price of the said me dise at the date hereof in the principal n of **Germany**; that said actual market v the price at which the merchandise de in the invoice is freely offered for sale purchasers in said markets, and that it price which I would have received, ar willing to receive, for such merchandis in the ordinary course of trade in the wholesale quantities, and that it inclu charges thereon and the actual quantity t and that no different invoice of the merch mentioned in the said invoice has been be furnished to anyone. I further decla it is intended to make entry of said merch at the port of *Boston*

in the United States of America. I further

Dated at **Gablonz a. N.**, this *12th* day of *Dezember*, 190

R. Klaas.

Anmerkung des Herausgebers: [1]) Deutsche Übersetzung s. S. 215! [2]) Deutsche

Duplicate.[3]

›urchased by Importer.

Invoice No. *3512* .

Issued in { ~~Triplicate.~~ Quadruplicate.

›ed *Dezember 15.* . 1908.

›rican Consular Service

AT

Hamburg, Germany.

Dezember 12th , 1908.

›gnor: *W. Klaar*

Gablonz a. N.

›gnee: *J. A. Dalrymple & Co.*

Haverhill

of vessel:

of shipment: *Hamburg*

of arrival: } *Boston*
of entry: }

: *Crowns 713.85*

›nts: *Beads & Ornaments*

›lar Notations:

To be filled in by consular officer.

Custom-House Indorsement.[4]*

No.

Importer:

Vessel:

From:

Arrived:

Kind of Entry:

Marks, Quantity, and Contents:

* Consular officers will leave all of abov› indorsement blank. It is to be filled in onl› at the customhouse at the port of entry.

›. 216! 3) Deutsche Übersetzung s. S. 217! 4) Deutsche Übersetzung s. S. 218!

c. **Vollständiges Beispiel eines Warenversandes von Brockwitz über Hamburg nach Santos.**

Die Glasfabrik, Aktiengesellschaft in Brockwitz in Sa., sendet frankiert an den Spediteur Julius Rudert in Hamburg  1681 1 Kiste Glasware = 346 kg, die mit dem nächsten Dampfer nach Santos an Herren Vianna & Co. verschifft werden soll. Sämtliche Spesen gehen zu Lasten der Empfänger.

1. Arbeit. Die Glasfabrik, Aktiengesellschaft, schreibt den Frachtbrief aus. Der Vermerk, der die Ware als Ausfuhrgut bezeichnet, darf nicht fehlen (s. Anlage zu S. 234/35!).

2. Arbeit. Damit der Spediteur weiß, was mit der Bahnsendung geschehen soll, erhält er Versand-Order (s. Formular S. 236!).

3. Arbeit. Für die Statistik des Warenverkehrs muß ein Anmeldeschein angefertigt werden. Derselbe wird der Versand-Order beigefügt (s. Formular S. 237/38!).

4. Arbeit. Die Kiste ist inzwischen per Fuhre (oder per Hafenbahn) an den Kai gebracht worden und zwar an den Ausfuhrschuppen. Der Kutscher muß dort einen „Annahmeschein“ in doppelter Ausfertigung abgeben. Das zweite mit Blaubogen durchgeschriebene Exemplar, den Empfangsschein, erhält er als Quittung zurück (s. Formular S. 241 und S. 242!).

5. Arbeit. Gleichzeitig mit dem Annahmeschein muß der Kutscher den „Schiffszettel“, der bei der Mittel-Brasil-Linie den Namen „Verladungsschein“ trägt, in dreifacher Ausfertigung, zweifach mit Blaubogen durchgeschrieben, bei der Kaiverwaltung einliefern. Die drei Scheine sind durch perforierte Linien getrennt. Die Vorderseiten zeigen dieselben Rubriken, die Rückseiten enthalten die wichtigsten Bestimmungen für den Versand. Auch die Eintragungen in den Vordruck der Vorderseiten müssen genau übereinstimmen. Darum werden dieselben zweckmäßig mit Blaubogen durchgeschrieben. Das zweite Exemplar trägt am Kopf den Aufdruck:

Empfangsschein I *nur für August Bolten, Wm. Miller's Nachfolger.*

Es ist also für den Hamburger Schiffsmakler der Mittel-Brasil-Linie bestimmt.

Das dritte Exemplar mit dem Aufdruck:

Empfangsschein II *nur für den Verlader*

erhält der Kutscher als Quittung über die erfolgte Einlieferung zurück; dieses wird allgemein Receipt genannt (s. Formulare S. 245/46 und S. 247/48!).

7. *Arbeit.* Obwohl die Kaiverwaltung schon in den Empfangsschein, das Receipt, die Maße der Kiste eingetragen hat, liefert sie nach etwa 2 Tagen noch ein besonderes Maß-Rezeipt, aus dem hervorgeht, daß die Kiste einen Rauminhalt von 1,752 cbm hat. Da der Dampfer „Asuncion“ am 18. Januar in See geht, müssen spätestens am 16. Januar die Konnossemente bei dem Schiffsmakler der betreffenden Reederei eingereicht werden. Es sind 3 Konnossemente (1 Original und 2 Abschriften) erforderlich (s. Anlage zu S. 248/49!). Da die Auslieferung der Ware gegen Dokumente erfolgen soll, muß das Konnossement an Order gestellt sein. Das Original-Konnossement muß vorher mit einer Stempelmarke im Werte von ℳ 1,— beklebt sein. Der Vertreter der Reederei, der Schiffsmakler, trägt in die Konnossemente die Fracht ein und gibt zwei Konnossemente an den Ablader (d. i. der Spediteur Julius Rudert) zurück.

8. *Arbeit.* Wir fertigen die Konsulatsfaktura aus und zahlen für die Beglaubigung beim brasilianischen Konsul in Hamburg ℳ 6,90 (s. Anlage zu S. 248/49!).

9. *Arbeit.* Der Warendisponent, die Glasfabrik, Aktiengesellschaft, in Brockwitz erhält eine kurze Mitteilung von der erfolgten Verschiffung der Kiste △ 1681. (Gehen die Spesen aber zu Lasten des Absenders, so erhält dieser auch die Spesennota). Hier aber haben alle Spesen die Empfänger zu tragen. Die Spesennota wird also für sie ausgeschrieben (s. Form. S. 249!).

10. *Arbeit.* Da die Glasfabrik, Aktiengesellschaft, in ihrer Versand-Order den Wert der Sendung mit ℳ 300,— deklariert hat, deckt der Spediteur die Assekuranz in „*laufender Police*“. Der Spediteur hat mit einer See-Versicherungsgesellschaft einen Versicherungsvertrag für eine laufende Police oder General-Police in Höhe von beispielsweise ℳ 500 000,— geschlossen. Jede einzelne Sendung ist aber der Versicherungsgesellschaft anzumelden. Das geschieht in der Weise, daß jede Sendung, die für die Seereise versichert werden soll, in das Versicherungsbuch eingetragen wird. In bestimmten Zeiträumen (an jedem Sonnabend oder am letzten Tage des Monats usw.) ist dieses Buch der Versicherungsgesellschaft vorzulegen, die die erfolgte Kenntnisnahme durch Stempelabdruck bescheinigt.

Wird nun von einem Spediteur eine Sendung in laufender Police versichert, so erhält der Auftraggeber eine „*Assekuranz-Bestätigung*“ (s. Form. S. 250!), in der kurz die Versicherungsbedingungen angegeben sind. Das Speditionshaus Julius Rudert muß also eine solche Assekuranz-Bestätigung ausschreiben. In diesem Schriftstück werden zugleich die Vertreter des Vereins Hamburger Assekuradeure in Santos genannt, die im Falle der Beschädigung der Sendung zunächst in Kenntnis zu setzen sind.

11. *Arbeit.* Über den Betrag der Spesen wird eine Tratte in Prima- und Sekunda-Ausfertigung in deutscher Sprache auf die Herren Vianna & Co. in

(Fortsetzung des Textes S. 243)

(Zu S. 239.)

Staatskai-Annahmeschein
für den
Ausfuhr-Schuppen

Hamburg-Südamerikanische Dampfschiffahrts-Gesellschaft.

Hamburg-Amerika-Linie.
Süd-Amerika-Dienst.

Anzunehmen unter den Bedingungen des beifolgenden Verladungsscheines von *Julius Rudert* zur Beförderung mit Dampfer *Asuncion* oder einem anderen Schiff dieser Linie nach *Santos*

Marke	No.	Anzahl	Art	Inhalt	Btto. Ko.
△ V	*1681*	*1*	*Kiste*	*Glaswaren*	*346*

Gesamtzahl der Kolli: *1*

Platz für die
Staatskaimarken.

(Zu S. 239.)

Staatskai-Empfangsschein
für den
Ausfuhr-Schuppen

Hamburg-Südamerikanische Dampfschiffahrts-Gesellschaft.

Hamburg-Amerika-Linie.
Süd-Amerika-Dienst.

Empfangen unter den Bedingungen des beifolgenden Verladungsscheines von *Julius Rudert* zur Beförderung mit Dampfer *Asuncion* oder einem anderen Schiff dieser Linie nach *Santos*

Marke	No.	Anzahl	Art	Inhalt	Btto. Ko.
V	*1681*	*1*	*Kiste*	*Glaswaren*	*346*

Gesamtzahl der Kolli: *1*

Diese Quittung dient nur als Beweis der Anlieferung am Ausfuhrschuppen und ist für weitere Zwecke ungültig.

Santos ausgeschrieben. In dieser Tratte werden die Empfänger der Ware aufgefordert, den Betrag von ℳ 123,60 an die Brasilianische Bank für Deutschland in Santos zu zahlen. Fast alle Übersee-Banken verlangen auf den Tratten folgenden Vermerk für die Rückvergütung des eingezogenen Betrages: Zahlbar in Landeswährung zum Ziehungskurse der einziehenden Bank für Sichtwechsel auf Hamburg (s. Form. S. 251!).

12. Arbeit. Die Bank, die die Einziehung des Wechsels besorgen soll, muß natürlich durch ein Begleitschreiben mit den ganzen Verhältnissen vertraut gemacht werden (s. Form. S. 252!).

13. Arbeit. Unter „Einschreiben" sendet der Spediteur Julius Rudert den Originalbrief (s. S. 249!), 1 Konsulatsfaktura (s. Anlage zu S. 248/49!), 1 Konnossement (s. Anlage zu S. 248/49!) und die Assekuranz-Bestätigung (s. S. 250!) via Lissabon an die Brasilianische Bank für Deutschland in Santos, mit einer andern Einschreibesendung reist die Briefkopie und das zweite Konnossement über Bordeaux nach Santos.

14. Arbeit. Der Hamburger Staat führt für den Verkehr im Hamburger Hafen eine besondere Statistik. Für diesen Zweck muß die Ware spätestens 14 Tage nach erfolgter Verschiffung beim handelsstatistischen Amt in Hamburg angemeldet werden. Man bedient sich dazu dreiteiliger roter Zettel (s. Anlage zu S. 252/53!). Nach erfolgter Anmeldung wird der 3. Teil des Zettels als Bestätigung zurückgegeben. Der Schiffsmakler ist verpflichtet, dem handelsstatistischen Bureau die Abschrift eines Manifestes zur Kontrolle der Anmeldungen einzureichen.

* * *

In diesem Beispiel ist der Fakturenwert vom überseeischen Käufer anderweitig gedeckt; der deutsche Verkäufer ist also um den Eingang seines Geldes nicht besorgt, da es sich um einen langjährigen Abnehmer handelt.

Ist aber die Zahlungsfähigkeit des ausländischen Käufers nicht einwandsfrei festgestellt, so wird der Verkäufer die Ware auch nur gegen Tratte liefern. Der Spediteur schreibt alsdann entweder nur eine Tratte aus, die den Betrag der Spesennota und den Fakturenwert in einer Summe zusammenfaßt, oder es wird für jeden Betrag eine besondere Tratte ausgefertigt.

Sind die Tratten eingelöst, so bekommt der Käufer der Ware die Konnossemente, die Konsulats-Faktura und die Assekuranz-Bestätigung. Auf Grund der Konnossemente erhält er gegen Zahlung der Fracht die Ware und kann über dieselbe innerhalb des Freihafens in New York verfügen. Zur Zollabfertigung gebraucht er die Konsulatsfaktura. Erst wenn der Zoll bezahlt ist, kann er die Ware in den freien Verkehr bringen.

In vielen Fällen sieht auch der Spediteur von der Ausschreibung einer Tratte über den Betrag seiner Spesen ab. Er belastet dann einfach die Übersee-Bank in Höhe seiner Spesen. Seitens der Bank werden die Dokumente nicht eher ausgeliefert, bis der Betrag gedeckt ist.

(Für feuergefährliche, explosive, ätzende oder anderweitig gefährliche Güter sind die mit einem **roten Querstrich** versehenen Verladungs-Scheine zu benutzen.)

Ausgabe 1907.

Verladungs-Schein.

(Zu S. 239.)

Hamburg-Südamerikanische Dampfschiffahrts-Gesellschaft.

Hamburg-Amerika-Linie.
Süd-Amerika-Dienst.

Mittel-Brasil-Linie.

Überzunehmen unter umstehenden Bedingungen von *Julius Rudert*
zur Beförderung mit Dampfer *Asuncion*
oder einem anderen Schiff dieser Linien nach *Santos*

Von dem Verlader auszufüllen.

Marke	Kolli Nr.	Kolli Anzahl	Kolli Art	Inhalt	deklar. Brutto-Gewicht in Kilo	Länge cm	Breite cm	Höhe cm	Kubikinhalt	Total cbm
△ V	*1681*	*1*	*Kiste*	*Glasware*	*346*	*162*	*104*	*104*		*1 752*
Gesamtzahl der Kolli		*1*								

In diesen Schiffszettel von seiten der Verlader eingetragene Bedingungen oder Klauseln sind für das Schiff nicht bindend.

Ewerführer gemeldet am um Uhr.
Ware übernommen am um Uhr.
Bemerkungen:

Unterschrift des Verladers:
(Bei Verladung gefährlicher Güter ist vollgültige Firmenzeichnung erforderlich.)

Hamburg, *6. Januar* 190*9*.

Bedingungen der Übernahme umstehend.

Bedingungen.

Die Gesellschaften haften nicht für Feuersgefahr. — Jedes Kollo muß in mindestens fünf Zentimeter großen Buchstaben deutlich mit dem Bestimmungsplatz bezeichnet sein. — Alle Waren müssen in solider und fester Verpackung sein, widrigenfalls die Beförderung ausschließlich auf Risiko der Ablader resp. der Empfänger geschieht oder die Waren so lange nicht übergenommen werden, bis die Differenz erledigt ist.

Verladung von Maschinen und schweren Kolli, sowie von Schienen, Trägern etc., bedürfen vorheriger Rücksprache. — Jedes Kollo, welches Öl oder andere flüssige Substanzen irgendwelcher Art enthält, muß deutlich mit der Bezeichnung „Lipuids" versehen sein, widrigenfalls die Ablader für die durch solide Güter der anderen Ladung zugefügte Beschädigung verantwortlich sind.

Säuren, feuergefährliche, explosive, ätzende oder sonst gefährliche Waren dürfen ohne vorherige Verabredung nicht verladen werden, auch ist jeder Ablader für die Erfüllung der obrigkeitlichen Verordnungen verantwortlich. Zuwiderhandelnde haften für allen angerichteten Schaden.

Wenn das vom Ablader angegebene **Maß** mit dem Schiffsmaße nicht übereinstimmt, so werden die Waren nicht übergenommen, bis die Differenz erledigt ist, und der Schuldige haftet für alle daraus entstehenden Kosten.

Hat der Ablader das **Maß** nicht angegeben, so sind Einreden gegen das Schiffsmaß nicht zulässig.

Die Güter werden mit einem von zwei zu zwei Zentimetern steigenden Maße gemessen und wird jeder Bruchteil für zwei Zentimeter gerechnet.

Die Erteilung des Übernahmescheins legt den Reedereien keinerlei Gewähr für Übernahme der Güter oder Erstattung von Liegegeldern auf.

Anzeigen der Ladebereitschaft oder des Liegeplatzes der Dampfschiffe werden nicht gemacht, auch nicht, wenn die Übernahme einer Partie oder das Laden überhaupt unterbrochen worden und später an einem andern Liegeplatze fortzusetzen ist. Die Ablader haben sich vielmehr selbst durch Nachfrage bei dem Schiffsmakler Herrn August Bolten, Wm. Millers Nachfolger, zu unterrichten, und haften die Reedereien nicht für etwa durch Nichtbeachtung dieser Bedingung entstehende nachteilige Folgen irgendwelcher Art. Aus Oberländerkähnen wird nur Ladung nach vorhergehender Rücksprache mit den Reedereien oder Herrn August Bolten, Wm. Millers Nachfolger, übergenommen, auch muß solche Übernahme auf Verlangen des Stauers eventuell nachts geschehen.

Reklamationen für Überliegegeld können nicht berücksichtigt werden.

Während der Lagerung der Güter am Kai oder in Leichtern und während des Transports an Bord haften die Reedereien nicht für Verlust und Beschädigung.

Bei Verladungen von *Gold*, *Silber* (*gemünzt oder ungemünzt*), *Edelmetall*, *Juwelen*, *Uhren*, *edlen Steinen*, *Banknoten* oder *Wertpapieren*, *Malereien*, *Gemälden* oder *sonstigen hochwertigen Sachen* haften die Gesellschaften für Verlust oder Beschädigung nur, wenn solche Verladungen ordnungsmäßig als *Wertkollo* beschafft und der Wert auf dem Kollo und außerdem in gehöriger Weise sowohl in dem Verladungsschein als auch in den Konnossementen angegeben und extra Fracht dafür bezahlt worden ist. Für sämtliche andern Waren haften die Gesellschaften in Fällen von Verlusten oder Schäden, für welche sie verantwortlich sind, höchstens bis zum Kostenpreis der Waren im Verschiffungshafen, einschließlich der Verschiffungsspesen und Fracht, jedoch mit Ausschluß von Kommission, Zoll und Zinsen, und weder für einen Wert von mehr als M. 2.— per Kubikdezimeter, noch für einen Betrag von mehr als M. 1000.— für ein einzelnes Kollo.

Die Konnossemente müssen zwei Tage vor dem Expeditionstermin im Kontor des Schiffsmaklers Herrn August Bolten, Wm. Millers Nachfolger, eingeliefert sein; für später eingelieferte Konnossemente wird eine Frachterhöhung von 25 Prozent berechnet.

Es wird besonders darauf aufmerksam gemacht, daß in allen Fällen, in welchen die Konnossemente nicht rechtzeitig eingeliefert werden, sowie für alle etwaigen Schäden und Strafen, welche durch die Nichteinhaltung der Vorschriften erwachsen, die Güter bis zur Zahlung durch den Ablader oder den Konsignatär haften.

Jedes Konnossement sowie jeder Verladungsschein muß den korrekten Inhalt der Kolli nachweisen. Im Falle unrichtiger Deklaration der Waren verfällt eine Konventionalstrafe des vierfachen Betrages der richtigen Fracht auf die ganze auf dem betreffenden Konnossement verladene Sendung, vom Absender oder Empfänger nach Wahl der Reedereien zahlbar; auch haften die Reedereien in solchen Fällen weder für Beschädigung noch Verlust der Güter.

Die Verlader tragen die Verantwortlichkeit dafür, daß die Angaben des Verladungs- und des Empfangsscheines wie auch der Konnossemente mit dem Inhalt, den Marken, Nummern, dem Gewicht und dem Bestimmungsort der Kolli genau übereinstimmen und haften für etwaige Zollstrafen, welche den Reedereien infolge unrichtiger und ungenügender Konnossementsdeklarationen am Bestimmungsort der Kolli entstehen.

Anfragen und Mitteilungen per Telephon gelten ohne Verbindlichkeit für die Reedereien resp. den Schiffsmakler.

Für die Haftung der Reedereien aus der Übernahme gelten im übrigen die Bedingungen der für diese Dampfschiffe zu benutzenden Konnossementformulare, welche nur bei *H. O. Persiehl*, Brandstwiete 22, und bei *Schacht & Westerich*, Gr. Bäckerstraße 20, zu haben sind.

Die Konnossemente über Abladungen nach *Lissabon* müssen folgende Angaben enthalten:

Benennung der Waren,
Bruttogewicht in Kilo,
Wert in Mark und
Ursprung der Ware,

und zwar getrennt für jede Warengattung.

Tabak und Zigarren dürfen nach Lissabon und Azoren nur in Kolli von mindestens 40 Kilo Gewicht verladen werden.

Ausgabe 1907.

Empfangs-Schein II

(Zu S. 239.)

nur für den Verlader.

Hamburg-Südamerikanische Dampfschiffahrts-Gesellschaft. **Hamburg-Amerika-Linie.** Süd-Amerika-Dienst.

Mittel-Brasil-Linie.

Empfangen unter umstehenden Bedingungen von *Julius Rudert*

zur Beförderung mit Dampfer *Asuncion*

oder einem anderen Schiff dieser Linien nach *Santos*

Von dem Verlader auszufüllen.

Marke	Nr.	Kolli Anzahl	Kolli Art	Inhalt	deklar. Brutto-Gewicht in Kilo	Länge	Breite	Höhe	Kubikinhalt	Total	
V (im Dreieck)	*1681*	*1*	*Kiste*	*Glasware*	*346*	*162*	*104*	*104*		*1*	*752*
Gesamtzahl der Kolli		*1*									

In diesen Schiffszettel von seiten der Verlader eingetragene Bedingungen oder Klauseln sind für das Schiff nicht bindend.

Ewerführer gemeldet am .... um ...... Uhr.

Ware übernommen am .... um ...... Uhr.

Bemerkungen: ....

Unterschrift des Steuermannes oder dessen Stellvertreters:

....

Hamburg, *6. Januar* 1909.

Bedingungen der Übernahme umstehend.

Diese Quittung dient nur als Beweis der Ablieferung und ist für weitere Zwecke ungültig. Das ordnungsmäßige, mit Maß versehene Receipt wird dem Schiffsmakler, Herrn AUGUST BOLTEN, Wm. Miller's Nachfolger, direkt zugesandt, behufs Beschleunigung der Expedition.

(Für feuergefährliche, explosive, ätzende oder anderweitig gefährliche Güter sind die mit einem **roten Querstrich** versehenen Verladungs-Scheine zu benutzen.)

Bedingungen.

Die Gesellschaften haften nicht für Feuersgefahr. — Jedes Kollo muß in mindestens fünf Zentimeter großen Buchstaben deutlich mit dem Bestimmungsplatz bezeichnet sein. — Alle Waren müssen in solider und fester Verpackung sein, widrigenfalls die Beförderung ausschließlich auf Risiko der Ablader resp. der Empfänger geschieht oder die Waren so lange nicht übergenommen werden, bis die Differenz erledigt ist.

Verladung von Maschinen und schweren Kolli, sowie von Schienen, Trägern etc., bedürfen vorheriger Rücksprache. — Jedes Kollo, welches Öl oder andere flüssige Substanzen irgendwelcher Art enthält, muß deutlich mit der Bezeichnung „Lipuids" versehen sein, widrigenfalls die Ablader für die durch solide Güter der anderen Ladung zugefügte Beschädigung verantwortlich sind.

Säuren, feuergefährliche, explosive, ätzende oder sonst gefährliche Waren dürfen ohne vorherige Verabredung nicht verladen werden, auch ist jeder Ablader für die Erfüllung der obrigkeitlichen Verordnungen verantwortlich. Zuwiderhandelnde haften für allen angerichteten Schaden.

Wenn das vom Ablader angegebene Maß mit dem Schiffsmaße nicht übereinstimmt, so werden die Waren nicht übergenommen, bis die Differenz erledigt ist, und der Schuldige haftet für alle daraus entstehenden Kosten.

Hat der Ablader das Maß nicht angegeben, so sind Einreden gegen das Schiffsmaß nicht zulässig.

Die Güter werden mit einem von zwei zu zwei Zentimetern steigenden Maße gemessen und wird jeder Bruchteil für zwei Zentimeter gerechnet.

Die Erteilung des Übernahmescheins legt den Reedereien keinerlei Gewähr für Übernahme der Güter oder Erstattung von Liegegeldern auf.

Anzeigen der Ladebereitschaft oder des Liegeplatzes der Dampfschiffe werden nicht gemacht, auch nicht, wenn die Übernahme einer Partie oder das Laden überhaupt unterbrochen worden und später an einem andern Liegeplatze fortzusetzen ist. Die Ablader haben sich vielmehr selbst durch Nachfrage bei dem Schiffsmakler Herrn August Bolten, Wm. Millers Nachfolger, zu unterrichten, und haften die Reedereien nicht für etwa durch Nichtbeachtung dieser Bedingung entstehende nachteilige Folgen irgendwelcher Art. Aus Oberländerkähnen wird nur Ladung nach vorhergehender Rücksprache mit den Reedereien oder Herrn August Bolten, Wm. Millers Nachfolger, übergenommen, auch muß solche Übernahme auf Verlangen des Stauers eventuell nachts geschehen.

Reklamationen für Überliegegeld können nicht berücksichtigt werden.

Während der Lagerung der Güter am Kai oder in Leichtern und während des Transports an Bord haften die Reedereien nicht für Verlust und Beschädigung.

Bei Verladungen von *Gold, Silber (gemünzt oder ungemünzt), Edelmetall, Juwelen, Uhren, edlen Steinen, Banknoten* oder *Wertpapieren, Malereien, Gemälden* oder *sonstigen hochwertigen Sachen* haften die Gesellschaften für Verlust oder Beschädigung nur, wenn solche Verladungen ordnungsmäßig als *Wertkollo* beschafft und der Wert auf dem Kollo und außerdem in gehöriger Weise sowohl in dem Verladungsschein als auch in den Konnossementen angegeben und extra Fracht dafür bezahlt worden ist. Für sämtliche andern Waren haften die Gesellschaften in Fällen von Verlusten oder Schäden, für welche sie verantwortlich sind, höchstens bis zum Kostenpreis der Waren im Verschiffungshafen, einschließlich der Verschiffungsspesen und Fracht, jedoch mit Ausschluß von Kommission, Zoll und Zinsen, und weder für einen Wert von mehr als M. 2.— per Kubikdezimeter, noch für einen Betrag von mehr als M. 1000.— für ein einzelnes Kollo.

Die Konnossemente müssen zwei Tage vor dem Expeditionstermin im Kontor des Schiffsmaklers Herrn August Bolten, Wm. Millers Nachfolger, eingeliefert sein; für später eingelieferte Konnossemente wird eine Frachterhöhung von 25 Prozent berechnet.

Es wird besonders darauf aufmerksam gemacht, daß in allen Fällen, in welchen die Konnossemente nicht rechtzeitig eingeliefert werden, sowie für alle etwaigen Schäden und Strafen, welche durch die Nichteinhaltung der Vorschriften erwachsen, die Güter bis zur Zahlung durch den Ablader oder den Konsignatär haften.

Jedes Konnossement sowie jeder Verladungsschein muß den korrekten Inhalt der Kolli nachweisen. Im Falle unrichtiger Deklaration der Waren verfällt eine Konventionalstrafe des vierfachen Betrages der richtigen Fracht auf die ganze auf dem betreffenden Konnossement verladene Sendung, vom Absender oder Empfänger nach Wahl der Reedereien zahlbar; auch haften die Reedereien in solchen Fällen weder für Beschädigung noch Verlust der Güter.

Die Verlader tragen die Verantwortlichkeit dafür, daß die Angaben des Verladungs- und des Empfangsscheines wie auch der Konnossemente mit dem Inhalt, den Marken, Nummern, dem Gewicht und dem Bestimmungsort der Kolli genau übereinstimmen und haften für etwaige Zollstrafen, welche den Reedereien infolge unrichtiger und ungenügender Konnossementsdeklarationen am Bestimmungsort der Kolli entstehen.

Anfragen und Mitteilungen per Telephon gelten ohne Verbindlichkeit für die Reedereien resp. den Schiffsmakler.

Für die Haftung der Reedereien aus der Übernahme gelten im übrigen die Bedingungen der für diese Dampfschiffe zu benutzenden Konnossementformulare, welche nur bei *H. O. Persiehl*, Brandstwiete 22, und bei *Schacht & Westerich*, Gr. Bäckerstraße 20, zu haben sind.

Die Konnossemente über Abladungen nach *Lissabon* müssen folgende Angaben enthalten:

Benennung der Waren,
Bruttogewicht in Kilo,
Wert in Mark und
Ursprung der Ware,

und zwar getrennt für jede Warengattung.

Tabak und Zigarren dürfen nach Lissabon und Azoren nur in Kolli von mindestens 40 Kilo Gewicht verladen werden.

HAMBURG-AMERIKANISCHE
PACKETFAHRT-ACTIEN-GESELLSCHAFT

Wappen.

New York Office, 41—45 Broadway.

1 ℳ
Stempel.

Charges) Gold* $ 2 „ 88 *Cts.*

Freight

0,122 Cbm. at $ $3^1/_2$ *Gold pr. Cbm.* $ *minimal*
Cbm. at $ *Gold pr. Cbm.* $
Cbm. at $ *Gold pr. Cbm.* $
Cbm. at $ *Gold pr. Cbm.* $
Cbm. at $ *Gold pr. Cbm.* $

Freight in all Gold $ *3.—*

at .... *per 1000 Ko.* £

Goods failing shipment by this steamer to be forwarded in and upon any other following steamer

H

Shipped, in apparent good order and condition b
by Steamship *Arcadia*
it being understood that goods received on the ships wharves o
bound for *NEW YORK*, with liberty to call at any other p

being marked and numbered as per margin (weight, measure,
agreed to the contrary), and to be delivered in like good orde
unto *Mrrs, Strauss Haas & Co., New York, 9 Eas*
upon the basis of the following exceptions and agreements:

IT IS MUTUALLY AGREED AS FOLLOWS: The curing, by barratry of the Master or crew, by enemies, pirates machinery or appurtenances, or unseaworthiness of the ship ev stranding, or other accidents of navigation, of whatsoever ki any loss or damage caused by heat, decay, putrefaction, vermin, the packages; nor for any country damages; nor for the obliterat caused by the prolongation of the voyage; nor for any loss or dama contributing their proportion in General Average.

GENERAL AVERAGE payable according to York-A equipped and supplied, it is hereby agreed that in case of dan or other defects, or unseaworthiness of the steamer, whether exist from liability for contribution in General Average, but, with the s or unseaworthiness.

IT IS ALSO MUTUALLY AGREED: FIRST: That approved on the 13th day of February, 1893, and entitled „An A

SECOND: The ship shall have liberty to sail without lighters to and from the ship at the risk oft the owner of the good to their destination by another vessel.

THIRD: The value of each package, receipted for as ab shall be liable for gold, silver, bullion, specie, documents, jewelry, the goods in the bill of lading.

FOURTH: Shippers shall be liable for any loss or da such shipper shall have been aware of it or not, and whether such

FIFTH: The Carrier shall have a lien on the goods fo weight or contents.

SIXTH: Goods once received for shipment cannot be

SEVENTH: In case Ship shall be prevented from r delivery under this contract, and all the expenses thereby incurr of or discharging in the port shall be considered by the master at the expense and risk of the owner of the goods. The mast

EIGHTH: The ship has liberty of filling up and or bunk

NINTH: Full freight is due on damaged goods and on

TENTH: The Carrier shall have a lien on all goods fo damages and expenses mentioned in § 5 and § 7, and for Gene Carrier shall be entitled to recover such difference from the Sh

ELEVENTH: In the event of claims for loss, damag

TWELFTH: Freight and charges to be paid immediate on the day of the Ship's arrival, or, if a holiday, on the preced

THIRTEENTH: Goods to be taken from the Ship by leave the Ships deck or tackle. If not taken from alongside t house, or in craft, the Collector of the Port being hereby auth

FOURTEENTH: Parcels for different Consignees, collec tion by the Customs, be charged with the proper freight on ea

FIFTEENTH: All questions arising under this Bill o

SIXTEENTH: No Claims for Damage or Shortage wi

AND FINALLY, in accepting this Bill of Lading, th as if they were all signed by such Shipper, Owner or Consigne

IN WITNESS WHEREOF the Master or Agent of th

Dated in **HAMBURG**, the *29* day of

* Anmerkung des Herausgebers: Die hier folgenden Zahlen setzt die Reederei ein.

(Konnossement zu S. 232.)

RG-AMERICAN LINE.

. RUDERT

nsidered as shipped, ships liability being the same as if on board,

891 1 Case Musikware 128 kg

value, although mentioned in the Bill of Lading, to be considered as unknown to the Master, unless expressly recognized and BOKEN, BROOKLYN or any other place, within the jurisdiction of the Custom-House of the aforesaid port of NEW YORK, nis or their assigns, freight on the goods to be paid at *New York* and charges as per margin. The rate of freight is adjusted

not be liable for loss or damage occasioned by the perils of the seas or other waters, by fire from any cause or wheresoever oc- y arrest and restraint of princes, rulers or people, by explosion, bursting of boilers, breakage of shafts or any latent defect in hull, shipment or sailing on the voyage, provided the owners have exercised due diligence to make the vessel seaworthy, by collision, ned by the negligence, default or error in judgment of the pilot, master, mariners, or other servants of the ship owner, nor for character, shrinkage, leakage, breakage nor for any loss or damage arising from the nature of the goods or the insufficiency of or absence of marks or numbers, address or description; nor for risk of craft, hulk and transshipment; nor for any loss or damage es beyond his control. Fault of master and crew in the navigation or management of the ship will not liberate the consignees from

owner of the steamer shall have exercised due diligence to make said steamer in all respects seaworthy and properly manned, er resulting from fault or negligence of the pilot, master or crew in the navigation or management of the steamer, or from latent nt or at the beginning of the voyage, but not discoverable by due diligence, the consignees or owners of the cargo shall not be exempted ute in General Average, as if such danger, damage or disaster had not resulted from such fault, negligence latent or other defects

bject to all the terms and provisions of, and all the exemptions from liability contained in the Act of Congress of the United States, gation of vessels, etc."
sist vessels in distress; to deviate for the purpose of saving life or property; that the Carrier shall have liberty to convey goods in shall put into a port of refuge or be prevented from any cause from proceeding in the ordinary course of her voyage, to tranship

c sum of One Hundred Dollars, unless otherwise stated herein, on which basis the rate of freight is adjusted. Neither Ship nor Carrier , timepieces, porcelain, or other highly valuable articles, unless notice of true character and value thereof is given, and same is entered

ighter or wharf caused by inflammable, explosive or other dangerous goods, shipped without full disclosure of their nature whether agent; and such goods may be thrown overboard or destroyed at any time without compensation.
hich the Ship or Cargo may incur or suffer by reason of the incorrect or insufficient marking of packages or description of their

ipper except upon payment of the full freight, damages and expenses sustained by the Ship or Cargo through such taking away. on by Quarantine, the Carrier may discharge the goods into any depot or lazaretto, and such a discharge shall be deemed a final be a lien thereon. In case of blockade or interdict of the port of discharge or if without such blockade or interdict the entering war or disturbance, or ice, or from any other cause, the master may land the goods at any other port which he may consider safe of accomplishing this bill of lading at any other port which he may consider safe.
rts in or out of the way.
leakage, but no freight is due on any increase in bulk or weight caused by the absorption of water during the voyage.
and charges, including dead freight, demurrage, forwarding charges, charges for carriage to port of transhipment and the fines, d, if on a sale of goods at destination for freight and charges, the proceeds, less duty, fail to cover such freight and charges, the

the same shall be adjusted on the basis of the Invoice value of the entire shipment adding expenses necessarily incurred.
the goods, without any allowance, credit or discount, Sterling freight payable at short rate of Exchange on London, quoted at noon ght cannot be reclaimed, Ship or Goods lost or not lost.
ly they come to hand in discharging the Ship, and the Carrier's responsibility to cease, package by package, immediately the goods ey will be landed and deposited at the expense of the Consignee, and at his risk of fire, loss or injury, on the dock, or in ware- eral order for the discharge, immediately after the entry of the Ship.
gle packages, addressed to one party for delivery in America, for the purpose of evading payment of parcel freight, will, upon examina-

overned and decided by the law of the empire of Germany as administered in Germany.
eported to the Superintendent of Dock before delivery, and claim made within five days after delivery of the Goods.
Consignee of the goods agree to be bound by all its stipulations, exceptions and conditions, whether written or printed, as fully

rmed to *five* Bills of Lading, all of this tenor and date, one of which being accomplished the others to stand void.

Engelmann, Kapitän.

(Zu S. 240.)

JULIUS RUDERT

Speditions-Geschäft

Hamburg **Leipzig** **Chemnitz** **London E. C.** 79 Coleman Street.

Giro-Konti: { Reichsbank. — Hamburger Filiale der Deutschen Bank. Wiener Bank-Verein, Postsparkassen-Konto Nr. 803 528, Wien und Prag.

Telegramm-Adresse: „Helios".
Hamburg, Leipzig, Chemnitz, London.

Fernsprecher: { Export Amt I, 2259. Import Amt I, 6864.

Hamburg, den *15. Januar 1909.*

Herren Vianna & Co., Santos.

Ich beehre mich Ihnen mitzuteilen, daß die untenstehende Sendung laut dabei bemerkten Details Ihren Instruktionen gemäß prompt und mit gewohnter Sorgfalt an Sie verladen worden ist.

Assekuranz ist durch mich *mit M. 300.— laut einliegenden Zertifikats gedeckt.*

3 Konossemente *und Konsulatsfaktura Nr. 16732 F sandte ich an die Brasilianische Bank für Deutschland, Santos.*

Meine Spesen, über die ich am Fuße Ihnen Nota erteile, betragen *M. 123.60. Belieben Sie dieselben gegen Aushändigung der Dokumente an obige Bank zu zahlen.*

Ihren angenehmen ferneren Zuweisungen sehe ich mit Vergnügen entgegen und versichere Sie prompter und aufmerksamer Bedienung.

Hochachtungsvoll

Julius Rudert.

V (im Dreieck) *1681 1 Kiste 346 Ko.*

Glaswaren

1 *Verladen im Auftrage der Glasfabrik, Akt.-Ges. Brockwitz*

pro D. „Asuncion" Kapt. Hansen

an Order nach Santos.

Buch Nr.

Nota.

		M.	Pf.
Fracht bis hier	M.		
Statistik	„		
Transport an Bord	„	4	—
Speditionsgebühr	„	2	—
Assekuranz M. *300* M.			
Police, Stempel, Courtage inkl. . . M.	M.	3	—
Konnossemente, Transito. Porti	„	1	50
Frachtstempel	„	1	—
Seefracht *1.752 cbm. à M. 50.—*	„	87	60
Zinsverlust und Inkassospesen	„	7	50
Konsulatsgebühr	„	4	60
Expeditionsgebühr des Schiffsmaklers	„	2	50
Konsulats-Faktura	„	6	90
Ausfertigung und Besorgung ders.	„	3	—
	M.	123	60

Julius Rudert
Spedition
Hamburg
Leipzig. Chemnitz. London.

Telegr.-Adr.: **„Helios"**
Hamburg Leipzig Chemnitz London.

(Zu S. 240.)

Assekuranz-Bestätigung.

Ich bestätige Ihnen hiermit, die Versicherung für Ihre Sendung

△V *1681 1 Kiste Glasware 346 Ko*

verschifft am *15. Januar* mit Dampfer ~~Segler~~ *„Asuncion"*

Kapitän *Hansen* von hier nach *Santos*

mit *M* ~~300.—~~

bei Hamburger Assekuradeuren auf Grund der Allgemeinen Seeversicherungs-Bedingungen von 1867 gedeckt zu haben und valediert die Versicherung frei von 3% Beschädigung, jedes Kollo eine Taxe.

Im Schadensfalle hätten Sie sich an die Firma

Madsen & Co., Santos,

Vertreter des Vereins Hamburger Assekuradeure, zu wenden, damit von derselben ein Besichtiger ernannt wird; das Besichtigungs-Attest müßte dann durch genannte Firma zertifiziert werden. Nur auf Grund eines solchen ordnungsmäßig ausgestellten Zertifikats wird seitens der Hamburger Assekuradeure Schadensvergütung geleistet, und erhalten Sie die Kosten für das Zertifikat, vorausgesetzt, daß der Schaden die Versicherungsgesellschaft trifft, gleichzeitig mit der Schadenssumme vergütet.

Ich empfehle mich Ihnen

hochachtungsvoll

Hamburg, den *15. Januar 1909*

(Unterschrift.)

Herren

Vianna & Co.

Santos

(Zu S. 243.)

PRIMA-WECHSEL

Zahlbar in Landeswährung zum Ziehungskurse der einziehenden Bank für Sichtwechsel auf Hamburg.

per *Sicht* auf *Santos.*

Hamburg, den *15. Januar* 190*9.*

Für Mark *123.60*

Bei Sicht zahlen Sie für diesen PRIMA-WECHSEL (Sekunda nicht) an die Ordre *der Brasilianischen Bank für Deutschland in Santos* die Summe von

Mark hundertdreiundzwanzig auch 60 Pf.

den Wert *in Rechnung* und stellen es auf Rechnung *laut* Bericht.

Herr*en Vianna & Co.*

№ in *Santos.*

Unterschrift des Spediteurs.

(Zu S. 243.)

via Lissabon! *Kopie via Bordeaux.*

JULIUS RUDERT

Speditions-Geschäft

Hamburg Karlsburg
Telephon: Für Export Nr. 2259
Für Import Nr. 6864

Leipzig
Gerberstr. 19-27

Chemnitz
Theaterstr. 47

London E. C.
79 Coleman Street

Giro-Conti:

Reichsbank. — Hamburger Filiale der Deutschen Bank. — Deutsche Bank (London Agency). — Wiener Bank-Verein, Wien. — Postsparkassen-Konto Nr. 803528. — Crédit Lyonnais, Paris. — Amsterdamsche Bank, Amsterdam. — Danske Landmandsbank, Kopenhagen. — Keßler & Co., New York. — Williams Deacon's Bank Limited, Manchester. — Eidgenössische Bank, Zürich.

Telegraphenschlüssel: A. B. C. Code 4. u. 5. Ausgabe. — Watkins Code. — Liebers Code.

Telegramm-Adresse: „Helios".

Hamburg, den *15. Januar 1909.*

Titl. Brasilianische Bank für Deutschland
Santos.

Ich erlaube mir, Ihnen in der Anlage *Konsulatsfaktura*, sowie ein Konnossement — das zweite Exemplar folgt mit der Briefkopie — über mit dem *heute* ausgegangenen Dampfer: *„Asuncion"* to order nach dort verladene Sendung

V (im Dreieck) *1681 1 Kiste Glasware*

zu überreichen. Ich ersuche Sie höflichst, diese Dokumente gegen Zahlung meiner beiliegenden Sichttratte (Prima) — die Sekunda folgt ebenfalls mit der Briefkopie — in Höhe von *M. 123.60*

Mark hundertdreiundzwanzig 60/100

an *Vianna & Co., Santos* auszuliefern.

Den Gegenwert belieben Sie mir nach Eingang des Betrages abzüglich Ihrer Spesen in einem Check auf hier zu remittieren: im Nichtzahlungsfalle aber wollen Sie Protest nicht erheben, sondern die Dokumente zu meiner Verfügung halten und die Sendung unter Wertversicherung von *Mark 350.—*

——— *Mark Dreihundertfünfzig* ———

gefl. im Zollhause einlagern lassen.

Ich empfehle mich Ihnen

hochachtungsvoll

Unterschrift des Spediteurs.

Mit Original: *1 Konsulats-Faktura.*
1 Konnossement.
1 Versicherungs-Dokument.
Mit Briefkopie: *1 Konnossement.*

Bemerkung: Die stark umrahmten Teile sind durch die Eisenbahn, die übrigen durch den Absender auszuf

Kurswagen Nr.	Abgefertigt nach …… über ……	Zoll- od. Steue… auf Station
Abgangsbuch Nr.		

(Stempel.)

Frachtbrief

(Für den Frachtvertrag gelten die EVO. und die in Betracht kommenden …

An
Herrn
in Julius Rudert
(Wohnung)
Bestimmungsstation Hamburg

Bestimmungsort ……
(Nur anzugeben, wenn er ein anderer ist als die Bestimmungsstation.)

Nummer	Eigentumsmerkmale	Ladegewicht (Ladefläche) kg (qm)
des Wagens		

Zulässige oder vorgeschriebene Erklärungen wie: bahnlagernd, Anschlußgleis, Zoll- oder Steuerabfertigung in …… mit Kleinbahn weiter nach …… u. dgl.

Zur Ausfuhr über See nach außerdeutschen Ländern.

Adresse oder Zeichen	Adresse oder Nummer	Anzahl	Art der Verpackung	Inhalt	Wirkli… Rohge… kg
V Santos via Hamburg	1681	1	Kiste	Glasware	34…

Brockwitz, den *2ten* *Januar* 19*09*.

Unterschrift des Absenders

Glasfabrik, Aktien-Ges.

N. Neumann.

Stempel der Umlade- und Umbehandlungsstationen.

…e der Absender verladen hat, sind von ihm auch Nummer und Eigentumsmerkmale des Wagens einzutragen.

…ermerk *franko.*

Duplikat (Aufnahmeschein beantragt?

…resse an Lieferung } in Buchstaben

			M	Pf.
…chnahme	Einzelnachweis			
	Gesamtbetrag in Buchstaben	Barvorschuß		
		nach Eingang		

…echnung			Vom Absender bezahlt		Rechnung	Vom Empfänger zu erheben	
…es	Tarifklasse	Frachtsatz für 100 kg M	M	Pf.		M	Pf.
					Gebühr für das Interesse an der Lieferung		
					Nachnahme { Barvorschuß		
					nach Eingang		
					Nachnahmegebühr		
					Fracht bis		

…pel der Versandstation

Wägestempel

Duplikat-(Aufnahmeschein-) Stempel

Stempel der Bestimmungsstation

Alphabetisches Sachregister.

Berichtigung zu S. 85:

Der österreichisch-ungarische Zolltarif vom 13. Februar 1906 weist in seinem ersten Teil 657 Tarifnummern auf. Die auf S. 85 angegebene Zahl (356) trifft für den früheren Tarif zu.

Depois de verificada a entrada na Alfandega das mercadorias constantes desta facturaeste talão será destacado e em seguida remettido ao

Serviço de Estatistica Commercial do Rio de Janeiro.

CERTIDÃO.

Alfandega de ....

em .... de .... de 190.....

N. da Factura....................

CERTIFICO que as mercadorias referentes a esta factura, procedentes de .... pelo .... tiveram entrada nesta Alfandega no dia.................... .... de .... de 190........, com excepção dos volumes descriptos no verso d'esta que não entraram por causa de ....

....

....

....

....

....

....

....

....

....

(Assignatura)..

(Anlage zu S. 240.)

1ª Via FACTURA CONSULAR BRAZILEIRA.

Consulado Geral do Brazil em Hamburgo

DECLARAÇÃO.

N. da Factura ....

Brazil e consignadas á .... in ....
in Brasilien bestimmt und konsigniert sind an

Hamburgo *d. 15. Januar de 1909* (data).

.... (assignatura).

....

.... (Agente do Exportador).

....

Nome e nacionalidade do navio á vela ....
Name und Nationalität des Segelschiffes.

Nome e nacionalidade do navio á vapor *„Asuncion" allemão*
Name und Nationalität des Dampfers.

Porto de embarque da mercadoria *Hamburgo*
Verschiffungshafen der Ware.

Porto de destino da mercadoria *Santos*
Bestimmungshafen der Ware.

Porto de destino da mercadoria .... com opção para ....
Bestimmungshafen der Ware. nach Wahl für

Porto de destino da mercadoria .... em transito para ....
Bestimmungshafen in Transit nach

Valor total da factura inclusive frete e despezas approximadas *Marcos 305.40*
Fakturen-Gesamtwert inklusive annähernden Betrag von Fracht und Spesen.

Frete e despezas approximadas *Marcos 120.—*
Annähernde Fracht und Unkosten.

Agio da moeda do paiz de procedencia ....
Agio der Münze des Herkunftslandes.

Observações do Consul.

Relação dos volumes que pelos motivos expostos deixaram de entrar nesta Alfandega.

Marcas e numeros

Marcas (Marken) e numeros (& Nummern)	Volumes (Colli) Quantidade (Anzahl)	Especie (Art)	Especificação da k do art. 13 do d (Specifikation Buchstabe k. d
△ V	*1681*	*1 caixa*	

FACTURA.

ormidade com a lettra 21 novembro de 1903 (…mmung mit Art. 13, 21. November 1903)	Peso em kilogrammas (Gewicht in Kilos) Bruto dos volumes (Brutto der Kolli)	Bruto da mercadoria (Brutto der Ware)	Liquido real (Rein Netto)	Outras unidades da tarifa (Sonstige Einheiten des Zoll-Tarifs)	Valor parcial declarado por artigo ~~inclusive*~~ ou exclusive* fretes e despezas (Teilwert für jeden Artikel ~~inklusive~~ oder exkl.* Fracht und Spesen)		Paiz de origem de cada artigo (Ursprungsland)
io	*346.–*	*241.5*	*114.75*		*185*	*40*	*Allemanha*
				Marcos	*185*	*40*	

* Nicht Zutreffendes zu durchstreichen.

Hamburg-Südamerikanische Dampfschiffahrts-Gesellschaft.

	Brutto-Gew. / Peso bruto / Kilogr.	Kubikmtr. / Mtr. cub.
(V) 1681 1 Kiste Glaswaren	346.—	1.752

1 M.
Stempel

Fracht (Frete)*).

1.752	Kbm.	à	50.—	M.	87.60
	«	à		«	
	«	à		«	
	«	à		«	
	Ko.	à	per 1000	«	
	«	à	«	«	
Primage (capa) 10 %				«	
				M.	
Expeditions- und Konsulatsgebühren				«	7.10
				M.	

*) Anmerkung des Herausgebers: Diese Zahlen setzt die Reederei ein.

(Konn

August B
S

Mittel

Empfangen von / **Recebido** de } **Julius B**

in äußerlich guter Beschaffenheit nebens
em bom estado exterior os volumes
oder einem anderen von **Hamburg** bestim
ou um outro de **Hamburgo** com dest

an / ao }

unter nachstehenden Bedingungen: / debaixo das seguintes condições: }

Der Kapitän darf beliebige Plätze, auch
andern Schiffen in jeder Weise und in allen Lag
weiterbefördern.

Für Seeunfälle aller Art, für fehlerhafte N
an der Maschine, für Feindeshandlungen, Verfügu
oder für irgendwelchen aus der natürlichen Bescha
Adressierung entstandenen Schaden sowie für Ra
Schiffsbesatzung gehörigen Person, nicht verantwo
oder Verlust, falls solche nicht auf die genannten
oder einer Person der Schiffsbesatzung ein Versch
Verlust und Beschädigung aller Art der mit Geneh
Reederei unter keinen Umständen für Bruch von G
aus Kisten, die nicht mit eisernen Bändern beschla
Artikeln in einfachen Säcken.

Gewicht, Maß, Marken, Zeichen, Qualitä
als dem Kapitän unbekannt.

Wegen ungenügender oder unterlassener A
im Verschiffungshafen, einschließlich der Verschiff
und Zinsen und weder für einen Wert von mehr a
M. 1000.— für ein einzelnes Kollo, es sei denn, da
versiegelt mit im Schiffszettel und Konnossement an,
Schiffsoffizier gezeichnete Empfangsschein den de

Die Fracht ist im voraus zu zahlen, gilt vo
kann aus keinem Grunde zurückgefordert werden.
Reederei behält ein Pfandrecht an der Ladung für d
Ebenfalls hat die Reederei ein Pfandrecht an der L
fallenden Kosten, bis dieselben von den Ladungs

Die Ladung wird so schnell gelöscht, wie
bei Nacht und an Sonn- und Festtagen. Güter,
können, sowie Güter, welche nach Brasilian
werden dürfen, können, sobald sie nicht bei Löschb
nommen werden, für Rechnung und Gefahr der Er
oder es wird anderweitig über dieselben verfügt.
und geschieht auf Gefahr der Eigentümer der Güte
Schiff verlassen haben.

Güter, welche im Bestimmungshafen vers
Weiterbeförderung nach ihrem Bestimmungsort pas
hafen abgeliefert oder mit einem andern Schiffe f
werden. Das Schiff ist nicht verantwortlich für i
richtige Ablieferung der Waren verursacht ist.

Wenn nach Ansicht des Kapitäns der F
Streik (General- oder Teilstreik) oder sonstiger Ve
gelöscht werden kann, so ist derselbe berechtigt, d
nung und Gefahr des Eigentümers zu landen, und
von den Eigentümern der Güter zu tragen.

Säuren, feuergefährliche, explosive, ätzend
der Reederei verladen werden. Sollten derartige
so ist der Kapitän berechtigt, sich auf jede Weise
ist verpflichtet, jeden durch sie veranlaßten Scha

Im Falle ungenauer oder ungenügender Ma
Zollvorschriften durch inkorrekte Gewichts- und
Empfänger für alle Strafen, Schäden und Unkosten,
Auch steht den Agenten der Dampfer in etwaiger

Der Kapitän oder dessen Vertreter ist bere
sollte das so ermittelte Gewicht sich größer erweise
Ablader oder Empfänger nach Reeders Wahl die v
ganze Partie zu zahlen.

Jedes Konnossement muß den korrekten
Waren verfällt eine Konventionalstrafe des vierfach
Konnossement verladene Sendung, vom Absender
Reederei in solchen Fällen weder für Beschädigung
stellung des tatsächlichen Inhalts der Kolli jederz
Verlader oder Empfänger die Vorlegung der Origir

Ansprüche wegen ungenügender oder unte
legung einer Bescheinigung des Vertreters der Re
jeglichen Verfahrens vor fremden Gerichten zu ordr
innerhalb 3 Tagen nach Entlöschung der Güter s

Große Havarie ist in Hamburg nach 1890er
ihren Beitrag einen Verpflichtungsschein mit Werta

Durch Benutzung dieses Konnossements

Zum Zeugnis dessen sind drei
Em testemunho do que trez c

Hamburg. / Hamburgo. 15. Januar

achf.

nie.

rladung mit dem Dampfschiffe
rem enviados pelo vapor
Häfen Brasiliens, abzuliefern in
s do Brazil, e entregues em

Hamburg-Amerika-Linie.

Süd-Amerika-Dienst.

Asuncion

Santos

oder Order
ou a sua ordem

Wegcs, anlaufen, ohne Lotsen fahren,
ter umladen und mit andern Dampfern

e entstandene Schäden am Schiffe oder
b, Diebstahl, Baratterie, Feuer, Wetter
n mangelhaften Packung, Markung oder
eederei, auch bei Verschulden einer zur
, Anbohren von Fässern, Beschädigung
en sind, haftet die Reederei, soweit ihr
ie Reederei ist nicht verantwortlich für
ck verladenen Güter. Ferner haftet die
lcher Art, auch nicht für fehlende Waren
Zucker, Reis, Getreide, Saat und andern

wenn auch im Konnossement erwähnt,

höchstens bis zum Kostpreis der Waren
ch mit Ausschluß von Kommission, Zoll
ter noch für einen Betrag von mehr als
ls Wertkolli entsprechend verpackt oder
nd, und der an Bord von dem betreffenden
s Wertkollo verladen".

ng an als von der Reederei verdient und
lben nicht zur großen Havarie bei. Die
Bezahlung derselben abseiten der Ablader.
Reise entstehenden, der Ladung zur Last
worden sind.

lich oder angemessen hält, bei Tag oder
is oder Landungsstellen gelöscht werden
n u n g e n nicht am Zollhause gelandet
iff die übrige Ladung löscht, sofort abge-
des Schiffes in Leichter gelöscht werden
Leichter ist der Reederei stets gestattet
der Reederei endet, sobald die Güter das

rden sind, können bis zum nächsten zur
oder auf der Rückreise im Bestimmungs-
auf Gefahr des Eigners dahin befördert
arktwert, der durch verspätete oder un-

uarantäne, Blockaden, Krieg, Unruhen,
oder daselbst nicht in gewohnter Weise
m geeignet erscheinenden Orte für Rech-
htung. Jegliche Quarantänekosten sind

r dürfen nur mit besonderer Genehmigung
Genehmigung an Bord gefunden werden,
über Bord zu werfen, und der Verlader

le der Nichtbeachtung der brasilianischen
werden die Herren Verschiffer und/oder
ierdurch treffen, verantwortlich gehalten.
ndrecht an den Gütern zu.

- oder Löschhafen wiegen zu lassen, und
(oder Frachtbrief) enthaltene, so ist vom
st den entstandenen Wiegekosten für die

. Im Falle unrichtiger Deklaration der
racht auf die ganze auf dem betreffenden
l der Reederei zahlbar; auch haftet die
Die Reederei ist berechtigt, zwecks Fest-
uch nach der Ablieferung der Ware, vom
zu verlangen.

nit der Reederei in Hamburg unter Vor-
nach deutschem Recht unter Ausschluß
beschädigter oder fehlender Ladung sind
des Dampfers einzureichen.

aufzumachen. Die Empfänger haben für
Kapitän genügende Sicherheit zu stellen.

darin enthaltenen Bedingungen.

O capitão tem a faculdade de tocar em qualquer porto fóra da escala ordinaria, de navegar sem piloto, de prestar soccorro a outros navios em todas as circumstancias, de baldear as mercadorias para outro qualquer vapor, afim de serem levadas a seu destino.

A companhia não é responsavel por todos e quaesquer perigos dos mares, erro de navegação, por damnos ao navio ou na machina durante a viagem, actos de inimigos, constrangimento de governos ou autoridades, roubo ou arrombamento, barataria, fogo, tempo, nem por quaesquer prejuizos resultantes da condição intrinseca ou qualidade das mercadorias, ou de acondicionamento defeituoso, ou ainda de imperfeição das marcas ou do endereço dos volumes, estrago de ratos ou ferrugem, nem tão pouco provenientes de falta de algum tripolante do navio será a companhia responsavel. Por quebras, vasamentos, perforação dos barris, deterioração ou perdas, caso não dependam d'essas causas exceptionaes, acima mencionadas, a companhia será responsavel uma vez demonstrado, de que ella ou alguma pessoa ed da tripolação do navio motivara por culpa propria qualquer das taes occurencias. A companhia não será, porém, responsavel, por perdas ou avarias de qualquer natureza, soffridas pelas mercadorias arrumadas sobre o convez, com consentimento do carregador. Tambem não responde de forma alguma por quebra de vidros ou de objectos de vidro de qualquer especie, nem tão pouco por falta das mercadorias verificada em caixas que não sejam guarnecidas de arcos de ferro, nem ainda por falta de assucar, arroz, cereaes, sementes e outros artigos em saccos simples.

Peso, medida, marcas, numero, qualidade, conteudo e valor, embora sejam declarados no conhecimento, valem como se fossem desconhecidos ao capitão.

Havendo falta na entrega ou ommissão d'esta, a companhia quando muito responde pelo preço da factura no porto do embarque, incluindo-se frete e despezas pagas, mas com exclusão de commissão, de direitos e impostos e júros e nunca por mais de dois marcos por decimetro cubico ou mil marcos por um volume, só no caso, quando os volumes sam empacotados como volume de valor, sendo lacrados e declarado no bilhete de embarque e conhecimentos o valor, e se no bilhete de recepção de bordo assignado pelo official esta notado bem visivel »Volume de valor!«.

O frete deve ser pago adiantadamente e considerar-se ganho pela companhia desde o momento do embarque, não podendo ser reclamado por motivo algum. A companhia, pelo facto de frete, não tem que contribuir, dando-se o caso de avaria grossa. A companhia conserva-se um direito de hypotheca na carga para o frete, até que este é pago da parte do carregador. A companhia tem igualmente um direito de hypotheca sobre o carregamento para todos os custos, que possam cahir sobre o mesmo durante a viagem, até que estes serão restituidos pelos donos da carga.

A carga será desembarcada tão depressa quanto o capitão julgar necessario ou conveniente, seja de dia ou de noite, ou mesmo em domingos, dias santos e feriados. As mercadorias que não poderem ser directamente descarregadas nos caes ou pontos da descarga, como tambem as que segundo os regulamentos aduaneiros do Brasil não deverem ser desembarcadas na alfandega, desde que não sejam tiradas de bordo, logo que o navio descarrega a sua outra carga, serão baldeadas por conta e risco do recebedor pelos agentes da companhia para alvarengas ou de outra forma, conforme melhor entender. O serviço da descarga e do recebmento da carga p ormeio de alvarengas será permittido o companhia por risco dos donos das mercadorias. Cessa toda a responsabelidade da companhia desde o momento em que a mercadoria sahio do navio.

As mercadorias, que, por inadvertencia, não tiverem sido descarregadas no porto do seu destino, poderão ser levadas ao mais proximo ou outro conveniente, e depois reembarcadas para o dito porto, por conta da companhia mas ao risco do dono da carga, ou poderão ser entregues por occasião do regresso do navio. O navio não é responsavel por qualquer prejuizo no valor do mercado causado pela entrega demorrada ou errada dos generos.

Se na opinião do capitão fôr inaccessivel o porto de destino em consequencia de quarentena, bloqueio, tumultos, parede (greve geral ou parcial) ou de qualquer outro motivo poderá o mesmo desémbarcar as mercadorias em qualquer outro lugar que elle capitão julgar conveniente, por conta e risco dos respectivos donos, cessando assim a sua responsabilidade. Despezas de quarentena, quasquer que sejam, correrão por conta dos donos das mercadorias.

Acidos, generos inflammaveis, explosivos, causticos, corrosivos ou outros assim perigosos, so devem ser embarcados com especial consentimento da companhia; se entretanto forem taes generos encontrados abordo sem esse consentimento, o capitão terá o direito de, por qualquer modo, desfazer-se d'elles e mesmo lançal-os ao mar, ficando o carregador obrigado a pagar todos os prejuizos causados pelos referidos generos.

No caso que os volumes não sejam bem marcados ou sejam insuficientemente ou no caso da negligencia dos preceitos d'alfandega brasileira por declaração incorrecta no peso e conteúdo da mercadoria, todas as multas, damnos, despezas, que pertencerem ao navio, sam por conta e risco dos carregadores e ou recebedores. Aos agentes dos vapores competem em taes casos um direito hypothecario na mercadoria.

Tanto o capitão como o seu agente são authorizados a mandar pesar os volumes no porto d'embarque ou no da descarga, e, achando-se o peso examinado d'esta maneira maior, do que o do conhecimento (ou da nota d'embarque) o carregador ou recebedor — conforme ordem do dono do navio — tem de pagar uma multa quadrupla do frete exacto da remessa inteira, como tambem as despezas da pesagem.

Cada conhecimento deve conter a indicação exacta do conteúdo dos volumes. A declaração inexacta das mercadorias motivará uma multa convencional, que consiste em quatro vezes do valor do frete verdadeiro da remessa total, de que reza o respectivo conhecimento; esta multa será cobrada pelo carregador ou consignatario, conforme a escolha da companhia. A companhia não responsablisa-se em taes casos, nem pelo damno, nem pela perda das mercadorias.

Para constatar o verdadeiro conteúdo das mercadorias, o armador tem sempre o direito no porto de embarque como tambem depois da entrega da mercadoria, de exigir do carregador ou do consignatario, a apresentação da factura original da fabrica.

Reclamações por causa de falta ou má entrega das mercadorias devem ser regularisadas com a companhia em Hamburgo, accompanhados de um attestado do seu representante no lugar do destino.

Fica expressamente estipulado como fôro do contracto para todas as reclamações, pendencias e incidentes oriundos desde conhecimento e sua execução o fôro da Cidade de Hamburgo, renunciando, como renuncia, desde já o carregador, por si ou por seu representante, o fôro do seu domicilio ou o do destino da mercadoria. Reclamações por falta ou avaria na carga devem ser apresentadas por escripto na agencia dentro de tres dias depois da descarga completa do vapor.

Avaria grossa regular-se-ha, em Hamburgo conforme os regulamentos de York-Antwerpia de 1890. Os recebedores das mercadorias deverão assignar um documento de obrigação com declaração do valor e dar ao capitão sufficiente garantia.

Pelo facto de usar o presente conhecimento aceita o carregador as condições do mesmo.

en Inhalts und Datums gezeichnet.
l data e conteudo foram assignados.

Unterschrift des Kapitäns.

(Anlage zu S. 243.)

Für den Eingang.

No. 1.

No. ....

Durchgangsanmeldung.

Eingehend in den Freihafen Hamburg von *Brockwitz*

mit *Berliner Bahn* am *8. Januar 1909.*

Bestimmt zur Weiterversendung nach *Santos.*

Marke und Nummer der Packstücke	Anzahl und Art der Packstücke	Benennung der Waren nach Maßgabe des Statistischen Warenverzeichnisses für den Freihafen Hamburg[2])	Herkunftsland der Waren[3])	Menge der Waren[4]) (Bei Gewichtsmengen ist anzugeben, ob Roh- oder Reingewicht) kg	Wert in ℳ	Land,[3]) aus dessen Eigenhandel die Ware stammt
[1]) V	*1 Kiste*	*Hohlglas*	*Deutsches Zollgebiet*			*Deutschland*

Vorstehende Waren sind **nicht** auf ein **landfestes Lager** des Freihafens genommen.

Unterschrift des Anmelders:

ppa. **Julius Rudert**

Frädrich

Für den Ausgang.

No. 2.

No. ....

Durchgangsanmeldung.

Eingegangen in den Freihafen Hamburg von *Brockwitz*

Marke und Nummer der Packstücke	Anzahl und Art der Packstücke	Benennung der Waren nach Maßgabe des Statistischen Warenverzeichnisses für den Freihafen Hamburg[2])	Bestimmungsland[3])	Menge der Waren[4]) (Bei Gewichtsmengen ist anzugeben, ob Roh- oder Reingewicht) kg	Wert in ℳ
[1]) *V*	*1 Kiste*	*Hohlglas*	*Brasilien*		

Vorstehende Waren haben sich nicht auf einem landfesten Lager des Freihafens befunden.

Unterschrift des Anmelders:
ppa. **Julius Rudert**
Frädrich

No. 3.   *„Asuncion“.*

Zu Durchgangsanmeldung.

*)*No.* ....

Marke und Nummer der Packstücke	Anzahl und Art der Packstücke	Benennung der Ware
V	*1 Kiste*	*Hohlglas*

sind angemeldet worden.

Firma des Anmeldenden:
ppa. **Julius Rudert**
Frädrich

*) Der Ausdruck der Nummer gilt als Bestätigung des Eingangs der Anmeldung.

Erläuterungen.

¹) In einer jeden Querspalte darf immer nur eine Warengattung verzeichnet werden.

²) Der Anmeldung der Gattung der Waren ist das Statistische Warenverzeichnis für den Freihafen Hamburg zu G zu legen.

³) Als Land der Herkunft ist dasjenige Land anzusehen, in welchem die Ware in derjenigen Beschaffenheit erzeug hergestellt ist, in welcher sie in den Freihafen Hamburg eingeht. Ist dieses Land nicht bekannt, so ist dasjenige anzugeben, aus dessen Eigenhandel die Ware stammt, und falls auch dieses Land nicht bekannt ist, dasjenige aus dessen Gebiet die Versendung der Ware mit der Bestimmung nach dem Freihafen Hamburg erfolgt ist. bleiben die Länder, durch die die Ware bei der Beförderung, sei es auch mit Umladung oder Umfrachtung (Umsped durchgeführt wurde, außer Betracht. — Als Land der Bestimmung ist dasjenige Land anzugeben, für dessen Ver die Ware bestimmt ist. Ist dieses Land nicht bekannt, so ist dasjenige Land anzugeben, das als Endziel der Se bekannt ist. — Für die Zwecke der hamburgischen Statistik ist dasjenige Land, aus dessen Eigenhandel die Ware st in der letzten Spalte der Nummer 1 besonders anzugeben.

⁴) Die Menge der Waren ist, soweit in dem Statistischen Warenverzeichnisse für den Freihafen Hamburg kein a Maßstab vorgeschrieben ist, nach dem Gewicht der Waren (in Kilogramm) anzumelden. Bei verpackten Waren g wenn in den einzelnen Packstücken nur eine Warengattung enthalten ist, die Angabe des Rohgewichts unter Bezei der Verpackungsart. Flüssige tierische oder pflanzliche Fette, fette Öle und Mineralöle sind mit ihrem Eigenge — sonach ohne das Gewicht der Umschließungen und der zur Beförderung dienenden Behältnisse — anzumelden. bei anderen Flüssigkeiten oder verdichteten Gasen das Reingewicht angegeben, so ist die unmittelbare Umschli (Fässer, Flaschen, Kruken u. a.) zum Reingewichte zu rechnen.

⁵) Die Angaben in den Anmeldescheinen dürfen nur für die Zwecke der amtlichen Statistik benutzt werden (§ 1 Reichs-Gesetzes vom 7. Februar 1906 [Reichs-Gesetzbl. S. 109]).

www.ingramcontent.com/pod-product-compliance
Lightning Source LLC
LaVergne TN
LVHW042233300926
849161LV00003B/342